语言文字舆情

自动监测的基本方法和关键技术研究

YUYAN WENZI YUQING ZIDONG JIANCE DE JIBEN FANGFA HE GUANJIAN JISHU YANJIU

杨 江 著

吉林大学出版社
·长春·

图书在版编目（CIP）数据

语言文字舆情自动监测的基本方法和关键技术研究 / 杨江著. —长春：吉林大学出版社，2020. 6

ISBN 978-7-5692-6570-5

Ⅰ. ①语… Ⅱ. ①杨… Ⅲ. ①舆论-自动监测-研究 Ⅳ. ①C912. 63-39

中国版本图书馆 CIP 数据核字（2020）第 093333 号

书　　名　语言文字舆情自动监测的基本方法和关键技术研究
　　　　　YUYAN WENZI YUQING ZIDONG JIANCE DE JIBEN FANGFA HE GUANJIAN JISHU YANJIU
作　　者　杨　江　著
策划编辑　刘子贵
责任编辑　刘子贵
责任校对　李潇潇
装帧设计　嘉禾工作室
出版发行　吉林大学出版社
社　　址　长春市人民大街 4059 号
邮政编码　130021
发行电话　0431-89580028/29/21
网　　址　http：//www. jlup. com. cn
电子邮箱　jdcbs@ jlu. edu. cn
印　　刷　北京虎彩文化传播有限公司
开　　本　787mm×1092mm　1/16
印　　张　16.25
字　　数　250 千字
版　　次　2020 年 6 月　第 1 版
印　　次　2020 年 6 月　第 1 次
书　　号　ISBN 978-7-5692-6570-5
定　　价　118. 00 元

前　言

出于语言文字舆情自动监测的现实需要，本书着力研究语言文字舆情自动监测的基本方法和面向语言文字舆情自动监测的汉语文本倾向性分析这一关键技术，所讨论的问题主要涉及舆情监测和倾向性分析两个研究领域，所运用的研究方法分别是综合分析和个案分析相结合的方法以及基于规则的方法。

全书共七章。第 1 章是绪论，介绍了本书的缘起、研究意义和创新性。第 2 章是研究综述，对相关的舆情监测和倾向性分析领域的前期研究成果做了梳理和述评。第 3 至 6 章是主体部分，其中，第 3 章探讨了语言文字舆情自动监测的基本方法，第 4 章探析了面向倾向性分析的汉语主观性表达，第 5 章研究基于语义方法的句子倾向性分析技术，第 6 章研究基于浅层篇章结构的汉语评论文倾向性分析技术。第 7 章是结论，总结了本书的研究工作，提出了进一步的研究计划。

对于语言文字舆情自动监测的基本方法，在探讨语言文字舆情的内涵、外延、基本要素和形成规律的基础上，规划了语言文字舆情自动监测的系统模型，详细论证了自动汇集方法、自动测量方法和自动分析方法，并对其中的汇集方法和测量方法进行了初步的实验。实验结果表明，所提出的方法科学有效，基本可行。对于面向语言文字舆情自动监测的汉语文本倾向性分析技术，构建了语言主观性表达描述体系并对其做了详尽描写，在考察汉语主观性表达基本特点的基础上，在句子层面，基于语义方法，采用“规则+词典”的策略并融入句法分析结果，根据各类处理规则计算句子的倾向性程度，达到了78.5%的准确率；在篇章层面，用主题倾向句表示评论文的浅层篇章结构，在抽取出评论文的候选主题倾向句后，计算候选主题倾向句中与评论文主题相似度最高的若干个句子的倾向性，将其平均值作为评论文的整体倾向性，获得86.8%的准确率。实验结果表明，所提出的文本倾向性分析技术较为可行。

本书的主要创新之处和研究贡献有：(1) 面向定性分析和定量分析相结合的监测任务，提出了一整套包括自动汇集方法、自动测量方法和自动分析方法在内的语言文字舆情自动监测的基本方法。(2) 面向两类不同的语言文字舆情信息，分别提出了基于语义方法的句子倾向性分析技术和基于浅层篇章结构的评论文分析技术，较好地解决了实现语言文字舆情自动监测的一项关键技术问题。(3) 提出“汉语主观性表达”的概念，对汉语主观性表达描述体系进行了详尽的描述，基于语义倾向标注语料库调查了汉语主观性表达的分布情况和主要特点。

本书建立的语言主观性表达描述体系具有一定的理论意义，论证的语言文字舆情自动监测基本方法和面向语言文字舆情自动监测的汉语文本倾向性分析对于语言文字舆情自动监测系统的实现具有较强的现实意义。

本书部分内容由国家社会科学基金青年项目“基于语义方法的汉语文本情感自动分析研究”（编号：11CYY032）和国家语言资源监测与研究有声媒体中心科学研究项目“语言文字领域的舆情监测关键技术研究”（编号：YZYS10-03）资助，虽均已结项，仍表示谢意！本书在出版过程中得到了湖南科技大学外国语学院的大力支持，在此表示感谢！本书自酝酿至出版，历经数年，我们虽已尽心尽力，但仍心有惴惴，错谬之处，在所难免，恳请批评指正！

本书适用的读者包括语言学及应用语言学、新闻传播学、计算机应用技术等专业硕博士研究生以及舆情监测、情感分析、语言文字应用等领域相关研究和从业人员。

目　录

第1章　绪论

1.1　问题的提出

进入21世纪以来，随着社会的不断进步、经济的持续发展和国家综合实力的日益增强，我国的语言生活出现了一片生机盎然、空前活跃的景象，大量新词语和词语的新用法随着新事物和新观念的涌现而产生，流行语围绕着社会热点事件不断形成，以互联网为载体的新兴网络语言在虚拟空间内快速传播和扩散。与此同时，人们的语言文字观念发生着重大的变化，过去常把语言文字看成一个问题来对待，如今则把语言文字当作一种资源加以保护、建设、开发和利用，语言的地位也逐渐提高到作为衡量国家“软实力”的重要组成部分，国民的母语意识不断增强，扩大汉语全球影响力的新思维越发得到肯定，新的语言职业也得到广泛认可。但是，国家向前发展的历史进程中，会遇到不少语言文字问题；世界语言生活风云万千，会对参与世界事务越来越多的中国产生各种影响。“了解国内外语言生活状况，研究显示语言生活问题，制定科学的语言规划，对语言资源的保护与开发、保证语言生活的和谐与活力，具有十分重要的意义”（中国语言生活状况报告课题组，2009）。由此，全面、准确地把握语言生活的动态，构建和谐的语言生活环境，成为新世纪语言文字工作的新目标。

语言生活是社会生活的重要内容，在新的时代背景下，应该得到更科学、更健康、更有效的规划和管理。应运而生的“国家语言资源监测与研究中心”自2004年6月正式成立第一个分中心以来，经过多年的不断努力和实践，已经初步建立了一整套对我国语言生活进行实时监测和研究的行之有效的策略和方法，并在此基础上逐渐形成了一种对语言生活中出现的问题实施“柔性”规范和适度引导的有效机制，得到了社会的广泛认可。目前，“国家语言资源监测与研究中心”拥有包括“平面媒体语言分中心”“有声媒体语言分中心”“网络媒体语言分中心”“教育教材语言分中心”“少数民族语言分中心”“海外华语研究分中心”等在内的多个分支机构，多角度、全方位地对当前我国的语言进行实时监测和动态研究。从2005年开始，该中心逐年组织编写《中国语言生活绿皮书》，向全社会报告各年度的中国语言生活状况，其中的A系列是引导语言生活的“软性”规范，B系列是中国语言生活的状况与分析，包括语言生活的各种调查报告和时态数据。国家语言资源监测与研究中心（2010）自2006年以来承担中国主流媒体十大流行语的年度发布任务，2007年以来承担年度新词语的发布任务，在社会上引起了强烈的反响。

然而，由于语言文字问题的复杂性，要有效构建和谐的语言生活环境，除了需要全面、准确地把握语言生活的动态之外，还应当了解和掌握人们对语言生活中出现的各种现象、发生的各类事件以及政府部门制定的各项与语言文字有关政策的意见和态度，关注普通民众在语言文字问题上的情绪变化和思想动态。从现实的意义上看，这主要出于以下三个方面的考虑。

第一，当今时代，公众的表达十分活跃，社会的公共空间前所未有地扩大，关注民意和充分考虑民意因素成为公共政策制定过程中不可忽略的一个环节。要正确决策，就要推进决策过程的科学化和民主化，就要深入了解民情、充分反映民意、广泛集中民智，也要鼓励人们充分发表个人意见，并谦虚地听取不同意见，批判地对待反对意见。语言文字法令、政策和规范的制定也不例外，此前一个典型的案例——《通用规范汉字表》征求意见和44个汉字调整写法事件就充分说明了关注公众意见、尊重舆情事实的必要性和重要性。新世纪我国语言文字工作面临着语言文字标准化、信息化的艰巨任务，只有全面、准确地把握语言文字舆情，才能更好地倾听民意、体察民情；只有深入透彻地分析语言文字舆情，才能科学地分析形势、把握全局；只有正确有效地运用语言文字舆情，才能做到集思广益、科学决策。

第二，语言文字现象纷纭变化，语言文字事件错综复杂，造成了人们对语言文字问题的意见和态度愈发呈现出复杂化的趋势。广州“撑粤语”事件是一个由“推普废粤”的伪命题所引爆的语言事件，民众意见的复杂性既表现在新时期各种社会因素与方言的关系上，又表现在以语言问题为导火索借以发泄对其他社会问题的不满上。人们的种种意见和态度中，有的是中肯的，有的则略失偏颇，还有的可能是非理性的。对相关管理部门来说，应当高度重视，做到及时了解、准确把握、有效防范、积极化解：利用语言文字舆情的“晴雨表”作用，积极调控社会心态；发挥语言文字舆情的“预警器”作用，有效防范可能存在的社会风险；运用语言文字舆情“减压阀”的作用，及时化解社会矛盾。此外，积极探索对语言文字舆情的适宜应对措施，有针对性地进行规范和引导，也是当前应着力研究的课题。

第三，语言文字舆情既是一类有用的信息，也是一种重要的资源。作为信息的语言文字舆情可度量、可处理、可共享、可利用；作为资源的语言文字舆情有价值、可利用、出效益、能发展。经过有效汇集、精心加工和科学整理的语言文字舆情信息，可以为国家语言规划提供有价值的参考，可以检验语言文字工作的成败得失，也可以从中总结出一些有规律性的问题。同样，对语言文字相关领域的从业人员和研究者来说，语言文字舆情信息可以为其工作和研究提供帮助，并起到参照、检验、把握舆情动向等作用。在我国，汉字简繁之争是一个反复出现的文字事件，民众对此的舆情态势是分层次、多元化的，区别于其他很多语言文字事件所呈现的“一边倒”的状况。这类舆情信息和资源的宝贵之处，就在于它能从所获取到的第一手、真实的意见中，检验我国汉字简化政策的成效，反思其中的不当或不足之处，并且为未来相关政策的制定提供重要的参考价值。

因此，对语言文字舆情的研究，成为目前国家语言资源监测与研究中一项十分必要而且紧迫的工作。加强这方面的理论探索和应用研究，是国家语言资源监测与研究工作往纵深方向发展的必然趋势。在这样的背景下，本书提出“语言文字舆情自动监测”这一课题，研究进行语言文字舆情自动监测的基本方法——包括自动汇集方法、自动测量方法和自动分析方法，以及实现语言文字舆情自动监测的一项关键技术——文本倾向性分析。

1.2 研究意义

实现语言文字舆情自动监测是一项具有挑战性的工作，本书着力研究其中的基本方法和一项关键技术。这项研究既有理论上的价值，又有现实的意义，具体而言主要体现在以下几个方面。

第一，为实现语言文字舆情自动监测提供直接的方法指导和技术参考。

语言文字舆情自动监测是复杂的、多学科交叉的，也是前沿性的一项工作。作为一个完整的系统，它必须具备一些必要的环节，这些环节之间又存在一定的依赖关系。它所涉及的知识和技术领域，包括计算机科学、新闻传播学、统计学、语言学、自然语言处理等，是多学科交叉和融合的。显然，采用什么样的方法和技术进行监测，是其中最重要的两个关键性问题。尽管此前已有的一些研究也曾探讨了舆情自动监测的基本原理和方法，但我们发现，极少有文献给出具体方法的详细设计，并从定量和定性两个角度进行验证。本书对基本方法的研究则克服了这些问题，可以为自动监测提供直接的指导；同时，本书对文本倾向性分析这一关键技术的解决方案，则可以为自动监测提供重要的技术参考。这些都将为未来自动监测系统的实现以及监测效果的不断提高打下坚实的基础。

第二，扩大语言资源监测和研究的范围，推动监测工作的深化发展。

当前语言监测的工作，主要是调查和定期发布有关语言应用的各种实态数据，如用字用语的调查统计，年度新词语、流行语等，主要是形式方面的监测。这些当然是语言监测工作的重要内容，应该长期坚持下去。但随着研究的深入和技术的发展，更重要的是面对社会日益增长的需求，语言监测的范围亟待向内容方向拓展，语言文字舆情的监测就属于内容的监测，它扩大了语言监测的范围，使我们不但关注于监测的直接对象——语言和文字，还能透过语言文字观察、捕捉并跟踪数量巨大的语言使用者对语言文字问题的态度和意见。这些宝贵的信息在决策、规划和研究中具有重要的参考价值，在语言文字工作中具有很大的反馈价值，能推动语言监测工作往更全面、更完善、更科学的方向发展。

第三，为文本倾向性分析研究提供方法参照。

语言文字舆情自动监测的关键性技术之一是文本倾向性分析，目前在汉语倾向性分析领域，资源建设相对匮乏，研究方法多以基于统计的机器学习方法为主。本书在倾向性分析的问题上，从汉语自身的特点出发，采用基于语料库的研究方法，首先对汉语主观性表达进行了较为全面的考察，在对研究对象的基本情况和主要特点有了较为详尽的掌握的基础上，对句子采取基于语义的分析方法，对篇章采取基于浅层篇章结构的方法来处理。在研究过程中，我们还建设了一个中型的汉语语义倾向标注语料库和四部词典资源。本书在这方面的研究试图为当前倾向性分析研究提供一个方法参照。

第四，推动汉语的主观性研究。

主观性是语言的本质属性之一。正是因为这一性质，人们才得以运用言语表达各种情感和态度，显然，它应该是对言语进行以情感为中心的各种研究和分析的基础。然而，时至今日，学界在语言主观性问题上的探索力度仍然不够，面向倾向性分析的研究成果较少，明显滞后于与主观性相关的各种基于文本内容分析的应用研究。这种情况在汉语方面表现得尤为突出。本书在汉语的主观性研究上做了初步尝试，借助汉语主观性表达这一体现语言主观性的概念，建立了一个统一的汉语主观性描写框架，力图为不同层级、不同颗粒度和不同应用目的的倾向性分析提供支持；同时，我们基于语义倾向标注语料库掌握了一些汉语主观性表达的基本统计数据和主要特点。这些工作的开展试图在一定程度上推动汉语的主观性研究。

第五，为其他领域的舆情监测提供参考。

在一些基本的问题上，不管是通用领域还是受限领域的舆情监测，它们并没有本质的不同。我们从语言文字领域入手，论述了语言文字舆情的一些概念、特点和规律，探索了如何以定量方式测量、统计和分析语言文字舆情信息，给出了具体的量化依据和测量指标。限于时间和能力，我们没有考察过这些特点、规律和测量方法是否适用于其他领域，但本书的研究应该能够为其他领域的舆情监测提供一定的参考。

1.3 研究方法

本书的研究涉及舆情监测和倾向性分析两个领域，在探讨语言文字舆情自动监测基本方法这一问题上，采用综合分析法和个案分析法，在研究文本倾向性分析相关问题时，采用基于规则的方法和基于语料库的研究方法。

语言文字舆情的特点以及语言文字舆情自动监测问题的复杂性决定了对语言文字舆情自动监测基本方法的探索必须采用综合分析法。我们需要利用舆论学、传播学、计算机科学等多学科的原理和方法，结合复杂的处理流程，进行综合分析，考虑方法的科学性、可行性和高效性；还需要在规划自动监测系统时综合分析各组成模块的系统性、依赖关系和对应功能。总之，只有在综合各方面研究和综合考虑各种因素的基础上，才能得到符合要求、切合实际的监测方法。另一方面，也需要将某个独立的语言文字舆情作为案例，在特定环境和时间内，对其中的若干现象、特征和过程做专门、全面的研究，通过观察和掌握该个案的情况，寻找适宜的监测方法，或者对某个方法进行验证性的实验分析。

基于规则的方法和基于统计的方法是自然语言处理的两大范式。“在自然语言处理发展的过程中，始终充满了基于规则的理性主义方法和基于统计的经验主义方法之间的矛盾。”① 两种方法各有优缺点，也并非是对立的，越来越多的研究倾向于将规则方法和统计方法有效地结合起来，在统计方法中融入规则，在规则方法中利用统计的结果，这在学界已经成为一种共识。统计方法往往利用语料库进行数据的归纳，而基于语料库的研究业已形成一整套固有的范式，这种方法在一定程度上已经超越了一般意义上的统计方法。我们在考察汉语主观性表达时，采用了基于语料库的研究方法，这种对客观语

① 引自冯志伟《统计自然语言处理·序二》，宗成庆编著，第15页。

言现象的统计和描写为文本倾向性分析奠定了基础，使得我们有理由、有根据、有信心采用基于规则的方法进行文本倾向性分析。在研究句子的倾向性问题上，采用基于语义的方法，其本质是一种基于规则和词典相结合的方法，它把词语看作语义倾向的最小载体，较大单位主观性表达形式的语义倾向是由较小单位主观性表达形式的语义倾向组合而成，原则上可以采用带符号算术加的方法逐级运算得到不同大小语言单位的语义倾向。为此，我们构建了一个用于句子倾向性分析的规则库，并把规则分为四大类：分类规则、识别规则、合并规则和计算规则。在研究篇章（评论文）的倾向性时，虽然利用了篇章（评论文）自身的结构特点，但是核心的算法仍然是以句子为组合单位进行的，因而实质上还是基于规则的。

采用基于规则的方法分析文本的倾向性，有其优势所在：它符合人类思维和解析情感的基本模式，具有更强的领域通用性，能将倾向性分类和倾向性程度分析很好地结合在一起。它的局限性是依赖于规则的适用度、句法分析的好坏以及词典的质量。

1.4 主要研究内容

本书主要研究两个方面的问题，其一是语言文字舆情自动监测的基本方法，包括对自动汇集方法、自动测量方法以及自动分析方法的研究。对于前两个模块所提出的方法，通过初步的实验进行了可行性验证，对于后一个模块，根据语言文字舆情监测的需要，提出了分析深度不同的三个层次的方法。此外，还对语言文字舆情的一些基本问题进行了讨论。其二是语言文字舆情自动监测的一项关键技术，包括基于语义方法的句子倾向性分析和基于浅层篇章结构的评论文倾向性分析的研究。围绕文本倾向性分析的相关配套研究是对汉语主观性表达问题的探析，这项工作是开展倾向性分析研究的前提和先决条件。

本书的组织结构如下：

第 1 章是绪论。介绍了本课题的缘起，讨论了本课题的研究意义、研究方法和研究的创新性，并给出了文章的组织结构。

第 2 章是相关研究综述。一方面，对民意和民意调查、舆情和舆情监测两对概念进行了说明，介绍了国外民意调查中广为人知的舆论领袖、两级传播、议程设置和“沉默的螺旋”理论，分析了西方民意调查的相关情况和舆情监测现状，并从理论和应用的角度综述了国内舆情监测的有关研究。另一方面，系统地梳理了语言学领域作为倾向性分析理论基础的语言主观性、语义差分、评价理论、语义韵等理论及其研究成果和基本观点，概括了计算语言学领域倾向性分析的基本情况，并从词语级、句子级、篇章级、资源建设和汉语倾向性分析等 5 个方面对研究现状进行了述评。

第 3 章是探讨语言文字舆情自动监测的基本方法。在探讨语言文字舆情的内涵、外延、基本要素、特定和形成规律的基础上，规划了语言文字舆情自动监测的系统模型，详细论证了自动汇集方法、自动测量方法和自动分析方法，对其中的汇集方法和测量方法进行了初步的实验，并对实验结果进行了分析。

第 4 章是探析面向倾向性分析的汉语主观性表达。对汉语主观性表达的研究是更好地开展文本倾向性分析研究的基础和前提。明确定义了“汉语主观性表达”这一概念，构建了汉语主观性表达描述体系，将其表述为一个由类别维度、程度维度、形式维度、成分维度、关联维度、模式维度等组成的六维空间，对每一维度进行了阐释。然后基于语义倾向标注语料库考察了汉语主观性表达的各种分布和主要特点。

第 5 章是基于语义方法研究句子的倾向性。介绍了作为重要基础资源的情感词典及附加词典的研制思路、过程和测试结果，构建了一个用于句子倾向性分析的规则库，对于其中的基本规则和重要的具体规则逐条进行了详细阐释和说明。对基于语义方法的句子倾向性分析进行了实验，分析了实验结果。

第 6 章是基于浅层篇章结构研究汉语评论文的倾向性。着重阐述了浅层篇章结构与评论文的特点，提出以主题倾向句表示评论文的浅层篇章结构，基于浅层篇章结构获取评论文的整体倾向性。对基于浅层篇章结构的汉语评论文倾向性分析方法进行了实验，分析了实验结果，并将实验结果与基于支持向量机的篇章倾向性分类方法做了比较。

第 7 章是结论。对全书进行了总结，指出了未来工作的方向。

1.5 研究的创新性

本研究的创新性主要表现在如下四个方面。

（1）面向定性分析和定量分析相结合的监测任务，提出了一整套包括自动汇集方法、自动测量方法和自动分析方法在内的语言文字舆情自动监测的基本方法。在自动汇集方法上，把汇集的渠道定位在互联网，将语言文字网络舆情信息作为监测和分析的主要对象；确定汇集范围时，相互验证先验信息源与基本信息源；通过信息采集器、信息过滤器在汇集范围内采集相关信息。在自动测量方法上，为语言文字舆情设置起点、终点、时间跨度、关注度、峰点、衰落点等六项测量指标，从相关新闻报道、新闻评论、论坛主题帖和跟帖、评论文章等测量对象中获取测量指标所需的各项数据，并逐一量化各项测量指标，得到量化数据。在自动分析方法上，将自动分析层次化和立体化：按照不同的舆情分析深度，把它分为舆情事件摘要、舆情概况分析和舆情态势分析三个层次，各层次内部又包含不同的分析内容，以满足不同的需求。总的来说，这一整套基本方法符合当前语言文字舆情监测的要求，操作性强，实现起来较为容易，是一套切实可行的方法。

（2）面向两类不同的语言文字舆情信息（短文本信息和长文本信息）分别提出了不同的倾向性分析技术，即基于语义方法的句子倾向性分析技术和基于浅层篇章结构的评论文分析技术，解决了实现语言文字舆情自动监测的一项关键技术问题。在句子倾向性分析问题上，先对句子进行分词、词性标注和依存句法分析，然后利用部分句法信息，结合情感词典和附加词典，按照各种处理规则，计算出句子的倾向性程度值。其中，重点阐述了句子倾向性分析器所依赖的处理规则，对主要的规则逐条进行了说明。在评论文的倾向性分析方面，采用基于 n 元词语匹配的方法识别主题，通过对比与主题的语义相似度大小和进行主客观分类获取候选主题倾向句，计算其中相似度最高的若干个句子的倾向性，将其平均值作为评论文的整体倾向性。基于浅层篇章结构的评论文倾向性分析方法避免了进行完全篇章结构分析，排除了与主题无关的主观性信息，分析效果良好。上述两种分析方法是在对汉语主观性表达和评论文篇章结构做了大量的调查、统计后提出的，与其他相关研究的不同之处在于，我们的方法较多地利用了主观性表达在汉语中的形式特征以及汉语篇章自身含有的丰富信息，更加重视对研究对象的探究，方法上注重可解释性，技术上具有针对性。

（3）首次提出“汉语主观性表达”的概念，并建立了一个面向倾向性分析的汉语主观性表达描述体系，对该体系进行了详尽的描述，基于语义倾向标注语料库考查了汉语主观性表达的分布情况和主要特点。对汉语主观性表达的研究是更好地开展文本倾向性分析的基础和前提。汉语主观性表达是一个由类别维度、程度维度、形式维度、成分维度、关联维度、模式维度等组成的六维空间，也即它的六种属性，汉语主观性表达的性质和行为通过这六种属性来描述和刻画，对每一种属性我们都进行了细致的阐释。汉语主观性表达描述体系是一个上连语言主观性理论、下接文本倾向性分析的理论与应用“接口”，也是一个力图为不同层级、不同颗粒度和不同应用目的的倾向性分析提供统一的主观性表达描写标准的系统框架。第一次基于手工标注的语义倾向语料库探索了汉语主观性表达的分布情况和主要特点，为进一步的研究提供了科学依据。

（4）对“语言文字舆情”做了定义，考察了它的基本要素、特点和形成规律。明确了语言文字舆情应当至少涵盖语言文字标准化舆情、语言文字状况舆情、语言文字应用舆情、语言教育与传播舆情、少数民族语言文字舆情、其他相关舆情等，根据以往相关事件，总结了语言文字舆情具有的五个特点以及舆情发生、发展、变化的运动规律。这一工作厘清了该领域的基本概念，为语言文字舆情自动监测研究奠定了基础。

第 2 章　相关研究综述

本书主要研究语言文字舆情自动监测的基本方法和一项关键技术，与此相关的研究横跨新闻传播学、理论语言学、计算语言学等学科，涉及舆论和舆情相关研究、民意调查和舆情监测理论及方法、语言的主观性研究、词汇语义理论、倾向性分析研究等。本章就相关研究中的重要问题、代表性研究成果以及与本书密切相关的一些问题进行全景式的梳理和概括性的综述，并力图从已有研究成果中发掘对本书研究有用的信息。

综述内容分舆情监测相关研究和倾向性分析相关研究两大部分，下面分别予以讨论。

2.1　舆情监测相关研究

2.1.1　两对概念

舆情监测是国内近些年来兴起并逐渐受到广泛关注的一个研究课题。由于多方面的原因，在研究工作和现实生活中，存在着一些内涵相近或相似的概念被混淆使用的状况。因此，在进行研究综述前，先对本书涉及的民意和民意调查、舆情和舆情监测两对概念做一个简要的辨析。

卢梭在《社会契约论》中首次提出了“opinion publique”这个概念。而在英语中，与其对应的是“public opinion”，中文译作“民意”或“舆论”。刘建明（2001）指出，民意是人民意识、精神、愿望和意志的总和。作为社会真理的坐标，它是立国、治国之本，是判定社会问题真理性的尺度，是推动社会前进和历史发展的根本性和决定性力量。可以说，民意是舆论的一种表现类型，是一种一致性的意见，是人民意识、精神、愿望和意志的总和，是公正和正确的社会推动力。

民意调查是一种了解公众对某些政治、经济、社会问题的意见和态度的调查方法，其目的在于通过对大量样本的问卷调查来较为客观、精确地反映社会舆论或民意动向。民意调查是现代国家政治、经济和社会生活中不可或缺的一部分，也是西方所谓社会民主政治的一个重要组成部分。现代意义上的民意调查发源于美国，起源于其总统选举。1933 年，盖洛普（George Gallup）开始的民意调查被认为是以现代科学方法测量民意的开始。

舆情是指在一定的社会空间内，围绕中介性社会事项的发生、发展和变化，作为主体的民众对作为客体的国家管理者产生和持有的社会政治态度（王来华，2003）。舆情是多种情绪、意愿、态度和意见交错的总和，其中包含着多数人一致的意见，即舆论。舆情强调“意见集合”，侧重各种意见的分布、倾向、强度和发展趋势，提供在某一问题上意见的总体态势。情绪化是舆情的重要特征之一，所以，舆情有时难免缺乏理性成分（刘毅，2007）。

舆情监测是利用各种技术手段和方法对一定时空范围内的舆情进行监测的行为，重点调查和测量“意见集合”的分布、倾向、强度和发展趋势等。舆情监测的特点是实时性和动态性，它总是利用先进的技术和手段以自动化或半自动化的方式来实施。在互联网影响力日益增强的今天，网络舆情监测越来越受到重视。

2.1.2 国外舆情监测相关研究

国外关于民意调查和舆情监测的理论和应用研究起步较早。一般认为，西方研究民意最早的著作首推罗威尔（Lawrence Lowell）在 1913 年撰写的 *Public Opinion and Popular Government* 和李普曼（Walter Lippman）于 1922 年出版的 *Public Opinion* 两本书，以后政治学、历史学、心理学、社会学、公共政策、公共行政与大众传播学都介入了民意研究的领域（王来华，2003）。西方现代民意研究的发展，是伴随着民意调查而发展的。现代民意调查有近 90 年的历史，美国的盖洛普于 1933 年开始采用现代科学的方法进行民意调查以后，使这种称为“盖洛普民意测试（gallup polls）”的民意调查方法在国际上声名远扬，盖洛普本人已成为美国家喻户晓的人物。如今在美国，民意调查无所不在，不仅包括政治方面，也包括经济和文化方面。时至今日，美国的民意调查机构数量之多、调查花费之巨、调查频率和次数之多，均列世界首位（中共中央宣传部舆情信息局，2006）。这些都在一定程度上促进了民意研究的发展。

西方国家在长期的民意调查实践中发展了许多经典的理论，其中最广为人知的有舆论领袖、两级传播、议程设置和“沉默的螺旋”理论。“舆论领袖（opinion leader，又称意见领袖）”由拉扎斯菲尔德（Paul Lazarsfeld）在两级传播理论中提出，是传播学的经典概念之一，其含义为积极主动地向人们提供某些方面的客观事实并加以主观评断的人。传统舆论领袖具有如下特征：（1）人数不多，只是全体公众中的一小部分成员；（2）舆论领袖都只是某一方面的专家；（3）舆论领袖必须上连媒介，下连公众。从传播模式来看，舆论领袖也充当了信息把关人。所谓“两级传播”，即思想（意见、看法）通常是通过传媒而为舆论领袖（第一级）首先获知，并由他们传播给那些对信息的反应相对不敏感的公众（第二级）。也就是说，信息的传递是按照“媒介——舆论领袖——受众”这种传播模式进行的。拉扎斯菲尔德的研究同时显示，舆论领袖往往会影响自己周围人的政治观点。人们的观点也不是直接形成的，而是分两个步骤。在第一个步骤中，舆论领袖对政治事件做出反应；在第二个步骤中，舆论领袖影响着其他人。这些由舆论领袖表达并通过人际关系网渗透的观点，影响着其他个体对当时政治事件的反应（中共中央宣传部舆情信息局，2006）。议程设置理论描述传媒、政府和民意之间复杂的关系。“议程”被界定为把问题或事件依重要性等级加以排列的顺序。议程设置理论假设民意调查机构和政策制定者之间的关系是通过传媒议程来施加影响的，认为大众传播往往不能决定人们对某一事件或意见的具体看法，但可以通过提供信息和安排相关的议题来有效地左右人们关注哪些事实和意见及他们谈论的先后顺序。传统媒体（报纸、广播、电视）的议程设置功能已经被众多的学者接受，并从政治、社会生活等多方面进行了实证研究。人们也普遍意识到传统媒体在一定程度上对公众议程的影响是潜移默化的，却又是强大的。1980 年，德国传播学家诺艾尔·诺依曼（Elisabeth Noelle-Neumann）首先提出“沉默的螺旋”理论。这一理论认为，在社会集体中，公众都有与社会价值观和目标保持一致的愿望，否则个人将会感受到孤独和被排斥的威胁。当人们发现自己的观点流行时就发表，不流行时就不表达自己的真实想法，而是选择沉默。这一过程存在于一螺旋之中，于是观点流行的一方就被更多的人听见，而观点不流行的一方则以沉默待之（中共中央宣传部舆情信息局，2006）。

西方民意调查最突出的特点在于调查方法的科学性和调查目的的现实性。西方的民意调查至今已经形成了一套较为成熟的民意调查方法，从确定调查主题、拟定研究计划、设计问卷、抽取样本，到进行实际调查，再到调查数据的处理、研究报告的撰写，都具有科学的调查规范。随着现代科技的发展，调查的手段也日臻先进，从早期的面访调查，到后来普遍采用的电话调查，再到 20 世纪 70 年代出现的电脑辅助调查。最复杂的电脑辅助调查系统甚至可以提供从抽样到数据分析的全程辅助。这些先进科学的调查手段为获得准确真实的民意调查结果提供了保障。另外，西方民意调查还有一个重要功能，即可以引导民众去关心什么议题，从而达到塑造民意的目的。

民意调查最早用于总统竞选预测，之后用于对国民的社会政治态度调查，后来又逐渐广泛用于商品的市场推广和生产、广告以及公共关系等领域。广泛的民意调查提高了人们对民意问题的兴趣，许多国家的政府已开始运用民意调查的结果作为施政参考。以美国为例，在尼克松政府时期，民意调查机构和白宫的联系非常密切，往往在民意调查结果公布 10 天前，民意调查专家就把结果呈送白宫。而克林顿则把这种依赖民意调查发挥到极致，他几乎对所有问题都进行民意调查，并经常与助手们分析调查结果，以此调整施政方针。

在舆情监测方面，欧盟委员会从 1973 年开始一直在监测会员国舆论的演变，为准备文报、制定决策以及评估工作提供帮助，其调查研究的话题涉及公民职权、社会形势、健康、文化、信息技术、环境和法律等。1981 年问世的 *American Public Opinion Index* 以及后来的 *Index to International Public Opinion*（1986—1987）两部著作产生了广泛影响。近年来，互联网的普及使得舆情变得更为复杂，对网络舆情安全与社会安全方面关键技术的研究逐步成为热点，主要集中在文本数据自动分析、Web 数据自动分析、舆情信息倾向性分析、人工智能与决策、复杂性社会网络系统五方面。美国中央情报局于 2005 年成立了公开信息中心，每天在全球各个网站、论坛的公开信息中搜集各种各样的军事信息，并分析社会民众对军事领域的相关重要事件所持的态度、看法与观点；美国国土安全部从 2006 年开始利用能概述新闻报道中公众意见表达的软件分析民众意愿，把握社情民意的走向；美国舆情研究协会、欧盟舆情分析官方网站、坎特伯雷大学、欧洲舆情研究中心等机构广泛开展了基于调查问卷、网页统计、文本分析等方式的舆情分析工作。

目前国外已有的舆情分析系统主要分为三大类：调查问卷型、Web 数据自动分析型、文本数据自动分析型（杜阿宁，2007）。调查问卷型主要通过调查问卷、电话和面谈等方式了解舆情。如 StatPac Survey Software 公司的 Survey Software Solutions 系统、加州大学伯克利分校社会科学计算实验室的 CSM 系统（Computer-assisted Survey Methods Program）、CAsEs 系统（Computer-assisted Survey Execution System）。文本数据自动分析方式是通过搜集报纸、杂志、网上报道等文本信息，对其进行分析汇总后形成舆情分析结果。如美国专利局一项编号为 4930077 的专利提出了一种通过文本分析来预测舆情的方法；英国科波拉软件公司推出了“感情色彩”舆情分析软件，该软件可以在 1 秒内读取 10 篇新闻资料并判断文章的政治立场。Web 数据自动分析方式是自动搜集和分析网络上的 Web 数据，形成舆情分析报告。如加州大学伯克利分校社会科学计算实验室的 SDA 项目（民意调查评注与分析项目）和 Nesstar 系统（一个数据出版和在线分析系统）。

2.1.3 国内舆情监测相关研究

国内在舆情理论上的系统化研究始于 2003 年王来华的《舆情研究概

论——理论、方法和现实热点》，这是我国第一部系统地从理论、方法和实践上综合探讨舆情问题的专著，标志着我国舆情研究基础理论框架的初步确立。该书深入地阐释了“舆情”这一概念，较为完善地论述了舆情的理论体系，并分别讨论了舆情的重要构成因素，包括作为舆情主体的民众、作为舆情客体的国家管理者、中介性社会事项和舆情空间。此外，张克生（2003）集中探讨了政府决策的舆情机制问题；韩运荣、喻国明（2005）阐述了舆论学的基本原理知识，对民意测验方法进行了系统梳理，展示了调查课题的程序和流程；中共中央宣传部舆情信息局（2006）介绍了舆情信息工作的主要任务、基本途径和方式方法；中共中央宣传部舆情信息局（2006）归纳总结了舆情信息汇集和分析工作的实际经验。

刘毅（2007）对新的舆情形式——网络舆情进行了开拓性的探讨，是国内首部全面研究网络舆情的专著。该书详细探讨了网络舆情的概念、构成要素、主要特点和传播途径，研究了网络舆情的形成模式和变动规律，为网络舆情监测研究奠定了理论基础。谢海光（2006）研究了互联网内容及舆情深度分析模式，构建了互联网内容与舆情的热点（热度）、重点（重度）、焦点（焦度）、敏点（敏度）、频点（频度）、拐点（拐度）、难点（难度）、疑点（疑度）、黏点（黏度）和散点（散度）等 10 个分析模式和判据，通过它们来透视互联网内容及舆情形成和发展的基本特点。钱爱兵（2008）设计并实现了基于主题的网络舆情分析模型，该模型主要由舆情主题规划、舆情信息采集、舆情信息分析、舆情预警处理四个部分组成，使其构成一个完整的网络舆情分析的生命周期。该模型充分利用计算机进行网络舆情分析工作，旨在实现网络舆情的自动采集、分析和处理。杨频（2009）提出了一种网络舆情的定量分析方法，该方法以某一话题的文本集合作为输入，输出一个实数表示文本中所表达的观点倾向程度。谈国新（2010）利用 I-Space（信息空间）模型对网络舆情的传播过程和产生根源进行分析研究，提出了网络舆情监测指标体系。该体系由舆情发布者指标、舆情要素指标、舆情受众指标、舆情传播指标以及区域和谐度指标五个指标群构成，分别展现了舆情的地理分布、来源、传播渠道以及舆情内容的性质和受众的反应。针对网络舆情的实时监测及预警预报，研究了不同指标的量化方法，给出了相应的计算公式。

国内的舆情研究机构中，人民日报社网络中心舆情监测室是国内最早从事互联网舆情监测、研究的专业机构之一。它自2006年起开始探索网络舆情监测研究课题，并于2008年正式组建，目前已初步形成了一套较完整的舆情监测理论体系、工作方法、作业流程和应用技术。人民日报社网络中心舆情监测室具有舆情排行榜、专题舆情分析、报刊监测等多项舆情监测能力，是国内舆情监测机构的领跑者。此外，人大-方正舆情监测研究基地、南京大学-谷尼网络舆情监测与分析实验室、中国传媒大学公关舆情研究所等舆情研究机构也从事舆情监测与研究工作。

与此同时，各种自动化的舆情监测系统也纷纷涌现。拓尔思公司的互联网舆情管理系统于2002年开始推出，利用其拥有的垂直搜索、知识挖掘与分析技术，提供舆情采集和监测、分析处理、服务于一体的系统架构。该系统具有如下特点：支持多雷达同时采集，信息更新速度快；支持采集结果存储到多个服务器库中，存储的信息量大；支持多分析工具对采集结果进行分析，整个系统的分析性具有较高的水平。中科院计算所推出的COFFER（Consensus Observation and Forecasting For intERnet）系统（现升级为天玑舆情监测系统）能对互联网上的舆论信息进行有效汇集、整理与分析，并对网络舆论信息、舆论趋势走向和社会动态进行实时监测，从而为进行正确的舆论决策打下基础，其舆情数据源包括主流的网络论坛、新闻媒体和博客。北大方正技术研究院结合内容管理技术、知识管理技术、互联网监测分析技术，设计提出了方正智思舆情系统。方正智思舆情系统主要针对离线的网页数据进行舆情自动分析和预报，分析规划舆情监控内容，形成舆情预警信息，同时根据舆情的监控级别规划新的监控内容，开始新的监控周期，形成一个具有生命特征的周期往复的社情民意反馈系统。其他较为有名的系统还有鹰隼网络舆情监控系统、谷尼舆情监控分析系统、军犬网络舆情监控系统等。

总的看来，国外舆情理论和应用研究起步较早，发展历史较长，在民意调查的长期实践中产生了一些经典的基础理论，民意调查的方法日趋复杂化，手段愈加多样化，技术也越发精细化。国内近20年来在这一领域的研究进展迅速，取得了一定的成果，人们对于舆情监测问题越来越重视，舆情问题也逐渐上升到国策制定、决策参考甚至国家安全的高度。这些舆情监测的理论研究为语言文字舆情自动监测的开展提供了理论上的支持，一些应用研究和实际系统也为语言文字舆情自动监测技术提供了参考。

2.2 倾向性分析相关研究

2.2.1 相关概念

倾向性分析是当前计算语言学研究领域中一个热门的研究方向，相关的研究肇始于 1997 年，至今已有 20 多年的发展历史。由于这是一个相对新兴的领域，加之研究者在角度、目的、侧重点等方面有所不同，使得该领域在主题表述和术语使用上出现了不一致的现象。因此，我们有必要首先就此前文献中使用较多的一些概念做一个简单的介绍和区分。

（1）情感分析（sentiment analysis）

“情感分析”是学界使用最多、最易于接受和理解的术语。就我们所知，“Sentiment analysis”这种表述第一次出现在 2003 年的一篇会议论文上（Nasukawa and Yi，2003），此后出版的两本较为知名的专著（Pang and Lee，2008；Liu，2012）也都以“Sentiment analysis”为标题关键词。何谓情感？通俗地说，情感就是人们日常理解的“七情六欲”中的“七情”：喜、怒、哀、乐、爱、恶、欲。一般的理解认为情感是人内心的一种心理反应，如《现代汉语词典（第 7 版）》将情感定义为“对外界刺激肯定或否定的心理反应”（中国社会科学院语言研究所词典编辑室，2016），心理学上的情感则指人对客观事物所持有的态度体验，如《心理学大词典》认为，“情感是人对客观事物是否满足自己的需要而产生的态度体验”（林崇德、杨治良、黄希庭，2003）。情感分析指运用计算语言学知识和自然语言处理技术对带有情感色彩的主观性文本进行分析、处理、归纳和推理的过程（赵妍妍、秦兵、刘挺，2010），涉及的“问题空间（problem space）”较大，是一个相对宽泛的科学领域。狭义的情感分析仅研究文本中的高兴、愤怒、悲伤、恐惧、爱慕、厌恶等个人和群体情感，广义的情感分析则囊括了观点、意见、态度、立场等其他主观性信息。此外，还有人把情感分析当作语义倾向分析来看待，主要针对说话人关于某物或某事的观点进行“赞同”或是“反对”的分类（周立柱等，2008）。

（2）观点挖掘（opinion mining）

“观点挖掘”又常被称作“意见挖掘”，它针对主观性文本自动获取有用的意见信息和知识（姚天昉等，2008）。一般意义上的“观点”指“观察事物时所处的位置或采取的态度”（中国社会科学院语言研究所词典编辑室，2016），不过，计算语言学界对“观点”所下的工作定义决定了观点挖掘的研究任务。根据 Kim（2004）对观点的定义，观点（opinion）由四个元素组成：主题（topic）、持有者（holder）、陈述（claim）、情感（sentiment）。因此，观点挖掘的过程就是要在自然语言文本中自动确定这些元素以及它们之间的关系。换言之，这包含了如下四个主要的子任务：（1）主题抽取：识别主题术语和指派领域相关的本体概念；（2）观点持有者识别：确定观点表述的作者和谈话者；（3）陈述的选择：确定观点表述的范围和过滤客观性表述；（4）语义倾向分析：决定观点陈述的语义倾向（姚天昉等，2008）。“观点挖掘”这一概念最早由 Dave 等（2003）提出。尽管“观点”和“情感”的概念有所不同，但学界往往将观点挖掘和情感分析的研究任务等同视之，不做区分。

（3）倾向性分析（semantic orientation analysis）

倾向性分析也常称为语义倾向分析。语义倾向指一种对人、物、事件、现象等的赞成或反对、褒扬或贬抑、肯定或否定、积极或消极的态度、立场和观点，有正面倾向（positive orientation）、负面倾向（negative orientation）和中性倾向（neutral orientation）三个类别。这里的“倾向”严格来说应为“倾向性”，即爱憎情绪和褒贬倾向（中国社会科学院语言研究所词典编辑室，2016），由于倾向性大多是正反对立的，因此也有部分学者使用“语义极性（semantic polarity）”或与此类似的表达。语义倾向分析对文本中说话人的主观倾向进行研究，词、句子和篇章三类不同大小的语言单位是重要的研究点。

近年来随着研究的深入以及应用的需要，研究人员开始将语义倾向按照一定的标准划分不同的等级，以此来表示倾向的强度。“语义倾向”这一提法最早可能出自1997年的一篇会议论文（Hatzivassiloglou and McKeown，1997），该文也常被认为是情感分析领域的开山之作（赵妍妍、秦兵、刘挺，2010）。本书认为倾向性分析等同于语义倾向分析，对二者不做区分。

（4）主观性分析（subjectivity analysis）

这里的“主观性”是指语言的主观性，是说话人在言语中表现出来的立场、态度和情感等“自我”的印记（Lyons，1982）。主观性总是和客观性相提并论，是相对于客观性而言的，因此有人专门进行主客观信息识别（蒙新泛，2009）和主客观信息分类（姚天昉，2007）的研究。主观性分析对文本中包含的所有主观性信息进行识别、分类、聚类等各种研究，其外延囊括了情感分析、观点挖掘、语义倾向分析等一众相关领域的研究，是一个更加宽泛的概念。

上述四个概念均以自然语言文本中蕴含的主观性信息为研究对象，从严格意义上说，它们在研究范围、研究目的和研究侧重点上存在或多或少的差异。我们对四个概念进行严格区分，认为应尽可能地使用恰当的术语来表达确切的意义。在我们看来，主观性分析包含了其他三个概念涉及的内容，是一个上位概念；语义倾向分析是对情感、观点等所属的倾向性的分析；情感分析和观点挖掘的落脚点都在于语义倾向。基于此，本书主要采用倾向性分析这一术语。

（5）情感计算（affective computing）

与情感分析、观点挖掘、语义倾向分析和主观性分析不同，情感计算通常不以文本为处理对象，而是直接研究计算机如何理解人通过生理反应表达出来的各种情感，其中最主要的两个方面是对人的面部表情和自然话语声音进行情感推理和归纳，以达到人机交互和谐性的要求和实现真正意义上的人工智能。“情感计算”的概念由麻省理工学院（MIT）的Picard提出，是“与情感有关、由情感引发或者能够影响情感的因素的计算”（Picard，1997）。情感计算的目标是赋予计算机感知、理解以及表达情感的能力（张迎辉，

2008)，实现多模态的人机智能交互。情感计算的部分研究内容属于计算机视觉和图像处理，另外的部分则属于自然语言理解和生成。

情感计算与前述四个概念在研究对象、研究内容和研究目的上差异较大，不能混为一谈。有时候为了特别强调研究对象的差异，学界常在前述四个概念前加上“文本”二字，以示区别。

2.2.2 语言学方面的研究

倾向性分析与语言和语言学存在着非常密切的联系。倾向性分析以文本语言为研究对象，语言的主观性特征是倾向性分析的理论基础，它使得倾向性分析的研究有了可能性并得以展开；现代语言学发展至今，在语义差分、评价理论、语义韵等方面的研究上或多或少地与倾向性分析存在关联。在本小节中，主要对与倾向性分析有关的这些语言学问题和研究做一个梳理。

2.2.2.1 语言的主观性

主观性是语言的基本属性之一。受实证主义的影响，现代语言学淡化甚至忽视了语言中的主观现象，强调语言的所指意义却对话语中的非命题内容有些视而不见（Benveniste，1959）。居于主导地位的结构主义和形式主义都将语言视为表达命题的工具。这种偏见忽视了语言只有通过有思想的人才能反映客观世界，语言使用无法与人的思想和情感分离的客观事实。语言具有指称、表述和表情三重功能，表情功能就体现了语言的主观性。

人们很早就注意到了语言具有主观性的问题。米歇尔·布雷亚尔（Michel Bréal）最早于1900年将主观性作为一种语言现象提了出来，20世纪30年代和50年代又分别得到了比希勒（Justus Büchler）(1934）和雅各布森（Roman Jakobson）（1957）的阐述（冯光武，2006）。尽管如此，语言学领域常将这一现象的初始研究与法国语言学家本维尼斯特（Émile Benveniste）联系在一起。在本维尼斯特看来，语言的主观性是说话人言语时将自己看成主体的一种能力，是人的自我意识的一种表象，一个大写的“我”。为了帮助说话人表现这个大写的“我”，语言便将自己构建成了一个能表现自我的体系。这一体系中的许多自我印记就是语言的主观性表象（Benveniste，1971）。本维尼斯特认为，是“主观性”使语言成为可能：“语言带有的主观性印记是如此之深，以至于人们可以发问，语言如果不是以这样的方式构建，是否还能发挥作用和被称之为语言（Benveniste，1971）。”

此后，莱昂斯（John Lyons）（1982）提出，人具有主体意识，这种主体意识在语言中是有体现的。人从本质上讲是主观的，因为我们都拥有“自我”。“自我”包括认知、感知、情感、态度和意图等。语言的主观性就是人们言语时表现出来的“自我”。归纳起来，莱昂斯认为的语言的主观性就是说话人言语时表现出的立场、态度和情感等“自我”印记（冯光武，2006）。目前国内使用最多的定义则是：“主观性”是指语言的这样一种特性，即在话语中多多少少总是含有说话“自我”的表现成分。也就是说，说话人在说出一段话的同时表明自己对这段话的立场、态度和感情，从而在话语中留下自我的印记（沈家煊，2001）。此外，莱昂斯（1995）还提到，应该区分主观性表达（说话人的自我表达）和客观性表达（交际命题）。

之后，兰盖克（Ronald W. Langacker）从共时的角度和认知的角度来探究语言的主观性，并将其纳入认知语法理论体系；特劳戈特（Elizabeth Traugott）从历时的角度，通过考证语义变化过程来观察语义变化的主观化倾向；由此形成了两种不同的研究取向（刘瑾，2009）。

综上所述，我们认为，语言主观性的实质是探索语言中人的因素。不论是个人还是具有共同语言、文化和心理素质的群体[①]，都是语言的使用者，它们构成了语言使用中的“人”。长期以来，现代语言学由主张“科学主义”的结构语言学和形式语言学所主导，强调语言的符号性、结构性、自足性，将意义简化为形式，忽视“人”的因素。近些年来，由于语言学“人文主义”的复苏，特别是功能语言学、语用学、认知语法的兴起，语言学家开始探究人的因素，对语言的“主观性”给予充分的关注，强调语言不仅仅是客观地表达命题和思想，还要表达言语的主体即说话人的观点、感情和态度（沈家煊，2009）。

“‘人’的因素”包含两层意思。其一，语言不是简简单单对现实世界的

① 意指民族。

直接反映，而是人通过一个概念棱镜的观察来表示现实世界。其二，语言是民族集体意识的产物，是人在言语中的实实在在的表现。在这个意义上，可以把语言的主观性分为两类，一类是宏观的，指体现在一种语言及其语法中的对现实世界的看法。从语言哲学的高度，洪堡特（1963）提出“语言世界观”的问题，认为不同语言结构反映不同民族思维模式（潘文国，1995；2004）。洪堡特指出，“每一种语言里都含有一种独特的世界观……每一种语言都包含着属于某个人类群体的概念和想象方式的完整体系”“每一种语言都在它所隶属的民族周围设下一个圈子”“一个民族的言语是该民族的精神，而该民族的精神就是他们的言语”（威廉·冯·洪堡特著，姚小平译，1999）。潘文国（2004）概括说：“语言世界观的含义在于语言反映不同民族的概念和意义体系、价值体系、思维方式。”另一类是微观的，指在语言所提供的描写某个既定事件或事物的不同表达方式中，语言使用者的一个选择结果，即个人对所描述的事件或事物的判断和态度，以及对参与其中的人或物的判断和态度。语言概念受文化的影响，文化反过来也受语言概念的影响。正如威尔兹比卡（Anna Wierzbicka）（1988）所指出的，在自然语言中，意义不能定义成语言单位和语言外部真实事物的一种关系，意义存在于人对世界的解释之中，它是主观的，以人为中心的，反映了同世界本身的客观要素一样多的鲜明的文化问题以及社会互动下的专业文化模式。这是语言主观性的微观类型，体现了个人在语言使用中的主观选择，即在语言所提供的描写某个既定事件或事物的不同表达方式中，语言使用者的一个选择结果。从这个意义上说，作为个人思维的产物，任何话语都多多少少包含一些主观性的成分。当然，语言的“主观性”不是“客观性”的绝对对立面，因为所谓的“主观”和“客观”只是一个程度的问题，并非泾渭分明的两个极端和非此即彼的对立关系。

语言主观性的性质说明，语言不是工具意义上的主体性（主观性）表现，它是作为生命主体的人本真存在的家园（刘瑾，2009）。在20世纪中后期出现、发展并成为语言学研究主流的学派和领域，在研究上无不是以“人和人的生活世界”为中心，它们进一步拓宽了语言主观性研究的视域，将“人和人的生活世界与语言探索的同一性”渗入语言的主观性研究中（刘瑾，2009）。其实在汉语语法的研究中，学者们早已有意识地运用语言的主观性来解决一些问题。如朱德熙（1965）指出，状态形容词“表示的属性都跟一种量的观念或是说话的人对于这种属性的主观评价作用发生联系”“都包含说话的人的感情色彩在内”。再如沈家煊（2009）探讨了三种句式（主观处置句、主观得失句、主观认同句）如何表达语言的主观性的问题。迄今为止语言学上的这些研究充分表明了语言主观性的实质是探索语言中人的因素。

语言主观性在两个层面上表明它在语言中的存在。其一是表达模式。我们已经知道，语言中的韵律变化、语气词、词缀、代词、副词、时体标记、情态动词、词序、重复等手段都可以用来表达主观性，涉及语音、构词、语法、篇章结构等各个方面（沈家煊，2009）。其二是评价功能。不管使用什么样的术语——appraisal、assessment、semantics of evaluation、language of evaluation、stance，也不管是观点、感情、态度还是立场，语言主观性都是说话人的一种自我表达，是对所描述事物的主观评价。

语言具有主观性，语言主观性的本质是人的因素，这是进行倾向性分析的客观依据，也是倾向性分析的理论基础。从语言主观性理论出发，进而研究语言中主观性表达的种种属性和行为，以此指导倾向性分析，这是一条切乎实际的从理论到实践的工作路子。

2.2.2.2 语义差分

“语义差分（the semantic differential）”的概念是由奥斯古德（Charles E. Osgood）等于1957年在 *The Measurement of Meaning* 一书中提出的。在该书中，心理学家奥斯古德等人概述了他们在词义测量工作上所取得的成就。与通常以逻辑学为基础的指称理论（referential theory）不同，语义差分理论既是内省的，又是经验主义的，其目标就是从向量的角度来表示人概念化词义的方式，向量处于一个多维的“语义空间（semantic space）”中，这个语义空间具体的维数取决于实验性的调查结果。语义差分理论之所以与语义倾向分析有特别的关系，是因为奥斯古德等人发现，评价（evaluation，以形容词对“good-bad”为代表）是对词义产生影响的最简单可辨的因素，即使是那些本来不具有评价性质的词对（如“hot-cold”）也显示出在评价坐标上具有一定的意义负载。在这一小节中，我们主要综述语义差分理论的关键方法和主张，其对语义倾向分析建模具有的理论和参考作用方面，将会重点论述。

语义差分理论最重要的概念是“语义空间”。奥斯古德的语义差分模型，用他自己的话来说，基于一个“无关紧要却又十分必要的假设”：在人的大脑中，存在一些数量有限的“表象中介反应（representational mediation reactions）”。对于一个特定符号（如一个词）的一系列这样的反应，可以将其映射到语义空间中的一个点上。每一个类型的反应（如评价）对应于这个空间中的一个坐标轴，在这个轴上相对于原点的距离表示反应的强度（Osgood，1957）。例如，符号“good”具有强烈的评价性质却包含极少甚至没有其他意义，因此它在语义空间中的点位于或者靠近评价坐标轴，并且在正面评价的方向同原点保持显著的距离，而“bad”将在负面评价的方向同原点保持相等的距离。莫西尔（Charles Mosier，1941）早前证明，评价性词语可以用一个包含了从“excellent”到“awful”语义范围的 11 等分数量表来排列等级。但值得注意的是，到奥斯古德时，他除了假设语义空间存在之外，并没有就语义空间的维度做任何其他假设。相反，他使用因式分解技术来得到这些维度。利用任何一对反义形容词都表示经过语义空间的一个直线方程的事实，奥斯古德要求实验对象给单个的词（如“lady”）按照使用一对反义词（如“good-bad”）所建立的 7 等分数量表排列次序：

lady： good __：__：X：__：__：__：__bad

形容词量表上所标记的位置（X）应该大致对应于由形容词（good-bad）所定义的直线上的一个点，这个点最靠近语义空间中给定词（lady）的位置。当两个词没有共同的语义维度时，那个点就会是原点（也即是量表的中心）。最坏的情形是每一对反义词都有属于自己的坐标轴，然而因式分解却要求最小数量的维度在语义空间中来表示给定的词。显然，在数据量足够大的情况下，包含在形容词对 excellent-awful 中基本的语义维度同形容词对 good-bad 中的是相同的，而之所以“masterpiece”按等级会评定在 good-bad 和 excellent-awful 的最右端，是因为 good、excellent 和 masterpiece 都具有强烈的评价性质，只需要一个因素（坐标轴或量表）就可以获得三个词的共同语义。

诸如“lady”之类的词会牵涉一些评价之外但更重要的其他语义因素，比如，“lady”明显与“feminine”具有强关联性。因此，除了评价，奥斯古德又提出其他两个相关的因素：效力（potency）和活力（activity）。效力负载在 strong、big、major、serious 等形容词和 hero、villain 等名词上，而像 gentle 这个词却是一个典型的带有正面评价和负面效力的例子。带有显著的活力向量的词有 violent、blatant、hot、virility 等，而 death 则是一个非活力词。总的来说，评价同合并在一起的效力和活力一样，解释了许多语义上的差分，评价、效力和活力三个因素则解释了从数据中观察到的约 50%的差分。此外，其他的一些非显著的因素包括稳定性（stability）、新颖性（novelty）、紧固度（tautness）和感受性（receptivity）。奥斯古德并没有尝试估算语义维度的总数，他仅仅提到“这个数量也许会很大”。在书中，他把大部分的篇幅限定在对上述三个维度的论述上，以此表明这已经足够得到一些有趣的结论了。“聚类效果（clustering effects）”是结论中的一个，hero、virility 和 success 在三个维度的语义空间内被聚集到一起，同理还有 quicksand、death 和 fate。

“语义空间”的思路表明了语义倾向分析的可能性及面临的挑战。语言中有许许多多的词直接反映说话人的评价性态度，而且，正如奥斯古德的工作所示，评价因素似乎特别容易用测量和量化的方法来进行处理。这就是可能性的一面。然而，任何一个词都可能有许许多多的语义成分与之联系在一起，评价因素以外的其他因素（如效力因素和活力因素）将会对这个词的最终评价效果产生不可预测的影响。譬如，“fast”这个词算不上有明确的评价性（即便有也不是本质上的），但是，其特有的活力能够产生更大的语言表达式，使得它拥有相当多的评价内容。我们只要考察一下“a fast car”和“a slow car”这两个短语就会有所体会。这是语义倾向分析面临的挑战。

语义差分理论中另一个重要的概念是“一致（congruity）”。如果说，语义空间描述的是一个个单独的词的意义的话，那么，“一致”就是奥斯古德用来描述多个词的意义的相互作用。既然我们确信，单独的符号有一系列与之联系在一起的语义特征，每个符号都有倾向和强度，那么接下来的问题是：

当词在上下文中共现时，它们是如何相互影响的呢？奥斯古德提出了存在于符号之间的两类原型关系：关联（association）和分离（disassociation）。“关联”相当于两个符号间的正面关系，如“A 等于 B”“A 喜欢 B”“A 支持 B”等，“分离”则是负面关系，如“A 不是 B”“A 讨厌 B”“A 反对 B”等。对任一特定的语义维度（如评价维度）来说，一致原则规定，两个倾向和强度值在该维度上不同符号之间的关联将产生从任一个符号到另一个符号的意义转移，意义转移的大小与两个符号间的差分成正比，与该符号的原始大小成反比。分离原则则具有相反的作用。当带有初始倾向值 p_1 的词 w_1 与带有初始倾向值 p_2 的词 w_2 出现在关联关系中时，其语义值的一致转移（congruity shift）通过以下公式计算：

$$c_1 = |p_2| / (|p_1| + |p_2|) \times (p_2 - p_1) \tag{2-1}$$

举例来说，假定词 w_1 的倾向值是+3，词 w_2 的倾向值为-1，根据公式（2-1），可知对于词 w_1，其一致转移为-1，对词 w_2 而言，其一致转移为+3。需要注意的是，带有强烈正面或负面倾向值的符号较难转移，但直觉上这应该是正确的。

奥斯古德还提供了一个类似的公式来计算二元词组的总倾向值：

$$P_r = |p_1| / (|p_1| + |p_2|) \times p_1 + |p_2| / (|p_1| + |p_2|) \times p_2 \tag{2-2}$$

其中，p_1、p_2分别是两个词的倾向值。公式（2-2）最为令人疑惑的地方是，对于两个具有同向倾向的词，它是不进行累加的。例如，词 w_1 的倾向值为+2，词 w_2 的倾向值为+3，按照这个公式，二元词组 w_1w_2 的倾向值为+2.6，约等于二者的算术平均值。从人的直觉上看，这似乎有些不合情理：“英雄”是一个正面倾向值很高的词，“伟大”也是一个正面倾向值很高的词，难道“伟大的英雄”的倾向值不应该更大吗？然而，我们认为奥斯古德的公式（2-2）是有一定道理的：简单相加忽略了符号间的各种关系（如主从关系），还会带来一系列其他的问题；此外，公式（2-2）将 P_r 的取值限定在［$-a$，$+a$］的范围内（a 是一个正整数，在奥斯古德的实验中，其取值范围为［-3，+3］），可以在同一标准下对 P_r 进行评价。奥斯古德为了检验公式（2-2）的正确性，使用名词对和形容词对进行了实验，公式在效力和活力维度上效果良好，而在评价维度上的表现则差强人意，由此可见该公式仍有改进的余地。

最后再简要说说“两极性（bipolarity）”。“两极性”是奥斯古德相关论述中关于语义差分的一个基本特征。语义空间表明了词义在正向极和负向极之间的精确对称：对任意给定的维度，一半的空间是正向的，一半是负向的。此外，某一维度的正向轴绝对独立于其他维度的正向轴，因此正向的活力与正向的评价是不相等的；负向轴也具有相同的性质。这与维度在选择时所考虑的相互独立因素紧密相关。但是“词义在两极间的完美对称”这种数学上迷人的构想在心理学上并不成立。不对称的例子比比皆是：我们常说“你有多高?”，却从来不问“你有多矮?”。这实际上证明，有些评价维度上正向词（如“高”“长”）在等级上是无标记的，它们可以用来表示全部的等级。奥斯古德后来的一项研究表明，语言中正向形容词的出现量要远远大于负向形容词，而且倾向于接受否定性的词缀；反之则不然。这种不对称性给我们一个启示：语义倾向分析中倘若直接比较正向词与负向词数量的多少，常常会导致结果偏向于正向。后来，奥斯古德等（1973）通过对 and 和 but 连接两个形容词的调查得到如下结论：这两个连接词直接反映了两极性的本质，即由 and 连接的词语在相同的极性上，而由 or 连接的词语则具有相反的极性。

总而言之，奥斯古德等人关于词义测量的研究工作为我们提供了一个理解倾向性语言的基本框架。语义差分的数学特征能够或多或少地运用于语义倾向分析的计算中；更为重要的是，作为心理学家的奥斯古德在发展这一理论的过程中所完成的大量实验性工作表明，基于语义差分理论的语义倾向分析模型与人类的心理现实在相当大的程度上具有一致性。

2.2.2.3 评价理论

马丁（James R. Martin）等人的评价理论（appraisal system，或称“评价系统”）是一个建立在韩礼德（Halliday）的系统功能语法之上的阐释性系统。该系统对人际意义中发话人表达和协商特定的主体间关系以及意识形态的话语资源进行了系统的归纳，旨在评价语言使用者如何运用话语资源来表达赋值语义（semantics of evaluation），探索发话人如何来传递自己对人、对话语、对事件的判断。评价理论的功能在于：（1）表达作者或说话人的观点，反映其所在社会、地区的价值观念系统；（2）建立并保持交际双方的关系；（3）建构语篇（庞继贤，2006）。马丁等是这样定义评价理论的：评价理论是关于评价的，即语篇中所协商的各种态度，所涉及的情感的强度以及表明价值和结盟读者的各种方式。这一阐释性的系统描写解释发话人如何运用语言资源来评估、表示、建构语篇角色，调节人际关系，传递主观判断，以此来“拉拢”相同观点者，“疏离”不同观点者。简言之，评价理论就是一整套运用语言表达态度的资源。

评价系统的中心是“系统”，焦点是“评价”。语言在该系统中是“手段”，透过对语言的分析，评价语言使用者对事态的立场、观点和态度。换句话说，评价不只停留在语言的表层意义上，而是通过表层意义看深层的意义取向。因此，它是解读性、阐释性的。评价系统包括三大次系统：介入（engagement），态度（attitude），级差（graduation）。它们又分别次系统化。介入次系统化为自言（monogloss）和借言（heterogloss）。态度次系统化为情感（affect）、判断（judgement）和鉴赏（appreciation）。级差次系统化为语势（force）和聚焦（focus）。另外，语势和聚焦又可再次系统化。语势次系统化为强势（raise）和弱势（lower）；聚焦次系统化为明显（sharpen）和模糊（soften）（王振华，2001）。评价系统的结构如图 2-1 所示。

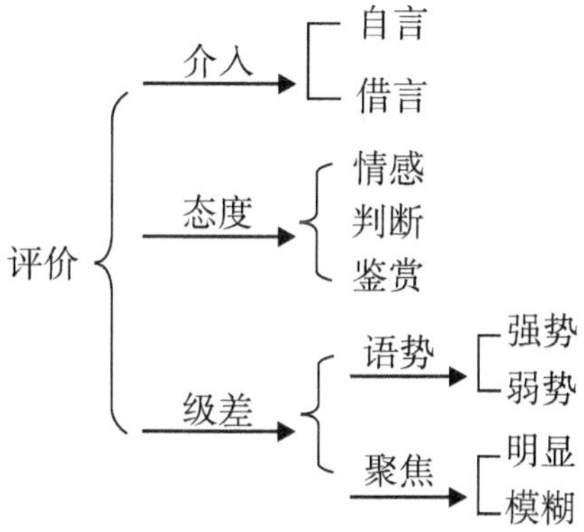

图 2-1　马丁等的评价系统

下面介绍和倾向性分析有关联的态度系统。态度是指心理受到影响后对人类行为（behavior）、文本/过程（text/process）及现象（phenomena）做出的判断和鉴赏。因此，该系统又分三个子系统：判断系统、情感系统和鉴赏系统。情感系统为整个态度系统的中心，由它导出判断系统和鉴赏系统。态度是语言使用者对描述对象（物、事和人）的态度，但这是读者的视角根据语篇文本的语言揭示出来的。同样，情感、判断和鉴赏是语言使用者对描述对象的情感、判断和鉴赏，是读者的视角根据语篇文本语言揭示出的。具体地说，情感系统作为解释语言现象的资源，用来解释语言使用者对行为、文本/过程及现象做出的感情反应。判断系统作为解释语言现象的资源，用来解释语言使用者按照伦理/道德（规章制度）对某种行为做出的道德评判，如是否符合伦理道德、是否靠得住、是否勇敢等。鉴赏系统作为解释语言现象的资源，用来解释语言使用者对文本/过程及现象美学品格的欣赏。总之，正如马丁所说，它们是“感情表现、加强和反应，道德判断和美学评价”的选择资源（王振华，2001）。

研究人员对将评价理论应用于倾向性分析做了尝试性的探索，代表性的工作有 Taboada（2004）和 Read（2007）。Taboada 等为词语的情感倾向值增加一些信息，来表明其是否被用于情感、判断或鉴赏。每一个词语都有三个值，对应于态度次系统中的三个类别，其和为 1。根据词语的用法来获取这些值；他们假定出现在第一人称系动词（I was）之后的形容词表达情感，出现在人类第三人称系动词（he was）之后的形容词表达判断，出现在非人类第三人称系动词（it is）之后的形容词为鉴赏。Read 等对 Taboada 等的方法提出异议，认为尽管这一方法对于识别显而易见的情感、判断和鉴赏实例很好，但也很容易举出反例证明其方法不可行，如“he was afraid”是情感，而“I am intelligent”是判断。Read 等描述了标注英语中的评价表达的方法。遗憾的是，这些研究并不能表明评价理论能给倾向性分析带来帮助。

尽管如此，我们仍然认为，评价理论是主要侧重于词汇层面的一套运用语言表达态度的框架系统，主要通过评价性词汇来评价语言使用者的意识形态。由于它揭示了其他语言学理论不能或很少揭示的东西——评价，因此在倾向性分析中具有非常现实的应用前景。首先，评价理论作为一个完备的系统框架，是值得倾向性分析借鉴或采纳的。目前大多数的倾向性分析未能在一个系统框架之下运作，缺乏整体性和一致性。评价理论为我们提供了一个范本。其次，评价理论逐层次系统化，颗粒度较细，为未来倾向性分析的深入指明了方向。目前倾向性分析大多是浅层的，情感的颗粒度较粗，而随着研究的逐渐深入、需求的不断细化，细颗粒度的情感研究是发展的必然趋势。但是，在目前的研究水平下，不太可能训练计算机理解复杂的人类情感行为，因此，一个精细的系统化的评价如何运用到当前的倾向性分析中，成了一个意见不同的争论点。一方面，评价理论提出的许多语言模式，可以使用计算机进行识别，为倾向性分析提供一定的帮助；另一方面，面对不同的应用需求，可以选择在适当的系统层级上来完成，而不必都采用评价系统的完备形式。最后，评价理论主要侧重于词汇层面，在倾向性分析中显示出来的不足之处是，句子层面、篇章层面的评价如何分析？显然，这个问题在评价理论框架下得不到解决。因此，倾向性分析仍需要根据研究需要探索解决方案。

2.2.2.4 语义韵

语义韵（semantic prosody，又称“语义韵律”）这一术语是辛克莱尔（Sinclair）借用弗斯（Firth）曾经使用的“音韵”（prosody）一词而新创的一个专为语料库语言学研究使用的术语。弗斯首先使用“prosody”来表示跨音段语音色彩，而“语义韵”则表示超越词界的联想色彩（纪玉华，2000）。显然，语义韵的概念来自语料库语言学。语料库研究表明，词项的搭配行为显示一定的语义趋向：一定的词项会习惯性地吸引某一类具有相同语义特点的词项，构成搭配。由于这些具有相同语义特点的词项与关键词项在文本中高频共现，后者就被“传染”上了有关的语义特点，整个语境内就弥漫了某种语义氛围（卫乃兴，2002）。

语义韵大体可分为积极（positive）、中性（neutral）和消极（negative）三类。在消极语义韵里，关键词吸引的词项几乎都具有强烈或鲜明的消极语义特点，它们使整个语境弥漫一种浓厚的消极语义氛围。积极语义韵的情况正好相反：关键词吸引的几乎都是些具有积极语义特点的词项，由此形成一种积极语义氛围；在中性语义韵里，关键词既吸引一些消极含义的词项，又吸引一些积极含义或中性含义的词项，由此形成一种错综的语义氛围。因此，中性语义韵又可称错综语义韵。

目前语义韵的大多数研究都是关于英语的。相关研究（Stubbs，1996）发现，绝大多数英语词的搭配行为呈现出错综语义韵现象，一些词语具有强烈的消极语义韵，另一些词语则有明显的积极语义韵。语料库研究人员为语义韵研究建立了一套完整的概念体系和方法。主要有：(1) 建立并参照类连接，用基于数据的方法研究；(2) 计算节点词的搭配词，用数据驱动的方法研究；(3) 用基于数据与数据驱动相结合的折中方法研究（卫乃兴，2002）。

语义韵研究揭示了词语的典型和常规行为，丰富了对语言规则的认识，加深了对语言运作机制的理解。语义韵对倾向性分析带来的重要启示在于：第一，语义韵不但重视词语行为模式，而且表明词义与语境的不可分离性。词语的行为模式即词语的典型搭配。在语义韵中，典型搭配词营造了语义氛围。语义氛围弥漫至整个跨距，渗入扩展语境。词语的意义就在语境之中，存在于与之结伴的词语之中；动态的词义必须从研究语境、研究典型搭配开始。第二，语义韵的思想激发我们对“语义韵块”的思考。所谓“语义韵块”就是语义氛围的范围。一个语义韵块内的词语间相互“吸引”，使整个语义韵块具有相同的语义韵类别；语义韵块之间相互“吸引”，逐渐将相同的语义韵向更大的语境渗透和扩展。小的语义韵块不断组成大的语义韵块；语篇层次内相邻的不同类别的语义韵块之间在逻辑上通常具有可辨的形式特征，以使块间的过渡自然而符合逻辑。总之，语义韵研究思想对倾向性分析具有极大的借鉴意义。

2.2.3 计算语言学方面的研究

倾向性分析属于计算语言学的研究范畴。长期以来，在计算语言学及其相关领域，研究人员普遍关注的是客观性信息的分析和提取，对主观性信息的研究则非常少。然而，近 20 年来倾向性分析逐渐成为计算语言学领域炙手可热的一个研究方向。究其原因，一方面是随着互联网的飞速发展，海量的主观性文本信息开始涌现在论坛、博客、评论、新闻等网站上，这些以非结构化形式存在的主观性信息反映了人们对与日常生活紧密相关的政策法规、人物事件、特定产品等的意见和态度，在观点搜索、舆情监测、产品推荐、问答系统等诸多领域有着现实的或潜在的研究意义和应用价值。另一方面，计算语言学中自动语义分析就目前而言仍是难以突破的瓶颈问题，所能取得的成就在可预见的将来极其有限，多数语义分析研究如语义角色标注还停留在浅层分析的层次上。相对而言，本质上也是一种语义分析技术的倾向性分析则显得相对容易和简单，短时期内有所进展，因而逐渐形成了具有一定规模的研究力量。

倾向性分析的基本目标是对含有主观性信息的语言表达形式进行分类。为实现这个目标，通常有四个主要的任务要完成：（1）区分一个语言表达式是主观的还是客观的，即主客观分类；（2）确定一个主观性语言表达式的语义倾向，即语义倾向判别；（3）测量一个主观性语言表达式的语义倾向强度，即倾向强度计算；（4）识别与语义倾向有关的倾向持有者（holder）和倾向对象（object），即关联元素识别。上述四个任务相互联系，在逻辑上反映了倾向性分析的基本流程。

倾向性分析通常在词语、句子和篇章三个语言层级上展开。由于所处理的语言单位的大小不同，因此所采用的方法不尽相同。在词语层级上，主要采用基于静态的词典资源、利用连词或计算语义距离等方法，为了获得更好的效果，也需要考虑一定的语境因素；在句子层级上，主要采用基于句法关系、搭配模式、提示词语的方法；在篇章层级上，现有的研究仍停留在浅层阶段，从长远来看，需要更多地采用基于篇章结构的方法以达到更高水平和满足实际应用的需要。

目前倾向性分析中运用到的主流技术有两类：一类是基于语义分析的技术，另一类是基于机器学习的技术。基于语义分析的技术本质上可以看成是一种基于规则的方法，它把词语看作语义倾向（semantic orientation）的最小载体，较大单位的主观性表达形式的语义倾向是由较小单位的主观性表达形式的语义倾向组合而成，因而原则上可以采用算术加减的方法逐级运算得到不同大小语言单位的语义倾向。基于机器学习的技术实质上是一种基于统计的方法，它把情感分类看作是一类特殊的文本分类，因而技术的关键是采用合适的机器学习算法以及选择正确的文本特征。工作的原理与文本分类完全一致：首先标注相当数量的训练样本，然后利用训练样本对分类算法进行训练并得到一个分类器，再用该分类器对测试样本进行分类。

下面从六个方面对倾向性分析研究现状进行综述。

2.2.3.1 词级倾向性分析研究

词的语义倾向分析研究是短语、句子和篇章语义倾向分析的前提和基础。心理学研究（Bradley，1999）发现，词汇和人类情感之间的关系是可度量的，独立的词汇或短语的语义倾向对于传达人类情感是重要的。早期，研究人员利用连词的特性来推断被连接在一起的两个词的情感倾向，如 Hatzivassiloglou 等（1997）首先从大规模语料库中识别出由连词连接的具有正负倾向的形容词短语（如“simple and well-received”），然后用对数线性回归模型（log-linear regression model）来预测短语中的形容词是否具有相同的语义倾向，准确率达到 82%。在此基础上他们设计了一个聚类算法，把形容词按照不同的语义倾向分组，并标注正负标记，分类精度超过 90%。后来，研究人员选用典型的褒贬种子词来分析目标词语的倾向，如 Turney（2002）通过分析词汇的上下文信息研究其语义倾向，使用“excellent”和“poor”两个词作为种子来判断其他词语的语义倾向，以这两个词为正面和负面倾向的代表，假定与“excellent”经常共现的词语具有正面倾向，而与“poor”经常共现的则具有负面倾向；Yu（2003）挑选出若干极性较强的情感形容词构建一个种子词集合，通过计算新词语与种子集合中某些词同现的概率，来判断新词的语义倾向。有的研究则利用已有资源，如 Lim（2004）利用 WordNet 中同义词的情感类别推断目标词的情感类别；Kamps（2002）利用 WordNet 中的同义词关系构建同义词网络，通过比较给定词到词“good”与“bad”的最短路径来判断该词的语义倾向；Kamps（2004）随后对这种方法进行了量化分析，研究了一个基于 WordNet 同义关系的图论模型，在此基础上提出了测量形容词语义倾向的标准，准确率达到 68%以上；Sista（2004）以 General Inquiry 中的褒贬义词为种子词，利用 WordNet 进行自动扩展，得到扩展后的词语集合作为分类特征，研究了基于机器学习的文本褒贬义自动分类问题；Wiebe（2004）探讨了从语料库中学习主观性语言（subjective language）的方法，主要针对动词、形容词、线索词（clue words）等，也包括了搭配；王素格等（2009）提出了基于同义词的词汇情感倾向判别方法，这种方法在一定程度上避免了数据稀疏问题。此外，Dave 等（2003）利用信息抽取技术从语料中产生特征词汇，以贝叶斯网络为工具分析各词汇与已标定情感类别文档之间的关系，进而计算各词汇的得分用于判定词汇的语义倾向；Takamura Hiroya（2005）借鉴物理学中的 spin 模型来判断词汇的极性，首先定义词汇之间的关联，建立词汇网络，然后规定一部分种子词的情感倾向，通过全局寻优方法寻找网络中各词汇最适合的情感倾向，以最大程度地满足 spin 模型的限制；王根等（2006）分析了词语在句子中表现的倾向性，证明了褒贬义词语在句中的作用由词语在句中的位置和自身意义共同决定，他们用极坐标来表示词语的倾向性，并使用均衡化互信息方法探讨了词语在统计意义下独立于上下文体现出的自身倾向性；陈建美等（2009）提出了情感词汇的自动提取机制，在分析情感词汇的一般语法规律基础上，运用条件随机场（conditional random fields）模型实现了情感词汇的自动获取，分析了不同的语法规律对情感词汇自动获取的作用大小；杜伟夫等（2009）提出一个可扩展的词汇语义倾向计算框架，将词语语义倾向计算问题归结为优化问题，在词语无向图的基础上使用目标函数进行图的划分，并用模拟退火算法进行求解；Du 等（2010）运用模块度矩阵的频谱优化进行词语的语义倾向推理；黄硕等（2013）基于知网（HowNet）和同义词词林信息融合的方法，为词林的词集添加知网的 def 信息和情感倾向后，进行词汇的语义倾向计算。

毋庸置疑，词的语义倾向问题是文本语义倾向分析中最基础也最重要的一个环节，无论采用何种方法和技术，都必须借助或经由词一级的语义倾向才能进行更大语言粒度的语义倾向分析。在语言学中，词汇和词义的研究在传统语言研究中是语义研究的主体。在语言的语法结构中，词是最重要的一级语法单位，是语言中能够自由运用的最小的符号。从语言符号的意义表达上看，词也是承载意义最基本的单位，有了词义，才有句义和段落、篇章义的表达。因此，研究语言符号的意义一般都以词作为基本单位（叶蜚声等，2010）。综观以上所述，词级语义倾向分析的已有研究不外乎针对五类问题展开：（1）如何利用较少的信息判断词的语义倾向？（2）如何利用传统的词典资源和词间的语义关系扩展倾向性词语的集合？（3）倾向性词语在真实语言文本中的特征是什么？（4）倾向性词语与倾向性文本具有何种相互关系？（5）如何构建和标注一部适用某种语言或多语言通用的科学合理的倾向性词典？其中，第（5）类问题这里没有述及，下文中再另行介绍。

2.2.3.2 短语级倾向性分析研究

短语级的倾向性分析有以短语的语义倾向为直接目标的，也有以短语为中间路径的，还有直接从短语入手的。Fei 等（2004）构建了 40 个短语模式（如“名词+形容词”），然后利用无监督的机器学习算法来计算他们的语义倾向，继而再对文档进行倾向分类，在文档语义倾向分类中达到了 86%的正确率。Wilson 等（2005，2009）注意到包含了倾向词的短语在语境中的语义倾向与该词常规的语义倾向可能存在不同，辨识二者的这些差异和理解造成差异的特征（features），由此成为语境中短语语义倾向的研究任务。他们考察英语标注语料库发现，词典中的正面倾向词和负面倾向词更多地被用在表示中性倾向的语境中。他们找出了对中性与倾向（包括正面和负面倾向）二分类具有影响的特征，包括词的特征（word features）、一般性修饰特征（general modification features）、倾向修饰特征（polarity modification features）、结构特征（structure features）、句子特征（sentence features）和文档特征（document feature）。马月珠等（2007）通过分析文本中的特定短语模式来获得文本的情感特征，以此对文章中的复杂句式进行语义层深入分析。其实验证明，这种方法较好地体现了文本中的语义信息，基于短语模式的分类算法正确率达到 95%，召回率达到 93%。李钝等（2008）采用“情感倾向定义”权重优先的计算方法获得短语中各词的语义倾向度，然后分析短语中词的组合方式的特点，提出中心词概念对各词的倾向性进行计算来识别短语的倾向性和倾向强度。实验表明，该方法对短语的倾向分类识别效果较好。孙慧（2010）基于组块分析进行中文短语情感倾向识别。Tan 等（2012）介绍了一种自动的启发式的获取语义倾向模式规则以发现短语语义倾向的方法，提出使用类序列规则（class sequence rules）获取句法依存二元组的语义倾向。

Agrawal 等（2014）利用支持向量机（support vector machine）模型分析推特（twitter）短文本中词语的语义倾向。Jurgovsky 等（2015）比较了半监督递归自编码神经网络（Semi-Supervised Recursive Autoencoder Network）和卷积神经网络（Convolutional Neural Network）运用于短语级语义倾向分类的效果，结果表明，仅仅一个简单的单层卷积神经网络的分类效果就与半监督递归自编码神经网络的效果相当。乌达巴拉等（2015）将短语情感倾向性分析问题视作序列标注问题，利用条件随机场模型实现短语的情感倾向性判断，使用一种扩展式条件随机场模型 YACRFs，在链式条件随机场模型的基础上进行扩充，将词语情感倾向性分析与短语情感倾向性分析有效地结合起来，引入了情感词汇、短语规则模板以及词性等特征，取得了最高 81.07%的正确率，并在进一步的句子情感倾向性分析的实验中得到了 94.30%的正确率。乌达巴拉等（2016）随后又提出基于依存语法语义空间模型的词语语义分布计算方法，利用神经网络模型设计基于短语的情感倾向性分析系统。刘全超等（2016）提出一种统计和规则相结合的最长评价短语自动识别算法，将评价短语的识别问题转化为序列标注问题，结合条件随机场模型进行简单结构的评价短语识别，进一步建立和应用规则库，自动识别结构复杂的最长评价短语，测试的 F 值（综合评价指标）达到 72.38%。

短语是意义上和语法上能搭配而没有句调的一组词（黄伯荣等，2017）。词级倾向性分析通常只考虑负载语义倾向的词，而短语级倾向性分析不仅需要考虑这部分词，同时也需要考虑他们的修饰词，这还只是从简单短语（仅能在层次分析上做一次划分的短语）的角度来看。如果从复杂短语角度看，则还要考虑简单短语之间的相互关系等其他因素，这方面的问题我们在句子级倾向性分析中再进行说明。总的来说，由于短语是比词更大的语法单位，因而短语的倾向性分析在一定程度上要复杂一些；同时，短语提供了观察和分析其所容纳的词的“环境”，能解决词级倾向性分析中的部分难题。

2.2.3.3 句子级倾向性分析研究

句子级倾向性分析在语义倾向分析领域具有重要的地位，是当前语义倾向分析研究中最受关注的一个方面，这主要是由句子的特殊性决定的。句子是最大的语法单位，也是语言用于交际时最小的使用单位（叶蜚声等，2010），在语言层级系统中上接篇章，下连词汇，既具有很大的独立性，又处于组词成篇的关键性中间位置。句子级倾向性分析结果的好坏不但可以作为检验词和短语级分析效果的一个标准，而且为篇章级的分析奠定了基础。

在句子级倾向性分析中，有的进行客观句和主观句的分类，有的则进一步对主观句进行划分（如再细分为正面倾向句、负面倾向句和中性倾向句），还有的旨在为主观句提供更加详细的语义倾向强度。Yu（2003）提出了面向自动问答系统的观点句抽取方法，采用句子相似度、朴素贝叶斯（Naïve Bayes）分类器和朴素贝叶斯多分类器三种方法识别主观性句子，再对抽取的观点句进行情感分类，判断其极性。其中，对句子的情感极性分类，依据的是句子中的情感词，而情感词来源于预先选定的一些种子词及对种子词的推理。Riloff（2003）首先利用已知情感词构造高精度的分类器，自动识别主观句和客观句，然后根据句法模板从识别出的两类句子中提取一系列句法模式，最后使用这些模式作为分类特征，以识别更多的主观句和客观句。Kim（2004）在预测主观句的情感极性时，用命名实体识别出可能的意见表达者，然后在其附近寻找情感词，把多个情感词的情感极性相加，以此预测整个句子的情感极性。此外，Wiebe（2005）也探讨了主客观性句子的分类问题。Hu（2004）通过 WordNet 的同义词—反义词关系，得到情感词汇及其情感倾向，然后由句子中占优势的情感词汇的语义倾向决定该句子的极性。Wang（2005）选取形容词和副词作为特征，提出了基于启发式规则与贝叶斯分类技术相融合的评论句子语义倾向分类方法。McDonald（2007）定义了基于无向图结构的篇章—句子关系模型，将篇章级和句子级的情感极性标记看作序列标记问题，并利用条件随机场求解最优标记序列。这种算法可以同时预测篇章级和句子级的情感极性，篇章级正确率可达 87%，但句子级的正确率只有 60%左右。王根（2007）提出了一种基于多重冗余标记的条件随机场句子语义倾向分析方法，刘康（2008）进行了基于层叠条件随机场模型的句子褒贬度分析的研究。Stoyanov（2008）提出“观点主题（opinion topic）”的概念，将观点主题识别转换为主题共指消解问题，在此基础上提出一种细颗粒度的观点分析方法。Zhao（2010）认为判断一个句子的情感倾向需要比句子内部更多的特征，提出两类句外特征——篇内证据和篇际证据来提高句子情感倾向判别的准确率。Zhao 等（2011）提出使用句法路径的新方法来识别句子中包含的评价性表达。Trilla 和 Alias（2013）面向文本语音生成讨论了句子级的情感分析，第一次探索了从情感文本到情感语音生成的问题。Tang 等（2015）设计了一个分词与分类一体化的框架进行句子级情感分类，以防止“not bad”之类的短语被传统的自动分词器打碎从而造成倾向的不一致。Appel 等（2016）运用一种混合方法处理句子级情感分析的问题，使用到的技术和资源包括自然语言处理的基本技术、借助 SentiWordNet（情感词网）增强的情感词典以及模糊集理论，其报告的实验结果表明该方法优于朴素贝叶斯和支持向量机模型。Arulmurugan 等（2017）采用云机器学习技术进行句子级情感分析，总体的分析框架也是混合式的，包括了一个分词排名模型和一个分类模型。阿不都萨拉木·达吾提等（2017）在类别区分词特征选择方法的基础上，针对维吾尔文中的生气、高兴、难过、惊讶等句子的情感类别提出了类别区分词与情感词典相结合的方法，进行了句子情感分类研究。他们结合维吾尔语文本句子中的情感表达特点，利用类别区分词特征选择方法，提取了最有类别区分能力的特征词，并进行了情感分类。通过人工抽取方法收集了维吾尔文句子中能表达情感的关键词，并建立了一个基础情感词典，将该词典与类别区分词结合在一起作为特征，对维吾尔文句子的情感类型有效地进行了分类。闫晓东、黄涛（2018）借鉴中文及英文情感分析中基于极性词典的方法来对藏文句子文本进行情感分析，通过人工的方法构建一个全面、高效的极性词典，将极性词与修饰词组合成极性短语作为极性计算的基本单元，还研究了转折词对句子情感极性的影响，提出了一种基于极性词典的藏语文本句子情感分析方法。

2.2.3.4 篇章级倾向性分析研究

研究篇章倾向性的工作以 Turney（2002）、Pang（2002）、Yi（2003）为代表。Turney（2002）采用无指导的学习算法对评论文进行褒贬分类，首先在标注词性的基础上提取符合某些词性序列模式的两个连续词作为特征短语，然后通过计算给定词或短语与“excellent”和“poor”的互信息差来度量其语义倾向，最后将文本中词和短语的平均语义倾向作为给定评论文的整体倾向，该算法对电影评论文本分类准确率最高达74.39%。Pang（2002）首先人工标注若干电影评论中常有的特征情感词，然后分别使用朴素贝叶斯、最大熵（maximum entropy）和支持向量机三种分类模型对电影评论文本的倾向性分类进行了研究，选取的特征包括词语的一元组、二元组、词性、位置以及特征的频数和特征出现与否等。实验结果表明，支持向量机的分类效果最好，达到82.9%的准确率。Yi（2003）首先使用语法分析器对句子进行语法分析，然后参照情感词汇表和情感模式库对句子进行倾向性分类，并将其运用到文本的倾向性分类中。

此外，Dave（2003）从CNET网站上下载带有情感极性标记的产品评论，作为有指导学习的语料库，从中选出分类特征词，经过参数平滑后，其最高准确率可达88%。Yu（2003）也采用了有指导的学习方法进行情感分类。由于评论性文来自多个领域，如数码产品评论和电影评论，这些来自不同领域的评论之间存在着差异，造成情感分类器的领域适应性较差。Blitzer（2007）利用SCL（structural correspondence learning）算法，根据领域共有高频词作为纽带特征（pivot feature），寻找目标领域评论中的新特征词，从而使源领域的分类器能适应目标领域的分类。Li（2008）则通过多个独立领域分类器之间的互相学习和分类特征共享，实现多领域训练语料的融合，从而提高多领域文本情感分类的准确性。Yessenalina（2010）探索了用于篇章文本语义倾向分析的结构化模型（structured models），提出一种结合抽取有用句子和预测篇章情感的两层次的方法，在领域受限测试集上达到77.67%的准确率。李本阳等（2012）采用级联模型对篇章情感倾向进行分析，将篇章情感倾向分析分为小句级和篇章级两层，对篇章情感倾向分析引入小句级的情感分析，使用最大熵模型处理小句级情感分类，采用支持向量机模型进行篇章级情感分类。李爱萍等（2015）针对篇章级的文本情感倾向性分析准确率不高的问题，提出一种新的基于句子加权算法的篇章级文本情感倾向性分析方法。该方法将文本细化为句子的集合，在充分分析汉语中各种句子的句式结构特点的基础上，对复杂句采用新的情感判断规则判别情感，对简单句采用朴素贝叶斯算法判别情感，依据新提出的句子情感值的计算规则为每个句子赋予情感权值，最后依据此次研究提出的句子情感权值合成算法计算得出篇章级文本的情感倾向性。

2.2.3.5 相关资源建设

关于情感词典，国外较广为人知的有 General Inquirer[①]（GI）词典和 SentiWordNet。GI 词典是 1966 年开发的英语文本情感倾向分析中常用的基础资源之一。该词典包含了 182 个词语类目以及11 788个词语，其中1 915个标注了“褒义”属性，2 291个标注了“贬义”属性。对于词语的多个义项，词典中将之作为不同条目列出，用于区分某个词语在特定义项或词性上体现的不同褒贬属性。例如，“kind”作为形容词时具有褒义情感，而作为名词时则不具有这种情感倾向（王素格，2009）。SentiWordNet[②] 是意大利信息科技研究所开发的一部情感词典，它将美国普林斯顿大学研制的 WordNet[③] 中的每一个同义词集合（synset）与三个数值 Obj（s）、Pos（s）和 Neg（s）联系起来，用以描写同义词集合中词的客观性、正向性和负向性。三个数值的取值范围从 0.0 到 1.0，对每一个同义词集合来说，其和为 1.0（Esuli，2006）。SentiWordNet 是免费公开资源，目前已经发展到基于 WordNet 3.0 的 SentiWordNet 3.0 版。

国内的情感词典中，用得较多的是知网（HowNet）“情感分析用词语集（beta 版）”[④]，它根据知网中词语的义原自动生成，包括“中文情感分析用词语集”和“英文情感分析用词语集”，包含词语约17 887个。此外，台湾大学计算机科学与信息工程系创建的情感词典（NTUSD）[⑤] 包含褒义词语2 812个，贬义词语8 276个。清华大学智能技术与系统国家实验室的中文褒贬义词典（v1.0）[⑥] 包含褒义词语5 565个，贬义词语4 468个。王素格（2009）收集

① http://www.wjh.harvard.edu/~inquirer/.

② http://sentiwordnet.isti.cnr.it/.

③ http://wordnet.princeton.edu/.

④ http://www.keenage.com/html/c_index.html.

⑤ http://nlg18.csie.ntu.edu.tw: 8080/opinion/pub1.html.

⑥ http://nlp.csai.tsinghua.edu.cn/lj_public_html/downloads/sentiment.dict.v1.0.zip.

GI、知网、《学生褒贬义词典》、《褒义词词典》、《贬义词词典》等多种资源和词典所建立的中文情感词词表共收录词条15 886个，其中正面词条8 427个，反面词条7 459个。徐琳宏（2008）建立的汉语情感词汇本体，第 1 期收录词汇10 259条，第 2 期的词汇总量预计将达到 3 万以上。许小颖（2003）划分的汉语基本情感系统含有褒义词 432 个，贬义词 548 个。

在情感语料库的建设方面，国外目前提及较多的标注语料库包括 Pang 的电影评论语料库①以及公开的情感标注语料库 MPQA②（Wiebe，2005）和使用 OpinionFinder 系统自动标注的宾州树库语料③。电影评论语料库不但标注了评论文的整体倾向性，而且对句子的主客观性状况或主观性程度进行了标注。MPQA 语料库的标注信息则更为详尽，分别为三种不同的心理状态（private states）表达形式设计了不同的标注方案，对于深层次、细颗粒度的语义倾向分析具有很大的贡献。OpinionFinder 系统标注的语料在标注方案上与 MPQA 相同，但它是由机器自动标注的。

汉语情感标注语料库方面的资源较少，可以公开获得的几乎没有。清华大学标注了部分旅游景点描述的情感语料，用来辅助语音合成，规模较小（Yang，2006）。大连理工大学创建了一个情感语料库，目前已经标注完成近四万句，100 万字的语料。计划完成 10 万句，近千万字的标注（徐琳宏，2008）。

由此看来，汉语在语义倾向分析基础资源的建设和开发上仍需做大量的工作，精加工的情感词典和深加工的情感标注语料库是未来研究工作的一个方向。

2.2.3.6 汉语倾向性分析研究

在汉语文本的情感分类方面，应英（2002）对汉语情感意义的机器标注进行了初步研究。Tsou（2005）采用三个衡量指标，分别是极性元素分布、极性元素密度和极性元素语义强度。Liu（2005）提出了文本情感分类的超解

---

① http://www.cs.cornell.edu/People/pabo/movie-review-data/.

② http://www.cs.pitt.edu/mpqa/databaserelease/.

③ http://www.cs.pitt.edu/mpqa/opinionfinderrelease/.

析（super parsing）方法，并将其应用于涉及多个对象的文本情感分类与意见抽取问题。Ye（2005）在中文电影评论的情感分类中比较了 SVM 方法和基于语义的方法，但并未对影响情感分类结果的特征选取问题进行深入研究。朱嫣岚（2006）基于 HowNet 提出了两种词汇语义倾向性计算的方法：基于语义相似度的方法和基于语义相关场的方法。Li（2007）利用一元词和词性特征对单个分类器进行训练，然后选择部分分类器进行融合，融合后的分类器比单个分类器提高了 2.56%。Li（2007）采用一元、二元和三元词作为特征，对 SVM、ME、NB 和 ANN 四种分类方法用于文本情感分类的效果进行了比较研究。李钝（2008）从语言学角度出发，首先分析词典中对词语义定义的特点，采用“情感倾向定义”权重优先的计算方法获得短语中各词的语义倾向度，然后分析短语中各词组合方式的特点，提出中心词概念来对各词的倾向性进行计算来识别短语的倾向性和倾向强度。王素格（2009）提出了一种基于汉语情感词词表的加权线性组合的句子情感分类方法，通过已有的五种资源构建了中文情感词词表，采用加权线性组合的句子情感分类方法对句子进行情感类别判断。党蕾（2010）针对基于知网的中文句子情感倾向判别方法中存在的准确率不高的问题，提出采用否定模式匹配与依存句法分析相结合的方法。李艺红（2010）针对句子的倾向性进行判断，采用 SentiWordNet 构建中文倾向性词表，通过剔除停用词等降低句子向量的维数，利用支持向量机分类器进行句子倾向性判断，提出两种新的置信度计量方法对倾向性句子进行排序。赵妍妍（2010）提出了一种基于句法路径的情感评价单元自动识别方法，该方法自动获取句法路径来描述评价对象及其评价词语之间的修饰关系，并通过计算句法路径编辑距离来改进情感评价单元抽取的系统性能。

姚天昉（2007）、周杰（2009）等关注了情感和主题的关系问题。姚天昉利用领域本体来抽取语句主题以及它的属性，然后在句法分析的基础上，识别主题和情感描述项之间的关系，从而最终决定语句中每个主题的极性。周杰设计了一种领域无关的观点主题识别算法，以网络评论中观点主题产生的方式为依据，采用由内到外的识别过程，分四个部分完成观点主题识别，能够克服分词和短语类主题带来的影响，识别出语义完整的观点主题。观点主题识别仍处于起步阶段，这主要由于任务本身的困难度和缺乏合适的标注语料库的支持（周杰，2009）。杨江等（2013）采用基于规则的方法进行汉语句子进行语义倾向计算，在对输入的句子进行分词、词性标注和依存句法分析后，利用句法分析结果，结合语义倾向词典及其附加词典，依次根据分类、识别、合并、计算和消歧规则，逐步完成句子的主客观分类、语义倾向判别和语义倾向计算任务。

总的看来，汉语语义倾向分析研究起步虽然较晚，但发展较为迅速，涌现出了许多方法和技术，在准确率上也逐渐接近英语方面的最好结果。存在的问题主要是：第一，在基础资源建设方面比较薄弱，和英语相比存在一定的差距；第二，许多方法直接借鉴自对英语的处理，没有考虑汉语自身的特点，对于汉语主观性表达的研究也很欠缺。

2.3 小结

本章对与本书研究工作紧密相关的舆情监测和语义倾向分析领域的前期成果做了概览式的综述，并对其中的一些问题选择性地进行了述评。

国内外舆情监测的理论研究为语言文字舆情监测系统模型的建立提供理论上的支持，一些应用研究为语言文字舆情监测基本方法的探索提供了参考，本书在这两方面多有借鉴。在舆情自动监测的问题上，可能存在的一个较大的问题，是理论和实践之间有一定的脱节，理论研究人员多为新闻学、传播学背景，善于探索理论问题，并且运用统计调查方法人工完成研究工作，但与自动监测的要求相去甚远，而应用研究人员则多为计算机科学背景，擅长调动计算机的高速运算潜能来达成目标，难以深入贯彻理论研究的成果。未来真正科学有效的自动监测有待两个领域学者的通力合作，协同“作战”。此外，语言文字舆情是一类受限领域舆情，对它的监测首先要加强对这一领域监测对象性质、特点、规律的研究，做到针对性强、资源配备合理、方法高效可行。

语义倾向分析领域的相关研究为本书这方面的工作奠定了坚实的基础，

在技术手段上达到了相当成熟的地步，本书同样受益良多。但似乎也存在同舆情自动监测领域类似的问题。因此，夯实语言主观性理论的研究，打通阻碍理论与应用畅通衔接的关口，扎实深入挖掘和把握研究对象的特点，是现今语义倾向分析研究的当务之急。

第3章　语言文字舆情自动监测的基本方法

为实现语言文字舆情自动监测，有必要研究语言文字舆情自动监测的基本方法及与之相关的一些问题。本章首先尝试探索语言文字舆情的一些基本问题，如语言文字舆情的定义、基本要素、特点、形成规律等，为下一步进行语言文字舆情的自动监测研究奠定基础。然后依据舆情信息工作的一般流程，建立包括汇集模块、测量分析模块和报送模块在内的语言文字舆情自动监测系统模型。最后以定性分析与定量分析相结合为目标，详细论述语言文字舆情自动汇集、语言文字舆情自动测量和语言文字舆情自动分析的基本方法。语言文字舆情自动监测的理论基础是新闻传播学、统计学、计算机科学和语言学，本章所述均以此为指导，并紧紧围绕语言文字舆情这一研究对象展开，充分考虑了研究对象的个性和特点。书中所引事例和数据大都源自笔者所搜集的近年来发生的与语言文字有关的主题事件①的文本信息。这些主题事件民众关注度较高，影响范围较大，引起了较为广泛的讨论或争论，具有典型性和代表性。

3.1　语言文字舆情概述

“舆情”是新闻传播学领域的一个概念，近年来关于舆情理论和应用的研究是学界比较热门的研究课题，在相关领域取得了较为丰硕的成果。然而，

① 详见附录1：2008—2011年语言文字舆情事件一览表。

由于舆情是一种丰富和复杂的人类精神现象，同时也由于舆情研究是一个新兴的社科研究领域，在国内还没有形成一定规模的讨论和研究，因此还没有一个被广泛认可的代表性定义。我们认同王来华（2003）对“舆情”的定义（见2.1.1节）。“语言文字舆情”的提法最初见于教育部语言文字应用研究所语言舆情研究中心的内部电子刊物《语言文字舆情与动态》（2009年第1期），本书也采用这一概念，尽管从严格的意义上说，用“语言文字领域的舆情”或许更为妥切。

3.1.1 语言文字舆情的内涵

我们从内涵和外延两个方面来定义语言文字舆情这个概念。参照王来华（2003）对舆情的提法，同时考虑语言文字本身的特点和语言文字现象的具体情况，对语言文字舆情做如下定义：语言文字舆情是指在一定的时间和社会空间内，民众对与语言生活相关的现象、事件和政策所产生和持有的社会政治态度。简言之，就是民众对语言文字现象、事件和政策的意见和态度。

对上述定义，有必要做三点说明。第一，语言文字舆情是民众对语言文字政策和事件的意见和态度的总和，这其中既有赞同的意见，也有反对的看法，还有中立的态度，是不同意见和多种看法的集合；既可能有正确的认识，也可能有错误的判断，是错综复杂的统一体。第二，语言文字舆情是包含着许许多多相关意见和态度的一种客观存在，它并不因为所包含的内容是主观的而改变其客观存在的性质。第三，语言文字舆情只包含通过各种形式公开表达出来的相关意见和态度，那些未能公开表达的“沉默的声音”，如果没有通过调查手段被了解和收集到，则不能纳入语言文字舆情的范畴。

同其他领域的舆情一样，语言文字舆情也是以一定的方式存在并以一定的状态运动的，其存在方式和运动状态表现为语言文字舆情信息。语言文字舆情信息是指通过物质载体记录和表达的有关语言文字舆情的信息，包括以记录形式存在的语言、符号、数据等和以非记录形式存在的口头言论、表情、行为等。特别地，如果通过互联网这一媒体记录和表达的语言文字舆情，那么就称为语言文字网络舆情信息，这种舆论情况就称为语言文字网络舆情。

本书所研究的语言文字舆情自动监测，是以语言文字网络舆情信息为研究对象的。

3.1.2 语言文字舆情的外延

语言文字舆情具体的外延，即哪些特定范围的舆情属于这个范畴，可能会有不同的意见，这和“语言文字”本身就是一个边界模糊的概念不无关系。但一般而言，以下六个方面的舆情应当归入语言文字舆情的范畴。

（1）语言文字标准化舆情。包括对国家基本语文政策、政府有关部门发布和执行的与语言文字有关的法令、规范、标准等（“硬标准”）以及权威语文辞书、中小学语言教学规范等（“软标准”）的意见和态度。由于大多是一种政府行为，语言文字标准化工作在征求意见、颁布以及执行过程中都会引起关注，受到较为广泛的评议。比如，《中华人民共和国国家通用语言文字法》是我国第一部关于语言文字的专门法律，确立了普通话和规范汉字的“国家通用语言文字”的法定地位。自2001年1月1日实施以来，至今已走过了十余年的历程。十余年来广大人民群众对于这部法律的态度和看法，就属于语言文字标准化舆情。

（2）语言文字状况舆情。语言文字状况包括多个方面的内容：汉语作为一个系统随着社会的发展而不断发展演变，会出现文字上的变动（如文字简化）、词汇和语法上的变化、使用上在特定环境下的变异（如网络语言）等现象，会产生新词语和流行语等；汉语与国际强势语言英语的接触也会导致自身系统的变化，其中较为典型的就是字母词在汉语中的使用；汉语的地域变体是一个既有现实，方言、海外华语以及汉语在台湾等地区的使用情况都比较复杂；等等。人们对诸如上述语言文字的状况持有的不同看法，也是一类语言文字舆情。近几年人们对网络语言现象的关注和议论较多，褒贬不一，这些看法就属于典型的语言文字状况舆情。

（3）语言文字应用舆情。语言和文字作为人类最重要的交际工具和辅助交际工具无时无刻不应用于人们的生活之中，语言的社会属性决定了语言文字的应用必然存在于各种社会行为当中。正是这种特质使有关语言文字应用的舆情能引起较大反响，有时甚至备受关注。例如“央视台标规范事件”以及“赵 C 人名事件”，其本质虽是社会事件，但由于与语言文字密切相关，因此也属于语言文字的应用问题。将这类事件的舆情称为语言文字应用舆情。

（4）语言教育与传播舆情。我国的语言教育包括母语教育、外语教育（一般指英语）、汉语作为第二语言教育（含对外汉语教学）等。中小学的语文教育和英语教育问题一直是社会关注的一个焦点，近年来对外汉语教学的蓬勃发展导致了“汉语热”，汉语的国际传播也因此纳入正规化和程序化的轨道。这些问题都和语言紧密联系在一起，对这类舆情的考察和研究可以从侧面反映语言本身以及语言规划、语言教育等方面的许多情况和问题，因此也将其归入语言文字舆情范畴。举例来说，孔子学院是最近海内外学界讨论得比较多的一件事情。自从 2004 年 11 月，世界上第一家海外孔子学院在韩国首尔正式挂牌成立以来，短短六年时间，全球已经有 96 个国家和地区建立起了 322 所孔子学院和 369 个孔子课堂，平均每年增长近 55 所（刘延东，2010 年 12 月 10 日）。孔子学院现象在国内存在多种声音，在海外也有一些代表性的观点，这些就构成了一类语言教育与传播舆情。

（5）少数民族语言文字舆情。我国是一个多民族的国家，回族和满族一般使用汉语，其他少数民族都有自己的民族语言，有的民族还有两种以上。少数民族语言在发展演变中同样存在和汉语相同的标准化等问题，还会出现如濒危少数民族语言面临语言保护等新问题。对于与少数民族语言文字相关的舆情，同样需要关注和研究。例如，近年来，有人对新疆实施的“双语”教学问题提出质疑，认为其目的是要弱化少数民族的语言文字，实际上，这种措施并不存在对其母语进行排斥，而是国家希望新疆各少数民族的学生、百姓能在掌握本民族语言的前提下，熟练掌握汉语。存在的这些质疑的声音就是少数民族语言文字舆情。

（6）其他。不能归入上述五类但又确实与语言文字问题有关的舆情划属此类。如“广州新电视塔征名事件”的舆情等。

综上所述，语言文字舆情的外延图如图 3-1 所示。

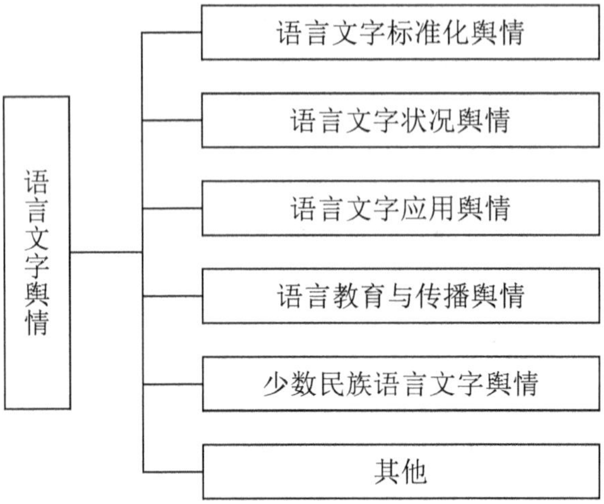

图 3-1　语言文字舆情的外延

3.1.3　语言文字舆情的基本要素

从语言文字舆情的内涵中可以解析出它的构成要素。语言文字舆情由五个基本要素构成：主体、客体、时间因素、空间因素和社会政治态度。

3.1.3.1　主体

语言文字舆情的主体是对与语言生活相关的政策和事件公开表达意见和态度的民众。民众是意见和态度的发出者与持有者，他们或者是语言文字政策直接或间接的利益相关者，或者是语言文字事件的涉及者或关注者。民众具有的一些基本特征，如数量、年龄分布、学历层次、职业情况、地域分布、社会地位、男女比例等，是值得关注和了解的。此外，在语言文字舆情的形成过程中，民众这一集合内的成员所起的作用是不一样的，那些消息灵通、分析能力强且具有人格魅力的意见领袖们处于核心的位置，起着关键性的作用，而一般的民众则起到参与和加强舆论的作用。

3.1.3.2　客体

语言文字舆情的客体是与语言生活相关的政策和事件，其本质是一类公共事务，是语言文字舆情产生和形成的刺激因素。它的主要特征有公共性、现实性和冲突性。公共性指它不但与民众的社会公共利益相关，而且还涉及民众的社会关系以及社会观念的更新。现实性是指语言文字舆情的客体与民众当前的现实利益、关系或观念有着紧密的关联。冲突性是指与语言生活相关的政策和事件就民众当前的语言文字使用习惯和观念来说是反常的，因此与民众的现实利益和既有观念产生了矛盾和冲突，这种冲突刺激着民众，直接导致了语言文字舆情的产生和形成。需要说明的是，为了表述的简便，用“与语言生活相关的政策和事件”来表示语言文字舆情的客体，但它至少还应包括与语言生活相关的法律法规、工作措施、引起关注的语言现象、社会人物的言论以及由此带来的社会问题等。

3.1.3.3 社会政治态度

这里的社会政治态度是语言文字舆情主体对客体所持有的意见、态度、立场、情绪、意愿等的总和，它是语言文字舆情的核心要素，也是语言文字舆情的表现形式。社会政治态度是一个具有集合性质的综合体，既是多样的，又是多元的，它包含相当多数量的民众的意见和态度集合，是不同意见和态度的统一体。这其中既有一致的意见，也有不一致的意见；既有赞同的意见，也有不赞同的意见；既有多数人的意见，也有少数人的意见。“社会政治”对社会政治态度做了性质上的规定——社会性和政治性，表示了它的指向——社会的和政治的，是其根本的属性。社会政治态度具有的这种性质使语言文字舆情具有极大的社会现实作用，最主要的体现就是舆论压力。在语言文字舆情的发展过程中，一旦意见和态度形成集中的和成规模的态势，就会对政府和相关行政部门的决策者产生很大的压力，继而带来实质性的影响和效果。

3.1.3.4 时间因素

语言文字舆情的时间因素是指主体对客体所表达的意见和态度的时间，表示的是一个时段或是一个时点。语言文字舆情的产生、形成和变动总是在一定的时间和社会空间内进行的。考察语言文字舆情的时间因素，如舆情发生和结束的时间、持续的时间等，是反映语言文字舆情的关注度、热点度、强度等指标的重要参考，对研究语言文字舆情起到重要的作用。

3.1.3.5 空间因素

语言文字舆情的空间因素指主体对客体所表达的意见和态度的场所，是容纳了语言文字舆情主体、客体和社会政治态度的社会空间。按照王来华

（2003）的划分，舆情空间包括硬空间和软空间。其中，硬空间是舆情发生的各类有形场所，软空间指那些无形或非物质的内容。就语言文字舆情来说，它的硬空间即民众发表对与语言生活相关的政策和事件的意见的场所，软空间即制约着民众发表意见的制度、文化、宗教信仰、伦理道德、风俗习惯等。考察语言文字舆情的空间因素，对语言文字舆情的汇集、变化规律分析等具有极大的价值和意义。值得一提的是，在信息化成为世界发展大趋势的当今社会，越来越多的民众倾向于在互联网上发表个人见解，互联网也因此成为语言文字舆情发生的重要场所。我们把发生在互联网空间内的语言文字舆情称为语言文字网络舆情，它是语言文字舆情研究的一个重要的方面。

3.1.4 语言文字舆情的特点

语言文字舆情是语言文字领域的舆论情况，它的特点和形成规律既具有非受限领域舆情的一般的共性，又具有语言文字领域独特的个性。归纳和总结语言文字舆情的特点和形成规律，有助于加深对语言文字舆情的理解，也有利于语言文字舆情监测工作的开展。概括来说，语言文字舆情具有下述特点：

（1）事关公众利益，与百姓生活密切相关

语言文字问题是一个宽泛而边界模糊的领域，覆盖社会生活的方方面面，它上可涉及国家大政方针，下可进入寻常百姓的日常生活，关涉到各种层次和地位的人，影响到各行各业。可以说，语言文字问题触及了人们生活的各个层面，它无时不在，无处不在，又不可回避，一旦相关的事件发生，必然触动公众的利益。如“汉字拼音化”问题，即与每一个以汉语为母语的人息息相关，因而这样的事件能迅速引起广泛的关注和热烈的争论。

（2）涉及面广，影响人数众多

正是因为语言文字问题事关公众利益，与百姓生活密切相关的特点，使得有关语言文字的舆情涉及面广，影响人数众多。由此，导致大量意见领袖参与其中，客观上加速了舆情的发展进程，扩大了舆情的影响范围。2009 年发生的“《规范汉字表》和新生儿取名事件”（教育部语言文字应用研究所语言舆情研究中心，2009）就是比较典型的例子。

（3）成因复杂，往往蕴涵着语言生活中的待解问题

语言文字舆情的产生，究其根源，一是来自语言本身，二是来自社会变迁。首先，从文字记载算起，汉语已有数千年的历史，在发展变化的过程中，语音、文字、词汇、语法等诸多方面必然产生许多对立统一的现象，如标准读音和非标准读音、规范字和异体字、书面词和口语词等。存在矛盾的语言现象有些是有理据、可追本溯源的，有些则是无理据、不能溯源的。这种“历史性”的问题导致了现代汉语的本身复杂性，由此产生了语言文字舆情的复杂性，例如“44个汉字微调写法事件”（教育部语言文字应用研究所语言舆情研究中心，2009）。其次，自1919年至今，汉语经历了“白话文运动”、汉字简化、使用汉语拼音方案注音、汉字信息化等一系列过程，见证了祖国大陆使用简体而台湾、香港、澳门地区使用繁体字的状况。因此，近百年间的种种社会变迁和语文政策使汉语产生了不同的使用群体，这些群体对某一语言文字事件或政策的看法不一，使得当前的语言文字舆情表现出复杂的特点，例如“识正书简事件”。另外，语言文字舆情事件的背后，常常折射出如何协调汉语与外语、汉语与少数民族语言、普通话与方言、简体字与繁体字、语言与文化认同、规范与发展之间的关系等（张挺，2011），说明语言文字舆情当中往往蕴涵着语言生活中的待解问题。只有这些问题得到较好的解决，类似的舆情事件才有可能得到平息。

（4）发生频率较低且具有不确定性的特征

从总的情况看，语言文字舆情的发生频率较低，平均间隔时间较长。这与政治、财经、科技等领域的舆情形成了很大的反差：这些领域热点事件不断，舆情频繁发生，来时“气势汹汹”，去时“余威犹在”；语言文字舆情的频率则相对较低，总体的影响力也相对较小，所经历的时间周期较长，气势上也相对平缓。语言文字舆情的发生具有不确定性，人们无法预知下一个舆

情会在何时出现，这正与“蝴蝶效应”[①] 相符：谁都有可能成为蝴蝶翅膀的第一下扇动。热点可能由代表提案、微博发言、博客爆料、外媒报道、政策出台、社会调查引起，有时甚至可能是误读或虚假舆情，例如，“西安国际化大都市规划要求半数市民说900句英语”“牛津英语词典收录‘不折腾’等汉语流行语”，事后皆被证明是误传（张挺，2011）。

（5）有的会反复出现

一些语言文字问题由于各种历史的或现实的原因，容易出现“老生常谈”“旧事重提”的现象。如汉字的“繁简之争”（教育部语言文字应用研究所语言舆情研究中心，2009）就是典型的“老生常谈”式的语言文字问题，虽然汉字简化问题已有定论，但近年来“恢复繁体字”的观点反复出现，知名人物、著名学者、意见领袖等的相关言论常常使这个问题在短时间内得到高度关注和热烈讨论。语言文字舆情反复出现的特点使得对它的分析和研究与其他领域的舆情存在很大差异。

（6）常与其他社会事件共现

很多语言文字事件不是单独出现的，它们经常会与具有公共事务性质的其他社会事件交错在一起共同出现，呈现出错综复杂的局面。如“赵C人名事件”的肇始是一起民政性质的事件，而“福娃改名事件”则同2008年北京奥运会联系在一起。这一特点使语言文字舆情失去了单纯性，对它的分析和研究需要综合考虑与之共现的社会事件对它的影响。

（7）符合人们的语言使用心理

对于绝大多数语言使用者来说，语言仅仅是一种用来交流思想、表达情感的工具。在一定历史和社会环境下掌握了某种语言的使用者，心理上期望所使用的语言是稳定的，能长期保持“现在”这种状态；其他人所使用的语

---

① “蝴蝶效应（the butterfly effect）”是指在一个动力系统中，初始条件下微小的变化能带动整个系统的长期的、巨大的连锁反应。这是一种混沌现象。“蝴蝶效应”是气象学家洛伦兹于1963年提出的。其大意为，一只南美洲亚马孙河流域热带雨林中的蝴蝶，偶尔扇动几下翅膀，可能在两周后在美国得克萨斯引起一场龙卷风。其原因在于，蝴蝶翅膀的运动导致其身边的空气系统发生变化，并引起微弱气流的产生，而微弱气流的产生又会引起它四周空气或其他系统产生相应的变化，由此引起连锁反应，最终导致其他系统的极大变化。“蝴蝶效应”说明，事物发展的结果，对初始条件具有极为敏感的依赖性，初始条件的极小偏差，将会引起结果的极大差异。

言是标准且规范的，与自己掌握的一致，不会出现交流障碍。这种主观心理与语言是不断发展演变的客观事实常常产生矛盾，与语言规范化、标准化等人为的语言规划行为也往往出现冲突，体现在语言文字舆情中，就经常出现持“稳定”观点的舆论压倒了持“变化”观点的舆论、民间的观点总是与官方的意见相对立的情况。这种舆情状况是符合人们的语言使用心理的。民众的语言使用心理特点给语言文字舆情监测带来的启示是，在规划和使用的博弈过程中，监管机构到底应该扮演何种角色：是“观察员”还是“引导者”，值得认真思考。

3.1.5 语言文字舆情的形成规律

关于舆论和舆情的形成，国内外都有一些论述。国外主要有柯雷德·金提出的“四步骤”和伊·杰克逊·鲍尔提出的“七阶段”，国内的主要观点有刘建明的“四阶段论”、郑旷的“四阶段论”、林秉贤的“三阶段论”，韩运荣、喻国明的“六阶段说”（韩运荣、喻国明，2005）。我们认为，语言文字舆情的形成可以分为五个阶段，下面以“《通用规范汉字表》征求意见事件”为例具体说明。

（1）第一阶段：与语言生活相关的政策和事件的发生

与语言生活相关的政策和事件的发生是语言文字舆情监测的起点，是导致语言文字舆情产生的直接因素，二者存在因果关系。“《通用规范汉字表》征求意见事件”肇始于 2009 年 8 月 12 日教育部、国家语言文字工作委员《关于〈通用规范汉字表〉公开征求意见的公告》（以下简称“《公告》”）的发布，其中有部分内容是关于调整 44 个汉字写法的。它作为某个语言文字舆情的客体，或与民众的切身利益息息相关，或是民众感兴趣和关注的事件，因此它的发生刺激和促使民众形成特定的意见和态度。《公告》发布后随即为媒体所关注，它的公共性、现实性和冲突性也随之显现出来。

（2）第二阶段：事实与信息的传播

与语言生活相关的政策和事件发生后，大众媒体的介入以及其他传播方式的进行使这一事实得到传播，伴随着一起传播的还有与这个事实有关的能引起民众关注的一些信息。《公告》通过各种方式很快传播开来，为民众所知。以网络报道为例，在最初的两天里有关的网络新闻报道数量达到 389 篇。这就在网络空间内引起了较大范围的影响，而且《公告》的刺激强度和范围在媒体的介入下不断得到提升和扩大。此外，媒体的报道方式和报道角度逐渐使《公告》中的一个内容——44 个汉字调整写法凸显出来，成为民众关注的焦点。与这个焦点相关的信息开始传播，一些民众开始集中关注这一内容。我们注意到，自 2009 年 8 月 15 日起，以“通用规范汉字表”为新闻标题的网络新闻报道急剧减少，而以“44 个汉字微调写法”或“汉字整形”等类似表达方式为新闻标题的报道急剧上升，至 2009 年 8 月 20 日累计达到 894 篇，如图 3-2 所示。

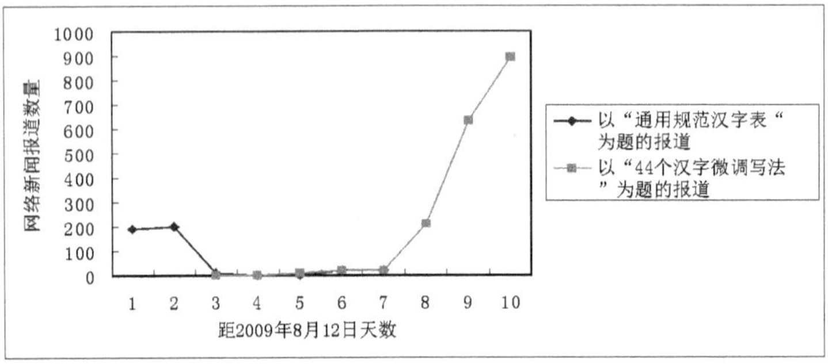

图 3-2 《通用规范汉字表》征求意见事件的网络新闻报道标题对比

（3）第三阶段：个人意见的形成

与语言生活相关的政策和事件的事实和信息经过传播和扩散为民众所了解，与此同时，民众形成了自己对该事件的意见和态度。但由于民众对某一语言文字事件可能还缺乏全面的了解，可能还未形成深刻的认识，也可能没有找到更多的共鸣，因此，大多数个人的意见和态度未能公开表达出来，处于“隐藏”或“蛰伏”的状态。在互联网上，少数个人意见开始出现在带有新闻评论功能的门户网站、论坛上，但数量不多，分布不集中。我们统计了新浪网新闻频道 2009 年 8 月 12 日发布的题为《〈通用规范汉字表〉向社会公开征求意见》的新闻的评论[1]，在最初的两天内共有评论 73 条，占截至 2009 年 9 月 10 日所有 516 条评论的 14%。

（4）第四阶段：公共意见的互动与整合

在个人意见的形成过程中，一些对语言文字舆情的形成起着重要作用的人物——意见领袖出现了。他们更愿意公开表达自己的看法，也具有表达意见的渠道。意见领袖与意见领袖的观点、意见领袖与民众的观点、民众个体与个体的观点迅速地进行碰撞、交换和互动。在互联网上，意见领袖们或在个人博客上发表文章，或在各大论坛上发布主题论帖，迅速地吸引着网友们进行着意见的交换和互动。一些原来并不一致的意见逐渐趋于一致，一些原来大同小异的意见逐渐达成高度一致，直至“意见核”的形成。自 2009 年 8 月 25 日至 9 月 10 日，笔者在 402 个语言文字舆情信息源[2]范围内共搜集到去重后的与《公告》事件有关的评论文章和博客文章共计 43 篇，包含了各种观点和评论角度。回查后发现大多数博文作者具有较高的“关注度”（依据博客访问率），一部分作者甚至是专业的新闻评论员。这些意见领袖们在公共意见的互动和整合过程中起到了重要作用。

（5）第五阶段：语言文字舆情的形成

各种意见在经过一段时间的整合以后，就会形成群体性的意见，群体性的意见再经过整合，就形成了大的“意见核”。“意见核”争取了相当规模数量的民众的认同，形成了相对稳定的意见结构，确立了有序的状态（韩运荣、喻国明，2005）。这标志着语言文字舆情的形成。例如，网易新闻频道 2009 年 8 月 19 日转载题为《教育部拟调整 44 个汉字写法引争议》的报道后，截至 2009 年 9 月 10 日，“支持率”（以顶帖数量为依据计算）超过7 000次的大意见核有 7 个，分析和归并相似意见核后认为，实质上的大意见核只有 3 个。至此，该事件的公共意见整合过程基本完成，舆情也因此形成。

---

① 网址 http://comment4.news.sina.com.cn/comment/skin/default.html? channel = gn&newsid = 1 - 1 - 18419125&style = 0（2010 年 3 月 9 日）。

② 详见 3.3.5 节。

3.2 语言文字舆情自动监测的系统模型

语言文字舆情工作需要按照一定的程序和方法来进行。一个严谨、规范、流畅的工作程序可以保证语言文字舆情工作有据可依、层次分明和有条不紊；一套科学的方法和技术则为语言文字舆情工作的质量提供根本上的保证。依据舆情信息工作的一般流程，结合语言文字工作的特点，并充分考虑自动监测问题在方法上的可行性和程序上的科学性，可以构建一个语言文字舆情自动监测的系统模型。这个模型包括三个相对独立的模块：自动汇集模块、自动测量分析模块和自动报送模块。如图 3-3 所示。

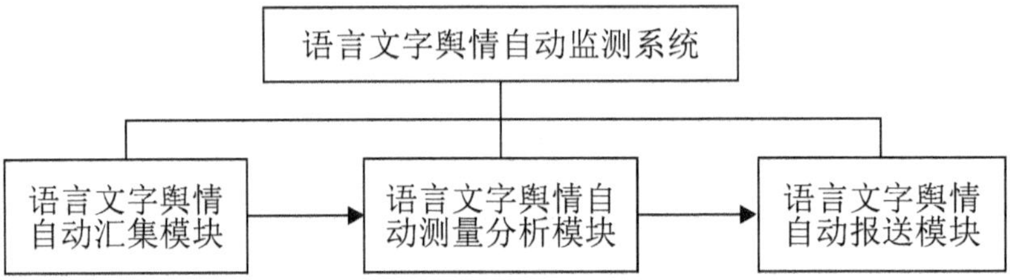

图 3-3　语言文字舆情监测和分析系统结构图

（1）自动汇集模块。自动汇集模块的主要工作是进行语言文字舆情信息的规划和采集。所谓“规划”，就是根据决策者或使用者的信息需求，设定主题目标，确定信息采集的任务。具体来说，即确定需要监测的内容和采集的范围。采集工作则根据规划的任务需求，通过信息采集工具从语言文字舆情信息源中收集相关舆情信息，采用自动化的信息采集方式进行，并对舆情信息实施过滤、分类、预处理和存储等处理。

（2）自动测量分析模块。自动测量分析模块又包含两个子模块：自动测量模块和自动分析模块。自动测量模块侧重于对语言文字舆情数据的统计和分析，如某一个语言文字舆情事件的起点、终点、时间跨度、关注度、峰点、衰落点等，这些测量指标通过测量对象获得；自动分析模块侧重于对语言文字舆情内容的挖掘和分析，其中第一层次（较低水平）的分析是语言文字舆情事件的摘要，第二层次（中等水平）的分析是语言文字舆情概况的分析，第三层次（较高水平）是对语言文字舆情的态势分析。

（3）自动报送模块。自动报送模块主要对自动测量分析模块的结果按照各种方式进行归纳和汇总，定期性地以规范的形式报送给相关部门、机构和个人。自动报送模块直接关系到语言文字舆情信息的传递效率和价值实现，也关系到舆情自动监测工作作用的完整发挥，是体现舆情自动监测工作服务于大局、服务于决策、服务于科研的基本手段之一。

依据这个系统模型，我们制定了语言文字舆情自动监测系统的工作流程。如图 3-4 所示。

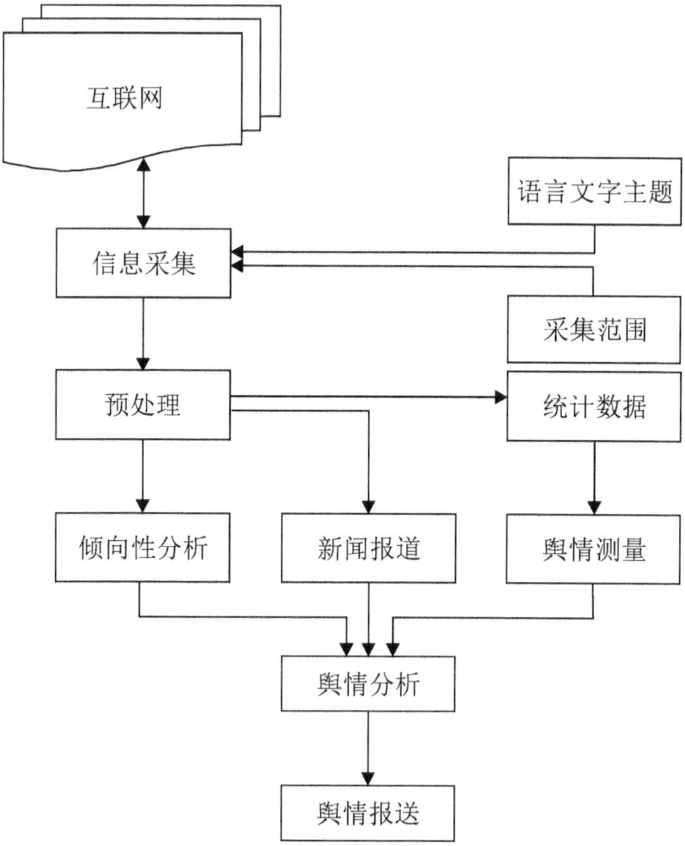

图 3-4　语言文字舆情自动监测系统工作流程图

3.3 语言文字舆情自动汇集方法

一个好的语言文字舆情自动监测系统，首先要有一个好的语言文字舆情自动汇集模块。这是因为，互联网上信息浩如烟海，与语言文字舆情相关的信息只不过是沧海一粟，精确地“定位”这些信息成为自动汇集工作的一个关键任务；此外，自动测量分析模块要基于自动汇集模块所采集的信息，因此它们直接影响着分析结果的准确性。可见，语言文字舆情信息的自动汇集是整个工作的基础，直接关系到整个工作的结果。

语言文字舆情信息的自动汇集主要涉及汇集原则、汇集渠道、汇集范围和汇集方法等四个方面的问题。

3.3.1 语言文字舆情信息的汇集原则

由于语言文字舆情信息汇集的目的在于为语言文字舆情测量分析提供相关的数据和资源，它不同于一般的舆情信息采集，因此，它的汇集原则也与一般的舆情信息采集不尽相同。具体地说，应当尽量遵循以下原则（杨江等，2010）：

第一，范围上，遵循针对性原则和代表性原则。语言文字舆情信息的汇集是应语言文字舆情测量分析之需而产生，语言文字舆情分析是专题性的舆情分析，因此，信息汇集要围绕语言文字舆情的研究方向和内容进行，有针对性地展开该领域的舆情信息的汇集。对于舆情信息的来源，应做慎重的甄别和仔细的考察，选择有代表性的信息源，使汇集到的舆情信息能够代表不同群体大多数民众的态度和意见。

第二，内容上，遵循真实性、相关性和完整性原则。语言文字舆情信息的价值主要体现在其内容上。价值量高的语言文字舆情信息必须同时具备真实、相关和完整的特点，获取的信息要能够客观真实、准确可靠地反映舆论实情，要与舆情分析系统的目标相符，要尽可能地反映语言文字领域有关问题的全貌。网络的特点是信息量大，但是网络上鱼龙混杂，虚假信息夹杂在真实有效的信息之间，大量冗余的无关信息混杂在相关信息里，有用的信息散布在巨大的网络空间里，形成“信息碎片”，要确保汇集到的信息具有高价值量，就要去伪存真，去粗取精，准确、全面地进行汇集。

第三，形式上，遵循可处理性原则。语言文字舆情信息的存在形式是多种多样的，以文字形式（互联网上表现为网页文本形式）居多，也不乏图片、音视频等其他形式。不同的存在形式有不同的表达能力和质量，也有不同的表达效果。就目前自然语言处理的技术水平看，较为成熟的技术主要在文本和语音的处理方面，结合语言文字舆情监测和分析的实际情况，处理文本形式的舆情信息是可行的。

第四，时间上，遵循时效性原则和连续性原则。时效性是指应获取最新或最近的语言文字舆情信息。语言文字舆情信息虽然不像一般舆情信息那样对时效性有着严格要求，但及时汇集有关信息，既加快了分析结果的获得，又体现了信息的时效价值。连续性则指要获取能够体现语言文字舆情产生、发展和变化过程的信息。语言文字舆情信息从产生到形成稳态需要一定的时间，某一时段内舆情也可能会随着时间的推移产生变化，因此，获取连续的信息有助于对舆情的变化趋势进行动态追踪。

第五，方法上，遵循高效率原则。面对互联网的海量信息，语言文字舆情信息的汇集只有在方法上保证高效，才能实现信息的时效性，加快后续模块的处理进度。这就要求在系统的设计上充分考虑运行时的开销——时间复杂度和空间复杂度，确保以较低开销实现快速高效的信息汇集。

3.3.2 语言文字舆情信息的汇集渠道

传统的舆情汇集机制和方法大多采用手工的方式通过各种手段——如文献研究、社会调查、计算机辅助电话访问调查、网络调查、舆情直报点、内参、信访工作、网络论坛等收集来自多种渠道的信息（唐喜亮，2007），其优点是信息来源丰富、主题针对性强、舆情覆盖面广，但效率低下，实效性差，人力财力花销大，难以满足当前舆情工作的要求。对语言文字舆情监测来说，采用手工的方式收集来自平面媒体、有声媒体、网络及其他渠道的所有舆情信息，是一件困难也不现实的事情。一种改进的办法是根据以往的统计数据采取按比例抽样的办法来减小收集的范围，并用样本来估计总体。这种办法减少了人力、财力的花销，但在效率和实效上没有显著的改善。另一种可行的办法是主要收集来自互联网的舆情信息。随着我国互联网事业的迅速发展，网络作为一种新型媒体不但成为各种社会思潮、利益诉求和意识形态较量的场所，而且也是民众评议时政、谈是论非、交流观点的集散地，利用网络舆情信息高效率、即时性和易采集的特点可以弥补传统方法的不足。根据经验，尽管语言文字网络舆情不等于语言文字舆情，但它是语言文字舆情最重要的组成部分，而且由于网络传播方式的特质，它也成了语言文字舆情的风向标和“放大器”，即语言文字网络舆情对于语言文字舆情的反映更加迅速和直接，能将一时一地的观点、意见传递到最大范围并得到一切可能的回应，使意见空间和意见力度进一步扩大和增强。因此，我们认为，把语言文字舆情信息汇集的渠道定位在互联网，将语言文字网络舆情信息作为语言文字舆情监测和分析的主要对象，在目前和将来都是可行而且适当的。

3.3.3 语言文字舆情信息的汇集范围

在汇集原则的指导下，在已经确定汇集渠道的情况下，仍需充分考虑汇集范围的问题。这主要是因为语言文字网络舆情信息仅占网络信息的极少部分，它散布于网络空间中，在大多数网站上呈现出不集中的状态。如果泛泛地采集，未免过于盲目，有失针对性和代表性原则；如果穷尽式地搜索，则需耗费巨量的网络和计算资源，一般情况下难以做到也不合适。因此需要有针对性地缩小汇集的范围，同时保证在此范围内的相关信息占据着整个语言文字网络舆情信息的绝大部分。

确定语言文字舆情信息汇集范围的一个基本思路是：首先，根据直觉和经验事先确定几类主要的信息源，每类中含有一些基本的、影响力大的网站，称为先验信息源；其次，预先收集一定数量的以往的语言文字舆情主题，利用搜索引擎对互联网进行关键字搜索，提取每个搜索的所有结果网址；再次，对所有搜索的结果网址进行交集运算，得到一个网址列表，称为基本信息源；

最后，对基本信息源进行适度扩充，并用先验信息源对其进行检验，得到最终的语言文字舆情信息源。

3.3.4 语言文字舆情信息的汇集方法

互联网上语言文字舆情信息的汇集是一项较为艰巨的工作。数以亿计的网页在标记语言、页面结构、脚本语言、数据格式等方面形式多样，不尽相同，对采集任务提出了很大的挑战。基于语言文字舆情监测任务的特点，对于静态的页面，使用一般的主题爬虫即可抓取；对于动态的网页，则需要开发专门的采集程序。

确定了语言文字舆情信息的汇集范围后，就极大地减少了采集的工作量。但是，语言文字舆情信息源中所含的信息量仍然非常大，相关信息只占少部分，大部分是不相关信息。如果不加以过滤，将对分析模块造成很大的不便。因此，需要有一个过滤子模块，筛选出与语言文字舆情相关的信息，过滤掉无关信息。

一个简单的办法是仅通过对新闻标题、新闻评论主题、论坛主题、博客标题等进行关键词匹配实现信息过滤。这需要有一个预先定义好的语言文字领域的主题词表。主题词表可以通过对已有的语言文字新闻文本的分析人工编制，也可以通过程序用统计方法自动获得。此外，主题词表应当即时更新，把新近采集到而未出现在词表中的语言文字新闻的主题词添加进去。

复杂的方法不但要对标题和主题进行匹配，还需对新闻、评论、博客等的正文内容进行过滤，综合考虑二者的分析结果后再决定取舍。这是一种更为可靠的方法。具体的做法限于篇幅，不再详细说明。

综上所述，可以建立一个较为完整的语言文字舆情信息汇集系统，系统主要的工作流程如图 3-5 所示。

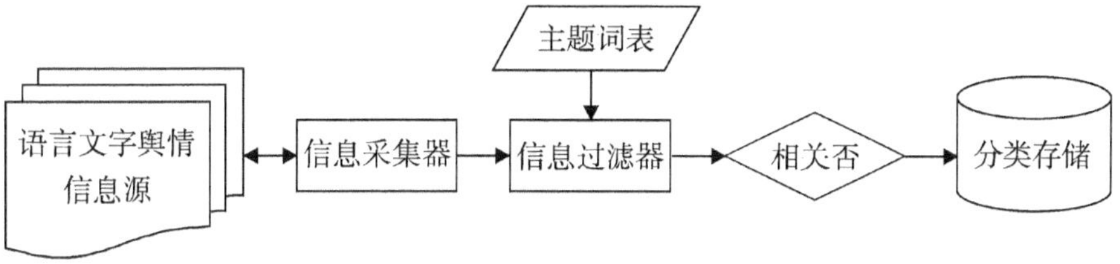

图 3-5 语言文字舆情信息汇集系统工作流程图

3.3.5 初步的实验与结果

为了验证自动汇集方法的可行性，笔者进行了两个初步的实验：（1）确定语言文字舆情信息源；（2）验证语言文字舆情自动汇集系统。本节扼要介绍实验的步骤和实验结果。

在汇集原则的指导下，根据3.3.1.3节提出的思路，结合语言文字舆情的实际情况和笔者的经验，首先确定了五类语言文字舆情信息来源，它们是：

（1）主管语言文字工作的政府机构网页，如教育部语言文字信息管理司和语言文字应用管理司网站、北京市语言文字网、上海语言文字网、天津语言文字网等。

（2）带有新闻评论功能的门户网站，如新浪网、搜狐网、网易网、腾讯网、凤凰网等。

（3）论坛，如人民网强国论坛、新华网发展论坛、中华网和平论坛、天涯社区、百度贴吧等。

（4）博客，如博客网、中国教育人博客、天涯博客、新浪博客、凤凰博报等。

（5）网络媒体，如新华网、人民网、中国新闻网、光明网、中国青年网、新民网等。

这样我们得到的先验信息源包含基本网址①共计51个。先验信息源的确定是经过长时间考察和仔细验证后的结果，具有较强的典型性和代表性，覆盖了相当大范围的语言文字舆情信息。

为了得到基本信息源，我们预先收集了包括“2008年度流行语”“2008年度新词语”“恢复繁体字”“规范汉字表”“现代汉语常用词表”等在内的15个语言文字舆情主题事件。利用“谷歌”（Google）搜索引擎在整个互联网

① 基本网址是指具有相同类别属性的若干完整网页地址的公共部分，如http://news.xinhuanet.com/forum/2008-12/15/content_10501766.htm的基本网址为http://news.xinhuanet.com/forum/，其中的“forum”表示这个路径下所有网页的类别为论坛属性。

范围内对每个主题进行关键词搜索①，得到每个搜索的完整网址数目见表3-1。

表 3-1 部分舆情主题网址数目②

舆情主题	完整网址数目（条）
2008 年度流行语	7 111
2008 年度新词语	2 470
恢复繁体字	2 744
规范汉字表	2 681
现代汉语常用词表	5 250
……	……

抽取出所有（15 个）舆情主题的基本网址，并对它们做交集运算，得到一个含有 293 个基本网址的语言文字舆情基本信息源。逐个考察基本信息源中的基本网址，参照中国网站排名网（http://www.chinarank.org.cn）和互联网实验室网（http://www.chinalabs.com/）提供的网站排名表，删掉其中一些相关度低、影响力小的网址。

接着对基本信息源进行适当扩充。我们规定，如果一个基本网址中包含两个或两个以上的语言文字舆情主题，则认为这是一个有价值的信息源，并将其加入基本信息源中。具体的做法是将基本信息源依次与 15 个舆情主题的基本网址两两交集比对，由人工对比对结果进行认定后，再将认定的网址加入基本信息源。最后得到 402 个网址，它们的分布情况见表 3-2。

表 3-2 语言文字舆情信息源分布情况

类别	数量（个）	百分比（%）
政府机构	11	2.74
门户网站	7	1.74
论坛	58	14.43

① 实际操作时，对每个舆情主题都使用关键词同义替代的方式进行搜索。例如，对“2008 年度流行语”这一主题，先后使用了“2008 年度流行语”“2008 年流行语”“2008 流行语”三个关键词进行搜索，然后对结果进行合并。这样做的目的是为了克服现有搜索引擎没有主题搜索功能的缺陷。此外，搜索时使用的是 Win Web Crawler 2.0 软件进行网址列表获取。

② 搜索时间为 2009 年 7 月 8 日。

续表

类别	数量（个）	百分比（%）
博客	210	53.23
网络媒体	116	28.86
总计	402	100

为了评估所确定的语言文字舆情信息源在语言文字网络舆情信息总体中的覆盖范围，对先验信息源和语言文字舆情信息源进行了比较，经人工检查确认，先验信息源中除部分博客外，其余的均包含在基本信息源中。这至少证明了两点：第一，确定语言文字舆情信息源的方法是正确的；第二，确定的语言文字舆情信息源具有相当大的覆盖范围。

为了检验语言文字舆情信息源的可信度，用不包含在上述 15 个舆情主题内的“两岸合编中华大辞典”主题作为测试，采用同样的办法共获取到2 749 个基本网址[①]（将其称为测试舆情主题信息源），去重、合并后得到基本网址 328 个，与 402 个语言文字舆情信息源进行交集运算，得 270 个重合的基本网址。计算得二者的网址重合率为

$$\text{网址重合率}=\frac{\text{语言文字舆情信息源}\cap\text{测试舆情主题信息源}}{\text{测试舆情主题信息源}}\times 100\%$$

$$=\frac{270}{328}\times 100\% = 82.32\%$$

可见，用这种方法获取的语言文字舆情信息源可信度较高，基本满足应用的需要。

我们同时也对建立的语言文字舆情信息汇集系统进行了初步的实验。作为测试，对手工收集到的涉及 15 个语言文字舆情主题的 464 篇文本（不含重复内容）进行了考察，手工编制了一个含有 120 个词语的关键词表，采用对标题和主题进行关键词匹配的过滤方法，实现了一个简单的信息过滤器。

我们用该汇集系统在语言文字舆情信息源范围内进行采集实验，将采集的结果与手工收集到的 464 篇文本进行文本重合率计算，得

① 搜索时间为 2009 年 8 月 17 日，含重复条目。

$$文本重合率=\frac{自动采集文本数\cap手工收集文本数}{手工收集文本数}\times 100\%$$

$$=\frac{421}{464}\times 100\% = 90.73\%$$

其中，“自动采集文本数∩手工采集文本数”表示自动采集和手工采集的重合文本数目。对不重合的文本进行分析后发现，信息采集器在门户网站新闻评论以及部分论坛的采集上存在不足，导致与手工收集的文本存在差距，今后应该在这方面加以改进。

3.4 语言文字舆情自动测量方法

语言文字舆情测量是实现语言文字舆情定量化分析并实施有效监测的重要环节。在手动的舆情测量中，对舆情的定量化研究和精细化掌握早已成为共识，也是一种社会必需。所谓测量就是对所确定的研究内容或调查指标进行有效的观测与度量，根据一定的规则将数字或符号分派于研究对象的特征之上，从而使社会现象数量化或类型化（邹农俭，2002）。可见，测量中两个关键的要素是：测量指标和测量对象，测量指标用以刻画舆情的基本面貌，其各项数据来源于测量对象。

手动的舆情测量依据较为成熟的操作规范和程序，在定量化研究方面能取得相对满意的效果。但是存在的问题是，它们大多依赖于问卷调查的方式收集舆情信息，在时效性上相对滞后，难以精确地获得较短时间范围内的舆情发展情况。自动舆情测量方法则尚未发展成熟，定量化分析仍处于初级阶段，一些自动测量模型，如钱爱兵（2007）等，仍显得较为粗糙。此外，谢海光、陈中润（2006）指出，当前我国虽然在网络舆情的分析工具、模式和判据上已经有了一些重要的研究，取得了一定的进展，但也存在一些不足，主要表现在：其一，将数理统计软件化来代替舆情分析判据科学性；其二，将经典概率理论简单图示化来代替舆情分析判据复杂性；其三，将热点重点层面的分析代替舆情分析的深层性。究其原因，根本在于忽视互联网内容及舆情本身的性质和特点，忽视内容及舆情内在的深层结构和关系，忽视内容及舆情演化的规律和条件。这些中肯的评价给予我们很大的警示。

本节中在测量原则的指导下，我们试图为语言文字舆情自动测量建立一个可操作的模型，也希望为其他领域舆情自动测量提供参考。

3.4.1 测量原则

语言文字舆情自动测量需要遵循下列原则：

（1）可测性原则。语言文字舆情中包含了许多不确定因素，这些不确定因素难以进行测定，因此设定的指标应是可供实际操作的指标。

（2）可靠性原则。语言文字舆情监测承担着及时识别风险的任务，因此设定的指标应该可以提供对某一程度舆情征兆做出灵敏及较为可靠反应的指标。

（3）导向性原则。语言文字舆情监测要为相关职能部门提供决策服务，因此设定的指标应能反映当前某一舆情发生、发展及演化趋势等客观态势。

（4）最小性原则。语言文字舆情具有多种多样的形成因素与表现方式，反映某一舆情的指标也多种多样，但各种指标之间不应具备可替代性，也应构建一个能够满足需要的最小完备指标集。

（5）延续性原则。虽然语言文字舆情发展态势是动态变化的，但是指标的选取要有相对稳定性或具有自动更新机制，以保证指标体系在时间上有一定的延续性。

3.4.2 测量指标

测量指标用以刻画舆情的基本面貌。为语言文字舆情设置六项测量指标：起点、终点、时间跨度、关注度、峰点、衰落点。若用平面直角坐标系表示语言文字舆情，其中，横轴表示时间，纵轴表示舆情信息，那么，起点和时间跨度位于横轴上，峰点、衰落点和关注度位于纵轴上（如图 3-6 所示）。

起点是指某一语言文字舆情发生的起始时间，我们通常把某个语言文字事件发生的起始时间看作是舆情的起点。与起点相对的是终点，即舆情结束的时间。两者相较而言，起点容易测定，而终点则常常不是一个绝对的时间，

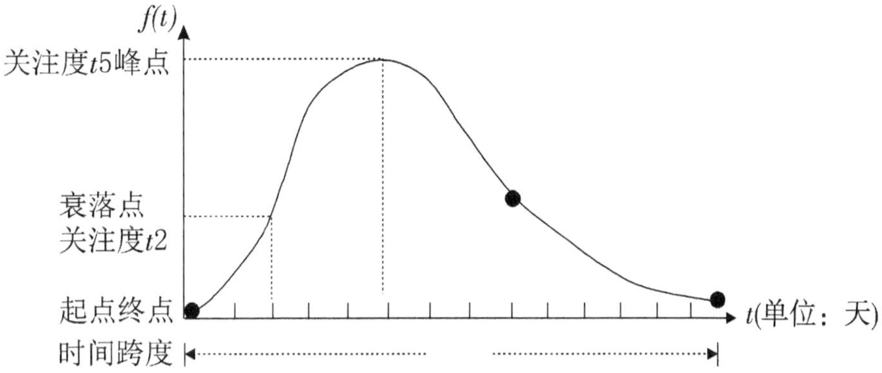

图 3-6 一个假想的语言文字舆情发展变化图

而是相对意义上舆情消退的程度。

时间跨度是某一语言文字舆情所经历的时间，即从起点到终点的时间差。时间跨度用以描述舆情经历的时间长短，有时候也用作反映舆情关注度的一个因素。一般地，我们以“天”为单位表示时间跨度。

关注度是某一时间段内某一语言文字舆情受关注的程度。关注度由舆情测量对象的各个测量点决定，它描述舆情的影响范围。某一语言文字舆情的总关注度是在既定的时间跨度内所有该舆情信息的总和。同一语言文字舆情在不同时间段内的关注度可以以点的形式表示在纵轴上，将这些点连接起来，就形成了该舆情的发展变化曲线。

峰点是某一语言文字舆情的关注度达到最高值时的一种状况。峰点描述舆情达到极限时的情况。

衰落点是某一语言文字舆情从广受关注到渐趋衰亡的状况。衰落点描述舆情减弱到一定程度时的情况。

图 3-6 是一个假想的语言文字舆情发展变化图，六项测量指标均已在图中标示出来。

3.4.3 测量对象及测量点

测量指标各项数据来源于测量对象。因此，为了自动获取测量指标，需要确定测量的对象及测量点。测量对象根据语言文字舆情汇集的来源确定，包括新闻报道、新闻评论、论坛主题帖、论坛跟帖和相关评论文章；测量点根据测量指标的需要从测量对象上确定，它是测量对象包含的全部或部分信息。

（1）新闻报道及其测量点

当前主流网络新闻媒体上，新闻报道的基本格式如图 3-7 所示。

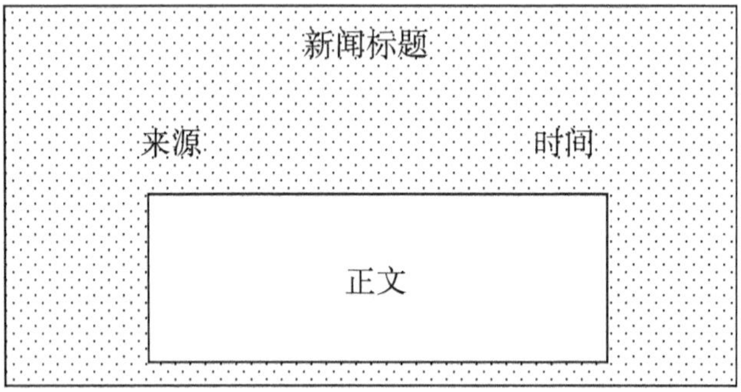

图 3-7　网络新闻报道结构图

根据测量指标的需要，确定对新闻报道的测量点有：正文（含标题）篇幅、时间、来源（媒体）、数量[①]。新闻报道的篇幅越长，对语言文字舆情事件的报道就越详细，可以将其作为衡量该报道影响力的一个因素。新闻报道的数量越多，媒体的影响能力越大，反映出网络媒体对这个事件的关注程度，也就更容易进入民众的视线，引起民众的注意。新闻报道的时间则用于确定该舆情事件的起点。

（2）新闻评论及其测量点

带有评论功能的门户网站除了刊登新闻报道以外，还同时开通了对新闻报道的评论功能。评论的入口和新闻报道放置在同一个页面，一般会对评论数量有显眼的提示。评论的基本格式如图 3-8 所示。

由此，确定新闻评论的测量点有：总评论数量、评论篇幅、支持率、评论时间、评论者所在地。总评论数量是衡量一个语言文字舆情事件关注度的重要因素，参与评论的人员越多，表示其所受的关注度越高。单个评论的篇幅用于确定该评论的价值或重要性，篇幅越长，则其越有可能“言之有物”，对它的支持率往往也越高，说明它越有可能成为一个“舆情核”。评论时间用以确定某一舆情的峰点、衰落点和终点。评论者的地址（指其所使用的电脑

① 指同一主题事件网络新闻报道数量的加权和，详见 3.4.4 节。

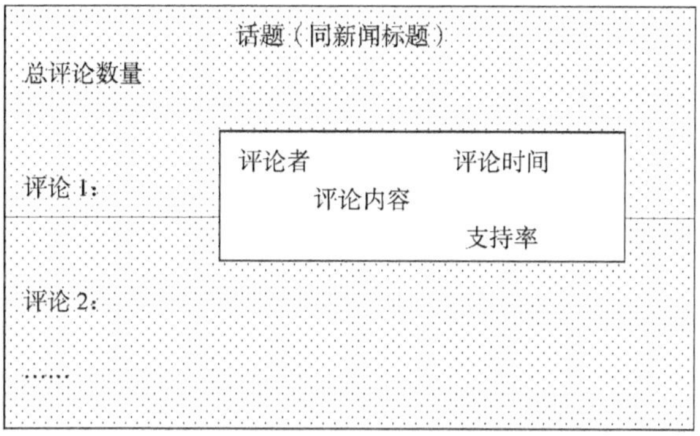

图 3-8 网络新闻评论结构图

在网络上的 IP 地址）反映舆情的影响范围和关注范围。

（3）论坛主题帖及其测量点

根据我们的考察，一般论坛主题帖和跟帖的格式如图 3-9 所示。

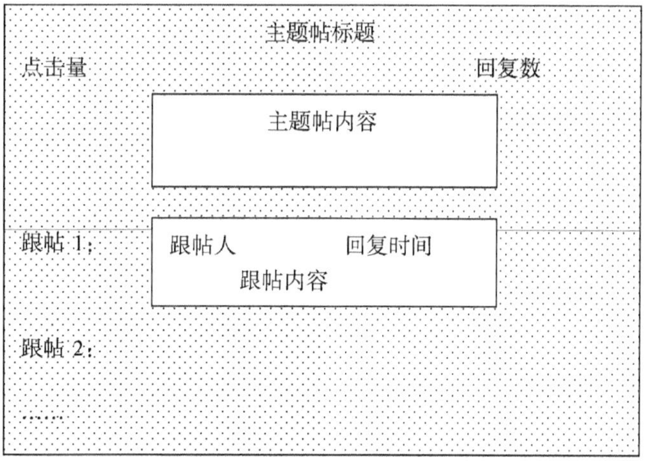

图 3-9 网络论坛主题帖和跟帖结构图

对于论坛主题帖的测量点，主要有：篇幅、数量、时间和地点。它们对测量指标的贡献基本同新闻报道的测量点，不再赘述。

（4）论坛跟帖及其测量点

论坛跟帖的测量点确定为篇幅、数量、时间和地点。它们对测量指标的贡献基本同新闻评论的测量点。

（5）评论文章及其测量点

评论文章（含博客）的一般格式如图 3-10 所示。

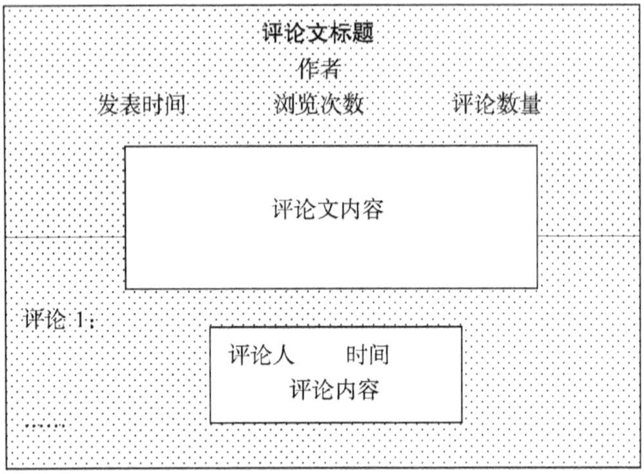

图 3-10　网络评论文结构图

这里我们对其做了一些简化，仅考虑评论文章本身而不再考虑对于评论文章的评论。评论文章的测量点有：篇幅、数量和时间。

测量指标、测量对象和测量点之间存在一定的对应关系。四类测量对象各自具有不同的测量点，六项测量指标则由分属于不同测量对象的测量点综合计算而得。表 3-3 列出了语言文字舆情自动测量的指标、对象及其测量点以及它们之间的对应关系。

表 3-3　语言文字舆情自动测量的指标、对象及其测量点

测量对象	测量点	测量指标
新闻报道	正文（含标题）篇幅	关注度
	数量	关注度
	时间	起点
	来源（媒体）	关注度
新闻评论	总评论数量	关注度、峰点、衰落点
	评论篇幅	关注度
	支持率	关注度
	评论时间	终点、时间跨度
	评论者所在地	关注度

续表

测量对象	测量点	测量指标
论坛主题帖	篇幅	关注度
	数量	关注度、峰点、衰落点
	时间	终点、时间跨度
	地点	关注度
论坛跟帖	篇幅	关注度
	数量	关注度、峰点、衰落点
	时间	终点、时间跨度
	地点	关注度
评论文章	篇幅	关注度
	数量	关注度、峰点、衰落点
	时间	终点、时间跨度

3.4.4 测量指标的量化

语言文字舆情自动测量的目标是对设计好的测量指标进行量化，以备自动分析模块使用。在语言文字舆情六项测量指标中，关注度是最重要的指标，除起点外，其余五项指标的确定都依赖于关注度。因此，对关注度的量化是一个关键性的问题。

关注度包括两个方面的内容，一是媒体关注度，它从信息提供者的角度来考察新闻报道受到关注的程度；一是用户关注度，它从信息接收者和反馈者的角度考察新闻报道受到关注的程度。媒体关注度的获得比较容易，只需在特定范围的网络媒体中搜索某个语言文字舆情事件是否被报道即可，这一般能做到准确计量。此外，影响力大的网络媒体提供的新闻报道受关注度也更大，因而有必要做加权处理，赋予其更大的权值，但不同网络媒体之间影响力的差别是难以精确计算的。用户关注度的计量一般基于用户的浏览行为来进行，如有多少人浏览了某个新闻，多少人对某个新闻进行了评论反馈。但目前许多网站并没有提供浏览计数数据，这部分的信息也就无从知晓了。最后我们确定以新闻评论、论坛跟帖作为用户关注度的计数单位，一条评论或一条跟帖等于一个关注单位。媒体关注度和用户关注度具有相互联系、相互影响的关系，媒体关注度越高，会导致用户关注度提高；用户关注度提高到一定程度后，则可能导致媒体关注度提高。

那么，如何将两个方面的关注度整合在一起，作为最终的语言文字舆情关注度呢？首先，规定对新闻报道的一次浏览为一个关注单位，相当于一条新闻评论或一条论坛跟帖。这样，就将媒体关注度和用户关注度联系在一起，可以在同一度量单位上进行运算。其次，不同测量对象的关注度权重不可能完全相同，需要为它们制定相对合理的加权体系。这里我们对许多问题进行了简化，采取较为易行的办法操作：（1）由于新闻的浏览计数数据不可获得，假定普通网站新闻报道的平均点击率为 100，则 4 大门户网站①所报道的新闻，其权重是普通网站的 10 倍。（2）规定论坛主题帖的权值是一个关注单位的 30 倍，评论文章的权值是一个关注单位的 50 倍。（3）测量对象的篇幅越长，其所受关注的程度就越高。为每个测量对象设定平均篇幅（以字数计），凡超过平均篇幅的，则其权值乘 2。经过考察，确定新闻报道的平均篇幅为 800 字，新闻评论的平均篇幅为 30 字，论坛主题帖的平均篇幅为 500 字，论坛跟帖的平均篇幅为 30 字，评论文章的平均篇幅为 800 字。在这个范围内的测量对象，其篇幅计一个单位；超过这个范围的，则计两个单位。

综上所述，根据以下公式计算关注度：

$$\text{关注度 FD} = \text{媒体关注度 } \mathrm{M_{fd}} + \text{用户关注度 } \mathrm{U_{fd}} \tag{3-1}$$

公式（3-1）中媒体关注度 M_{fd} 的计算公式为

$$M_{fd} = \sum_{i=1}^{4} \mathrm{NR}_{4\text{大门户}} \times 1000 + \sum_{i=1}^{n} \mathrm{NR}_{\text{其他网站}} \times 100 \tag{3-2}$$

其中，NR 为新闻报道加权值，n 为语言文字舆情信息源中其他新闻网站数量。

公式（3-1）中用户关注度 U_{fd} 的计算方法为

$$U_{\mathrm{fd}} = \sum_{i=1}^{m} \mathrm{NC} + \sum_{i=1}^{o} \mathrm{FC} + \sum_{i=1}^{p} \mathrm{FR} + \sum_{i=1}^{q} \mathrm{CA} \tag{3-3}$$

---

① 指新浪网、网易网、搜狐网和腾讯网。

其中，NC 为新闻评论加权值，FC 为论坛跟帖加权值，FR 为论坛主题帖加权值，CA 为评论文章加权值。

基于关注度，可以求得峰点、衰落点、终点和时间跨度。从某个语言文字舆情的起点开始，以天为一个统计周期，逐一计算每个周期内该语言文字舆情的关注度，在一定时间范围内（如 15 天），如果第 X 天的关注度 FD_x 大于任一其他天数的关注度，则认为 FD_x 为该语言文字舆情的峰点，第 X 天为达到峰点的时间。

从某个语言文字舆情的峰点开始，以天为统计周期，逐一计算每个周期内该语言文字舆情的关注度，如果第 Y 天的关注度 FD_y 小于或等于峰点的一半，即 $1/2\times FD_x$，且之后任一天的关注度均小于 FD_y，则认为 FD_y 为该语言文字舆情的衰落点，第 Y 天为达到衰落点的时间。

从某个语言文字舆情的衰落点开始，以天为统计周期，逐一计算每个周期内该语言文字舆情的关注度，如果第 Z 天的关注度 FD_z 小于或等于衰落点的十五分之一，即 $1/15\times FD_y$，且之后任一天的关注度均小于 FD_z，则认为 FD_z 为该语言文字舆情的终点，第 Z 天为达到终点的时间。

确定了语言文字舆情的终点，则其时间跨度 TS 等于终点减去起点所得的值，即

$$\mathrm{TS} = D_2 - D_1 \tag{3-4}$$

其中 D_z 为终点，D_1 为起点。

至此，语言文字舆情的六项测量指标均得到确定。

3.4.5 初步的实验与结果

为了考察语言文字舆情自动测量方法的可操作性，我们对已经发生过的两个语言文字舆情事件进行了验证性的实验。本节主要介绍这两个实验的步骤及其结果。

实验设计如下：（1）选取 2009 年 8 月发生的“《通用规范汉字表》征求意见和 44 个汉字调整写法”事件和 2010 年 4 月发生的“央视屏蔽外语缩略词”事件作为实验对象。（2）每次实验均从语言文字舆情信息源中按 1 : 10

的比例分别从各类别中随机挑选出用于实验的舆情信息源[①]。(3)对于"《通用规范汉字表》征求意见和44个汉字调整写法"事件，将实验用舆情信息源再按1∶1的比例分成两份，在各自范围内分别对该事件的测量指标进行量化计算，并绘制出舆情发展变化图，进行对比考察。(4)对于"央视屏蔽外语缩略词"事件，在实验用舆情信息源范围内对该事件的测量指标进行量化计算，并绘制出舆情发展变化图，与人们的实际体验进行对比考察。下面分别介绍实验的步骤和分析所得结果。

按照以上实验设计，分别对所需数据进行收集，对信息采集器采集不到的数据，辅以其他方式收集。自动测量实验1收集的第1份汇总数据见表3-4和表3-5。

表3-4　自动测量实验1的第1份按类汇总数据表

数据类别	时间范围	总关注度（点）
新闻报道	21天[②]	51661
新闻评论	21天	14641
论坛主题帖	21天	1590
论坛跟帖	21天	1758
评论文章	21天	25700
总计	95350	

对该数据表的得出略做说明，自动测量实验1其他数据表的情形基本一致。第一，本数据表新闻报道类别中"求是"和"天津日报"两个网站的数据无法采集，做缺失处理。第二，新闻评论的标准化数量只考虑实际发表的评论，对评论的评论一律不做计算，评论的支持率和浏览数量因无法鉴别发表日期，也未做考虑。第三，论坛主题帖只选取回复次数（即跟帖）大于2的主题。第四，论坛跟帖的标准化数量计算方法与新闻评论的计算类同。

① 政府机构类和门户网站类分别随机挑选出2个网址。

② 自2009年8月19日至2009年9月8日，余同。

表 3-5 自动测量实验 1 的第一份按天汇总数据表

天数	媒体关注度（点）	用户关注度（点）	总关注度（点）
第 1 天	4419	11606	16025
第 2 天	10220	11718	21938
第 3 天	4121	6472	10593
第 4 天	5022	2354	7376
第 5 天	4023	1653	5676
第 6 天	2924	1542	4466
第 7 天	2325	1685	4010
第 8 天	2126	948	3074
第 9 天	1027	691	1718
第 10 天	2328	697	3025
第 11 天	829	763	1592
第 12 天	830	558	1388
第 13 天	1331	279	1610
第 14 天	2501	983	3484
第 15 天	1602	568	2170
第 16 天	1403	335	1738
第 17 天	1004	211	1215
第 18 天	905	382	1287
第 19 天	906	78	984
第 20 天	907	112	1019
第 21 天	908	54	962
总计	51661	43689	95350

根据表 3-5 绘制出自动测量实验 1 的第一份舆情发展变化图如图 3-11 所示。

同理，可得自动测量实验 1 的第二份舆情发展变化图 3-12，其详细数据限于篇幅不再列出。

观察图 3-11 和图 3-12 可知：（1）总体上看，两条舆情发展变化曲线的形状基本相同，说明基于关注度的语言文字舆情测量方法在按比例抽取的样

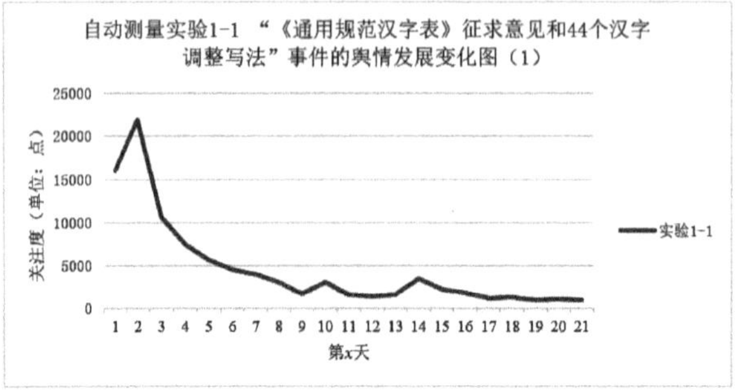

图 3-11 “44 个汉字调整写法”事件的舆情发展变化图（1）

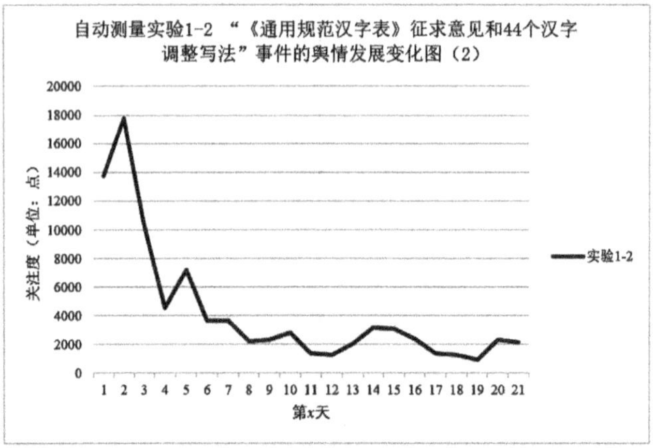

图 3-12 “44 个汉字调整写法”事件的舆情发展变化图（2）

本中表现出基本相同的效果，进而推知该方法在更大的样本中应该具有基本相同的效果。（2）两条曲线均从第 3 天开始出现下降的总体趋势，但在第 9 天和第 13 天出现了短暂的“反弹”现象，是对该事件舆情走势的客观反映。第 9 天（2009 年 8 月 27 日）媒体关于官方所称的1 500条建议中约 67%赞成、6%反对的报道以及第 13 天（2009 年 8 月 31 日）媒体关于教育部将把 44 个汉字调整意见上报国务院拍板的报道，引发了再次的网上讨论，是使舆情发展变化曲线出现波动的原因。（3）两条曲线第 1、2 天在总关注度上的数量差异是由样本的差异造成的，但其形状相同，表明微小的样本差异不影响曲线的基本形状。（4）两条曲线最大的不同在于图 3-11 中曲线自第 4 天开始的整体稳步下降形状和图 3-12 中曲线在第 5 天出现的异常“反弹”情况。造成这一差异的原因主要是第 2 份数据表中门户网站“新浪”在当天“国内新闻”

和“新闻中心”两个版面刊发了两条相关新闻，由于对门户网站新闻报道的加权值极大，导致曲线出现了异常波动。这说明关键信息对曲线的影响较大。

针对上述讨论，我们将自动测量实验 1 的两份数据合并，并据此再次绘制该事件的舆情发展变化图。为了直观比较，将图 3–11 和图 3–12 曲线（分别标记为“实验 1–1”“实验 1–2”）也放置其中，如图 3–13 所示。

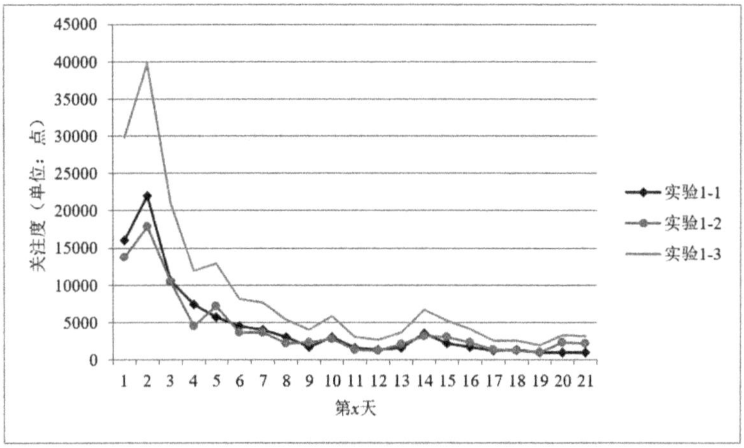

图 3–13 “44 个汉字调整写法”事件的舆情发展变化比较图

相对而言，图 3–13 中合并后的数据曲线（标记为“实验 1–3”）在舆情的整体发展变化趋势上具有更好的描绘效果，客观反映了该事件舆情的整体态势，减弱了“实验 1–2”曲线异常波动情形，具有良好的效果。这说明，扩大样本能更真实地描绘语言文字舆情的发展变化。

以上我们基于关注度考察了语言文字舆情自动测量方法的整体情况，下面再讨论其他舆情指标。根据 3. 4. 2 节的论述以及 3. 4. 4 的方法，基于关注度，可以量化峰点、衰落点、终点和时间跨度。表 3–6 是量化结果。

表 3-6 自动测量实验 1 的测量指标量化结果

测量指标 \ 数据份次	第 1 份数据（点）	第 2 份数据（点）	第 1、2 份数据的合并数据（点）
峰点	21938（2）[①]	17801（2）	39739（2）
衰落点	10593（4）	4532（4）	11908（4）
终点	962（21）[②]	2162（21）	3124（21）
时间跨度	21 天	21 天	21 天

从表 3-6 中可以看出，3 份实验数据所计算出来的舆情峰点、衰落点、终点和时间跨度相同，证实了各测量指标具有一定的适用性，且能基本满足当前语言文字舆情测量的要求；各测量指标所显示的舆情状况基本符合我们所观察和体验的实际结果，证实了它们的有效性；各测量指标获取简单，计算方便，均基于关注度得出且有量化的计算公式，彼此之间具有关联，充分说明了它们的可用性。

自动测量实验 2 的步骤与上述实验 1 所描述的相同，不赘述。由“央视屏蔽外语缩略词”事件的舆情汇总数据[③]可得它的舆情发展变化图，如图 3-14 所示。

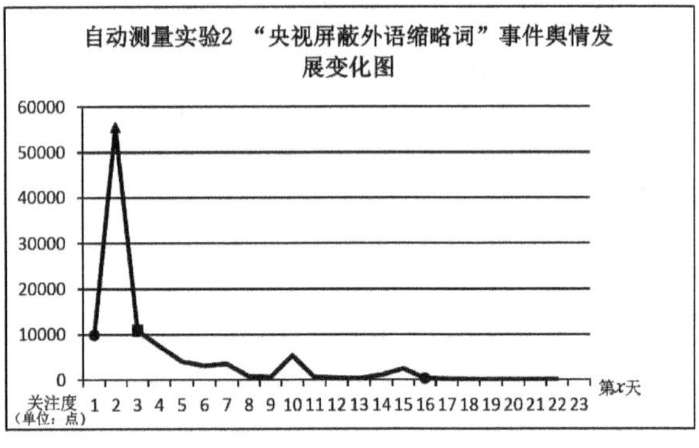

图 3-14 “央视屏蔽外语缩略词”事件的舆情发展变化图

同时也可以计算出以下测量指标：峰点（55542 点，第 2 天），衰落点

① 括号内数字表示天数。

② 由于实验所考察的时间范围为 21 天，故即使当天的关注度远大于计算得到的终点所在天数的关注度，也取这天作为终点。

③ 实验考察的时间范围为 23 天，自 2010 年 4 月 6 日至 2010 年 4 月 28 日。

（10940 点，第 3 天），终点（253 点，第 16 天），时间跨度（16 天），如图 3–14 中所标记。

从图 3–14 中舆情发展变化曲线显示：（1）“央视屏蔽外语缩略词”事件在前 3 天发生了急剧的对称性“震荡”：关注度在第 2 天迅猛增长，而第 3 天就显著减弱，出现衰落。（2）自衰落点开始，舆情发展为整体性的消退趋势，直至终点。（3）曲线在第 10 天（2010 年 4 月 15 日）出现首次较大“反弹”，原因是媒体关于国家新闻出版广电总局号召向央视看齐“屏蔽缩略词”系误读的报道，在第 15 天（2010 年 4 月 20 日）出现第二次较小的波动，主要是对央视主持人不习惯不能说英文缩略词的零星新闻造成的。曲线的描述与我们所经历和体会的情形完全一致。由此看来，实验 2 证实了本节提出的语言文字舆情自动测量方法是科学有效的。

综合上述两个实验的结论，我们认为，在现有的技术水平下，只要掌握了语言文字舆情的特点和规律，拥有合适的语言文字舆情信息源，完全可以自动地进行语言文字舆情的测量，而我们提出的测量指标以及基于关注度的测量指标量化方法，符合语言文字舆情实际的发展变化规律，能够为舆情自动分析获取真实有效的数据。

3.5 语言文字舆情自动分析方法

语言文字舆情自动分析接收预处理后的新闻报道、倾向性分析结果和自动测量结果三部分的内容作为输入，综合利用各种自然语言处理技术和数理统计方法，对语言文字舆情进行内容和数据的深度分析，形成符合某种要求或规范的分析报告作为输出，以备报送。语言文字舆情自动分析是一个模糊的概念，分析什么，分析到什么程度，都要根据监测的目的来决定。在当前的时代背景下，根据语言监测的需要以及我们对语言文字舆情的理解，认为语言文字舆情自动分析应该是多层次、立体化的，层次之间不存在依赖关系，但在对舆情的分析深度上具有差异性。我们将语言文字舆情自动分析分成三个层次：第一层次的分析是舆情事件摘要，第二层次的分析是舆情概况分析，第三层次是舆情态势分析。

3.5.1　第一层次的分析：舆情事件摘要

语言文字舆情事件摘要是第一层次的分析，在舆情分析深度上属于较低水平，其目的是为了让人在较短的时间内了解语言文字舆情事件的概况。从严格意义上说，事件本身不能归入舆情的范畴，但由于事件是导致舆情产生的最直接的因素，了解和掌握舆情需要事件作为背景知识来支撑，因而从这一点上说，二者又往往是缺一不可的。

一般来说，语言文字舆情事件摘要中应包含下列五个方面的内容：

（1）时间信息。包括事件发生的开始时间和结束时间。

（2）人物信息。即事件中涉及的主要人物或机构。

（3）地点信息。即事件发生的场所。

（4）过程信息。即对事件本身发生、发展到结束的描述。

（5）媒体信息。包括报道该事件媒体的名称、数量等。

舆情事件摘要涉及的主要技术是多文档自动文摘，这是一项“将同一主题下的多个文本描述的主要的信息按压缩比提炼为一个文本的自然语言处理技术”（秦兵，2005）。由于语言文字舆情事件大多相对简单，所需摘要的内容也比较固定，可以考虑通过人工建立模板，采用基于句子抽取的研究路线完成模板填充的方法实现。

3.5.2　第二层次的分析：舆情概况分析

语言文字舆情概况分析是第二层次的分析，在舆情分析深度上属于中等水平，它对舆情的时间分布、空间分布及观点分布等情况做统计分析，并以适当的方式呈现出来，其目的是让人迅速了解和掌握语言文字舆情的全貌和主要信息。

对舆情概况的描述主要包括：

（1）时间分布。时间分布信息直接利用自动测量中的起点、终点和时间跨度三项指标加以描述。

（2）空间分布。空间分布信息是指观点持有者在互联网上的虚拟位置分布状况和在真实世界中的物理位置分布状况。虚拟位置以网站为单位计数，可以按照关注度大小进行排序，物理位置以大地区（如华北、华南）或者省份为单位计数，数据主要来源于新闻评论和论坛跟帖中观点持有者的 IP 地址。

（3）观点分布。观点分布信息可以以多种方式来刻画。一种方式是把观点分成对舆情事件的支持、反对、中立和其他观点四类，然后分别给出每类所占的百分比。另一种方式是把群体的共同观点呈现出来，可以根据实际情况按照主导舆论①、分支舆论②、次舆论③、微舆论④（董原，2006）等分别进行分析，并给出相应数据。在条件允许的情况下，也可以考虑将上述两种方式融合在一起。

舆情概况中可以涵盖更多的内容，比如观点持有者的年龄分布、学历层次、职业情况、地域分布、男女比例等，再比如意见领袖的一些相关信息，舆情形成过程中各阶段的状态描述等，可以根据具体情况进行取舍。一般而言，舆情概况中所含信息越多，对舆情的把握就会越全面，也就具有更大的参考和决策价值。

（4）其他参考信息。有的网站对某些语言文字舆情事件会进行网络调查统计⑤，这种调查通常附于新闻报道之后⑥，调查内容简单，仅调查了解民众的基本态度，如“支持”“反对”“无所谓”，网民既可以参与投票，也可以查看调查结果。这类网络调查结果也是舆情面貌的一个方面，可以将性质相同的统计结果合并在一起，作为参考信息。

3.5.3 第三层次的分析：舆情态势分析

语言文字舆情态势分析是第三层次的分析，在舆情分析深度上属于较高

---

① 主导舆论是指在一定范围内有 70%以上的民众所坚持的共同观点。

② 分支舆论是指同时存在的几种有相当数量的民众赞成的一致观点。

③ 次舆论是指在某些局部地区有多数人坚持但并不具有全局性的意见。

④ 微舆论是指小社会环境下的群体舆论，舆论主体只是很少一部分人。

⑤ 如 http://survey.news.sina.com.cn/result/36666.html，检索日期为 2009 年 9 月 30 日。

⑥ 如 http://news.sina.com.cn/c/2009-08-19/002518461775.shtml，检索日期为 2009 年 9 月 30 日。

水平，它通过对舆情关注度、舆情热点度、舆情强度、观点稳定度、观点强度的分析，使人在知晓当前舆情态势的基础上，能对未来舆情的走势有所预测，为做出恰当的应对措施提供全面而准确的信息。

舆情态势分析一般包含五个方面的分析：

（1）舆情关注度分析。关注度信息经由自动测量获得，表示舆情事件受关注的程度。我们把关注度分为媒体关注度和用户关注度，采用用户浏览数量和用户评议数量的加权和来衡量舆情事件的关注度，与其他很多仅采用主题相关网页数的衡量方法相比，更针对舆论本身，更强调舆情主体的参与性。

（2）舆情热点度分析。热点即在某一时间段内相对更加被关注或集中关注的舆情事件，用关注度对其进行衡量。但是，一个舆情事件是不是热点，不是纯粹由其本身的关注度决定的，而是要将同一时间段内所有舆情事件的关注度进行比较，按照关注度大小排序后，根据设定的阈值来决定。可见，热点是相对的位次，而非绝对的数值。

热点度则是一个舆情事件关注度与同一时间段内所有热点舆情事件关注度综合的比值。设某一时间段内有 n 个舆情热点事件 E_1，E_2，…，E_n，它们的关注度分别为 FD（E_1），FD（E_1），…，FD（E_n），则舆情事件 E_i 的热点度 H（E_i）由公式计算而得：

$$H(E_i)=\frac{\mathrm{FD}(E_i)}{\Sigma_1^n\mathrm{FD}(E_n)}\times 100\% \qquad (3-5)$$

（3）舆情强度分析。强度表示舆情事件在发展过程中影响民众时势头的大小。有的舆情事件一发生就“来势汹汹”，有的则如“微风拂面”；有的舆情事件虽然表面结束了，但民众仍记忆犹新，有的则很容易被淡忘。这种势头的大小我们就用强度来描述。强度分析是需要进一步研究的问题。

（4）观点稳定度分析。观点稳定度是指某一类观点在舆情发展过程中在稳定性上的程度，即该类观点是否在稳定地增长，是否出现了大起大落的状况，其积聚、发展过程是否符合常规性的规律，如果出现异常，是否是人为操作的结果等。观点稳定度分析是对各种观点做“健康”检查，以此确认对各类观点的置信度。

（5）观点强度分析。观点强度表示某一类观点在舆情中所具有的影响力大小。在第二层次的舆情概况分析中，就观点的分布进行了统计描写。但这些数据仅仅根据倾向性分析的结果得来，并没有考虑以下这些现实情况：第一，相当一部分民众发表网络评论时随意性大，往往并非深思熟虑的结果；第二，很多民众发表网络评论时容易受到占主导地位的观点的影响，导致自己真实想法的迷失；第三，许多民众在互联网的虚拟世界里，对于语言文字领域的舆情事件带有否定的倾向。因此，有必要对观点分布数据进行重新评估和修正，以反映真实的舆情状况。观点强度分析就是用以重新评估某类观点影响力的。观点稳定度分析和观点强度分析也都是需要进一步研究的问题。

3.6 小结

本章从语言文字舆情的概念入手，在讨论了其基本要素、特点、形成规律等基本问题的基础上，依据舆情信息工作的一般流程，建立了一个包括自动汇集模块、自动测量分析模块和自动报送模块在内的语言文字舆情自动监测系统模型，初步分析了语言文字舆情的自动汇集、自动测量和自动分析基本方法以及它们之间如何运作和相互协调等问题。对于基本方法的研究，既有宏观的、整体性的探索，又有微观的、具体化的讨论。初步的实验结果表明，所提出的自动汇集和自动测量方法科学有效，基本可行。

语言文字舆情自动监测的基本方法为语言文字舆情自动监测系统的实现做了整体性的规划，理顺了内部模块间的关系，具有指导性作用。当然，无论是汇集还是测量，都不是最终的目标。自动测量的结果还只是自动分析的输入数据之一，同样作为输入数据的还有语言文字舆情信息的倾向性分析结果。文本倾向性分析是面向语言文字舆情自动监测的一项关键技术，它对于实现监测的自动化、保证自动分析结果的准确性具有重要的意义。从下一章开始，我们将详细探讨这一问题。

第4章　面向倾向性分析的汉语主观性表达探析

我们生活的世界复杂而多样。作为个体，我们对世界的认识总是极其有限的。这种认识上的有限性一方面限制了我们的想象力，另一方面也影响着我们的决策力。在信息时代之前，人们在个人事务上的决策往往依赖于有经验的家人、朋友或同事等“面授机宜”：装修新房之前，人们常常会先参观参观别人已经装修好的房子，问问各种装修风格的利弊，不同装修公司的口碑，各类建材和设备的优劣以及施工过程中要注意的种种细节；想购买家用轿车时，人们更乐意听取他人对各类品牌车辆的评价，包括质量、油耗、操控性、售后维修、保值率等；填报高考志愿时，考生和家长也会多方咨询，就大学和专业情况、职业规划和发展趋势征求专业人士的意见。进入信息时代以后，当经验分享、意见表达、商品评论等行为愈发成为一种自发性或鼓励性的网络活动时，获取和阅读由此产生的主观性信息成为我们了解相关事物的重要途径，并进一步影响着我们的最终决定，其本质与此前人们进行面对面的意见咨询是相同的。可见，长久以来，他人的想法对我们而言至关重要。

人们通过语言表达自己的思想。语言一方面是生物进化的产物，另一方面也是人类出于现实需要而产生的结果，如沟通交流和文化传承。作为符号系统的语言既是人类最重要的交际工具，又是最重要的思维工具，语言的工具性价值得到了人们的广泛认可与普遍使用。作为信息载体的语言还是一种资源，具有保护、开发、利用的价值。语言存在于言语之中，存在于使用之中，又受到言语社团所在的社会环境的制约，产生演变和分化，不同语言之间还会发生接触。语言是如此具有多重属性的一个事物，人们通过语言认识客观世界，也通过语言表达自我。

语言具有主观性，或者说，主观性是语言的一种基本属性。语言是人们思维活动的结果，是客观现象在人们大脑中的反映，既有主观性，也有客观性。语言的主观性借助一定的语言手段、通过一定的语言形式得以实现，由此形成话语中的主观性表达，用以传递说话人的自我判断、感受、评价、意愿等主观性信息。长期以来，由于受实证主义的影响，现代语言学淡化甚至忽视了语言中的主观现象，强调语言的所指意义，而对话语中的非命题内容有些视而不见，居于主导地位的结构主义和形式主义也都将语言视为表达命题的工具。直到近三十年，语言表达中所包含的主观性内容才逐渐受到学界越来越多的关注，语言的主观性也因此成为语言学研究中的核心内容之一。

语义倾向是语言主观性的一个类别。语言主观性是一个庞杂的多维体系，仅就其所包含的类别而言，可以划分出情绪、情感、认知、信念、意愿、感受、猜测、预期、倾向、态度、立场、意见、观点等，这个集合不但不易穷尽，而且相互之间还可能存在交叉重合。这是由主观性这一概念的特点所决定的。语义倾向是语言主观性类别维度中的一个，指一种对人、物、事件、现象等的赞成或反对、褒扬或贬抑、肯定或否定、积极或消极的态度、立场和观点。通常，语义倾向分为正面、负面和中性三个子类，其中正面倾向对应赞成、褒扬、肯定和积极的语义，负面倾向指向反对、贬抑、否定和消极的语义，中性倾向则往往表示既不含正面又不含负面倾向的情况。如果语言中的全部主观性信息近似地等同于“他人的想法”，那么语义倾向体现的则是作为整体的“他人的想法”中可以分立为正面、负面和中性三类的那部分主观性信息。现实场景中的诸多应用，如民意调查、舆情监测、网络评论分析等，通常不需要掌握所有的主观性信息，语义倾向研究因而成为获取文本主观性信息一个侧面或部分内容的一种重要的切入方式。

前文述及，主观性是语言的基本属性之一，语言具有主观性的性质使人们可以对不同语言展开与主观性问题有关的各种研究，也为语义倾向分析提供了可能。本书的研究聚焦于汉语的主观性表达和语义倾向分析等问题。

语言的主观性总是借助一定的语言手段、通过一定的语言形式得以实现。书面语交际中主要依靠以文字形式存在的各种语言形式来传递主观性信息，口语交际中则可以借助更多的其他因素，其中语音以及一些非语言的形式如面部表情、肢体动作等较为常见。在本书中，称语言中一切能表达语言使用者主观性的形式为主观性表达。由于我们仅研究文本形式的语言材料，因此，主观性表达中的语音和非语言因素不在本书的研究范围之内。主观性表达是文本语义倾向分析的关键研究对象，对主观性表达的归纳、描写和统计研究是语义倾向分析的前提条件和基础工作，也决定着语义倾向分析结果的好坏。

汉语主观性表达的手段多种多样，形式林林总总。然而，就已有为数不多的典型相关研究（张宝胜，2003；杨万兵，2005；罗耀华，2008；赵询思，2008；何小静，2009；刘瑾，2009；沈家煊，2009；邓川林，2010；乐耀，2010；刘春光，2012；王聪，2013；董秀芳，2016）来看，主要讨论的是某些词或者某类词的主观性问题，尚未见到对汉语主观性表达的系统性的研究；另一方面，目前多数语义倾向分析研究要么根本不对这一问题进行探讨，要么即便是有所涉及，也仅仅局限于泛泛而谈，这对于语义倾向分析的研究深度和结果的正确率都有很大的影响。因此，为汉语语义倾向分析研究的不断深入考虑，有必要对其主观性表达的基本面貌进行描写和分析。

语言具有主观性，这是进行语义倾向分析的客观依据，也是实现语义倾向分析的现实基础。在此基础上，本章首先尝试将汉语主观性表达置于一个统一的框架之下，建立起一个汉语主观性描述体系，然后对这个体系的各个维度进行逐一详细论述，最后基于汉语语义倾向标注语料库对汉语主观性表达的形式和文体差异进行统计上的考察。出于研究的实际需要，我们对汉语主观性表达的研究是概貌式的，侧重于对其进行整体的、全局性的掌握，而不特别专注于个别问题的分析。

4.1 语言主观性描述体系的整体框架

主观性表达是说话人借助语言形式对个人立场、观点、态度、情感等主观性信息的自我表达，与之相对的是客观性表达。任何语言中都既存在客观叙述、说明、描写事物的客观性表达，又有传达说话人对事物的判断、感受、评价、意愿等因素的主观性表达。本节概述面向倾向性分析的汉语主观性描述体系。

描述语言中的主观性现象和问题是一项复杂的工作，因为“人”的因素的存在。我们认为，对语言主观性的描述应该是立体的、多维的，宜从不同角度进行刻画；不但要考虑语言本身的因素，而且要紧紧围绕“人”的因素来进行，这既是出发点，也是目的。此外，语言主观性涉及形式、意义和功能三个方面的内容，其描述体系应在这些方面均得到充分有效的体现。

从组成元素的数量看，汉语主观性表达是一个无限集，集合中的元素是汉语中能表达主观性的语言形式（或称“汉语主观性表达形式”）。从组成元素的性质及其内部构成和相互关系看，汉语主观性表达是一个六维空间，其所包含的六个不同维度分别为类别维度、程度维度、形式维度、成分维度、关联维度和模式维度。这里的“维度”，既是一个数学的概念，表示参数的数目，也是一个物理的概念，表示空间的数量，还是一种视角，是判断、说明、评价和确定一个事物的多方位、多角度、多层次的条件和概念。直观地看，也可以把汉语主观性表达的六个维度理解为它的六种属性：它们是相互独立的，每一种属性都反映了汉语主观性表达的一类性质；对于所描述的事物来说，它们又是缺一不可的，任何一个具体的语言形式，只有在六种属性中确定一个对应的“值”，才可以将其确定为汉语主观性表达集合中的一个元素。对于汉语主观性表达，六个维度中的类别、程度、形式、成分维度刻画其性质，关联、模式维度阐释它的行为。

下面给出汉语主观性表达的形式化定义。

定义 1：汉语主观性表达 CSE 是一个无限集，CSE = $\{cse_1, cse_2, \cdots, cse_n, cse_{n+1}, \cdots\}$，其中，$cse_n$是一个具体的主观性表达形式。

定义 2：汉语主观性表达 CSE 是一个六维空间，记作 CSE $\{D_t, D_i, D_e, D_c, D_f, D_p\}$，其中，$D_t$为类别维度，$D_i$为程度维度，$D_e$为形式维度，$D_c$为成分维度，$D_f$为关联维度，$D_p$为模式维度。

从定义中可知汉语主观性表达的三条重要性质：

性质 1：主观性是汉语主观性表达的核心。

由此，研究汉语主观性表达要以主观性为中心，把握汉语主观性表达是进行倾向性分析的基础。

性质 2：汉语主观性表达形式是无限的。

尽管如此，我们仍可以通过收集有限的表达形式、使用各种方式和手段来考察数量无限的汉语主观性表达形式，对其进行归类和总结。

性质 3：类别、程度、形式、成分四个维度描述汉语主观性表达的静态属性——性质，关联和模式两个维度描述其动态属性——行为。

这个性质说明，前四个维度是后两个维度的基础，它决定着汉语主观性表达具有什么样的功能；后两个维度是前四个维度的应用，它体现着汉语主观性表达所具有的功能。

这样，我们就把汉语主观性表达置于一个统一的框架之下，建立了一个面向倾向性分析的汉语主观性表达描述体系（如图 4-1 和图 4-8 所示），用以描述说话人如何表达个人的主观性。下面对该体系的各个维度逐一进行详细阐释。

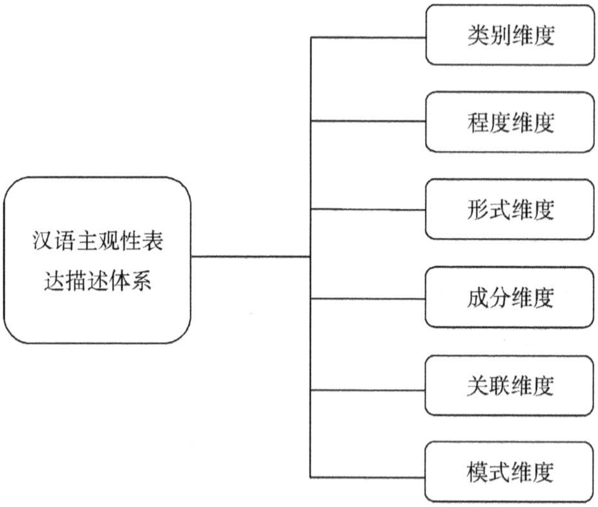

图 4-1　汉语主观性表达描述体系框架图

4.2 汉语主观性表达的类别维度

汉语主观性表达的类别是指一个具体的语言形式所表达的主观性的种类。关于语言主观性的分类问题，学界多从“视角”“情感”和“认识”三方面加以分析（刘瑾，2009），认为“视角”就是说话人对客观情状的观察角度，或是对客观情状加以叙说的出发点；“情感”指说话人言语时，在描写客观事物或陈述客观事实时，同时也在表达自己的情感、态度和立场；“认识”即为说话人的主观认识（Finnegan，1995；沈家煊，2001）。从倾向性分析的角度看，这种分法略显粗糙，也不符合研究的实际需要。首先，“情感”涉及的范围太广，与日常人们所理解的狭义的情感概念差别较大。因此，将这里的“情感”细分为“主观情感”（取狭义）和“主观倾向”（包括态度、立场、观点等）。其次，“视角”主要研究的是看说话人如何出于表达的需要，从一定的视角出发来识解（construe）一个客观情景（刘瑾，2009）。而倾向性分析所关心的是谁持有怎样的主观性，不论说话人是从哪个角度来识解的。因此将我们忽略“视角”这个类别。再次，对于“认识”的论述比较笼统，细颗粒度的倾向性分析需要对其进行细化。我们根据可能的应用需要将其划分为主观推测、主观认知、主观意愿和主观预期。出于上述考虑，将汉语主观性表达的类别分为六种：主观情感、主观倾向、主观推测、主观认知、主观意愿和主观预期。本书在倾向性分析的研究中主要用到其中的主观情感和主观倾向两类，其余四类则较少涉及。下面一一进行说明。

4.2.1 主观情感

“情感”是一个心理学上的概念，是人对客观事物是否满足自己的需要而产生的心理体验，但心理学界对情感的划分至今没有一个公认的标准。在西方的研究中，基本情感的分类在 4～8 种之间，影响较大的分法一般分成“快乐（happiness）”“悲伤（sadness）”“恐惧（fear）”“憎恶（disgust）”“愤怒（anger）”和“惊讶（surprise）”六种。对于汉语的情感系统，许小颖

(2003) 把汉语的基本情感类型分为“好（爱，敬）、恶、喜（乐）、怒、哀、惧、欲”等7类，又将情感词汇划分为基于心理感受和基于表现力的两大类，其中基于心理感受的词汇又细化为24类：喜，乐；爱；愁，闷；悲；慌；敬；激动；羞，疚；烦；急；傲；吃惊；怒；失望；安心；恨；嫉；蔑视；悔；委屈；谅；信；疑；其他。基于表现力的词汇又细化为态度词、品性词、声音词和其他。徐琳宏（2008）在此基础上构造了汉语情感词汇的本体，将情感分为七大类，在每个大类内按照情感强度和复杂度的区别细化情感大类，最终分为20个小类。我们采用徐琳宏的划分体系，同时也认为，这个体系不但适用于词汇，也适用于高于词汇的各个语言层级。主观情感的体系结构见表4-1。

表4-1　汉语主观情感的体系结构

编号	主观情感大类	主观情感小类	例词
1	乐	快乐	喜悦、欢天喜地
2		安心	踏实、问心无愧
3	好	尊敬	恭敬、肃然起敬
4		赞扬	英俊、通情达理
5		相信	信任、毋庸置疑
6		喜爱	倾慕、爱不释手
7	怒	愤怒	气愤、七窍生烟
8	哀	悲伤	忧伤、伤痛欲绝
9		失望	憾事、心灰意冷
10		疚	内疚、问心有愧
11		思	相思、朝思暮想
12	惧	慌	慌张、手忙脚乱
13		恐惧	胆怯、胆战心惊
14		羞	害羞、无地自容
15	恶	烦闷	憋闷、心烦意乱
16		憎恶	反感、深恶痛绝
17		贬责	呆板、杂乱无章
18		妒忌	眼红、嫉贤妒能
19		怀疑	多心、疑神疑鬼
20	惊	惊奇	奇怪、瞠目结舌

一般地，主观情感的各个类别可以词汇为形式标记进行区分（参见5.1

节)。下面为每一小类给出一个对应的例句。

(1) 今天，参加庆祝北京大学建校一百周年的隆重集会，我感到十分高兴。[①] (快乐)

(2) 对于此次救助，王风华说："我只帮了人家一次，不值得一提，只是觉得自己去做了，心里就踏实了"。(安心)

(3) 守旧老人把漫游者抬到集市区，人们毕恭毕敬地站在周围，鸦雀无声。(尊敬)

(4) 赵州桥非常雄伟，全长50.82米，两端宽9.6米，中部略窄，宽9米。桥的设计完全合乎科学原理，施工技术更是巧妙绝伦。(赞扬)

(5) 可是，在孩子们心目中，他们坚信知春鸟一定会飞来的，就像坚信春天一定降临。(相信)

(6) 他私人的办公室里，满房间都堆满了样品，许多台湾来的产品，令人看了爱不释手。(喜爱)

(7) 我们楼里有个小伙子，为一点事，打了小姑娘一个嘴巴。我们都很生气，怎么可以打一个女孩子呢！(愤怒)

(8) 看看这些胡同的照片，不禁使人产生怀旧情绪，甚至有些伤感。(悲伤)

(9) 我甚而对这趟夜行有些失望，毕竟这是我有生以来第一次深夜里穿过群山和幽谷，可是它什么也没有发生，简单平淡得一如那晚并不朦胧的月光。(失望)

(10) 他觉得自己已经对不起她了，如果再把她扯进去，拿她来洗刷自己，就更过意不去。(疚)

(11) "三年没有消息，想死你了，都不来信。"(思)

(12) 她一紧张，竟结舌起来。(慌)

(13) 正在徘徊无望的时候，突然从天空中落下一头被宰的牲畜，我环顾

---

① 本章例句大都出自自建的现代汉语语料库，共1 429个文件，约113 146 815字。主要为现当代作家文学作品，也包含其他文艺作品。还有部分例句出自自建的网络评论语料库，约20万字。出于篇幅考虑，例句均不注明出处。

四周，仍不见一个人影，顿时吓得毛骨悚然。(恐惧)

(14) 秋芳戏问民治："听说那时候你想逃婚，当真么?"民治脸红了，忸怩地说："说它干什么，那也是傻念头。"(羞)

(15) 今日，隐藏在欺瞒之后的暴行，正威胁着全世界，造成空前烦闷的气氛。(烦闷)

(16)"我从来没见过这种没管教的孩子。"鸿渐道："我也真讨厌他们，好在将来不会一起住。"(憎恶)

(17) 缪拉的失误使拿破仑火冒三丈，他大骂缪拉是个疯子，为了个人虚荣而影响国家大事。(贬责)

(18) 瞧，已出的两窑青砖，约摸一万多块，齐齐整整码在土场边上，像两堵蓝色的长墙。双水村的人面对孙家的这派兴旺景象，谁不眼红?(妒忌)

(19)"天鹅王达克拉竟然会差一只狐狸去送信给大雁，真是不可思议，我对这件事有点疑心。"阿卡尔心存疑虑地说道。(怀疑)

(20) 听见我说出这样的话来，荷西大吃一惊。(惊奇)

4.2.2 主观倾向

主观倾向是指对人、物、事件所持的赞成或反对、褒扬或贬抑、肯定或否定的态度、立场或观点。主观倾向要么是正面的（positive），要么是负面的（negative）；有的时候为了表示不偏不倚的态度，还可以取中立（neutral）值。可以说，取值的极端性是它的最大特点。

把情感和倾向区别开来，一个方面的原因是二者确有不同：情感是个人的心理体验，侧重于自我的内心感受，具有类别多样化的特点；倾向是针对具体外在事物的个人态度、立场或观点，具有取值极端性的特点。另一方面的原因是出于倾向性分析的具体需要。在有些倾向性分析场合下，人们只在乎观点的倾向，不关心情感的问题，这时就需要对它们做明确的区分。因而，从严格意义上说，应把主观情感和主观倾向看作是两个不同的类别。

同样，从分类的视角看，假定令汉语主观性表达集合 CSE 的六个类别按本节所述顺序分别为子集 D_{t1}，D_{t2}，……，D_{t6}，则：

$D_{tn} \cap D_{tm} = \phi$，$1 \leqslant n \leqslant 6$，$1 \leqslant m \leqslant 6$，$n \neq m$，且 $D_{t1} \cup D_{t2} \cup \cdots \cup D_{t6} = CSE$。

只有这样，才能保证分类是按照统一标准、在同一个层次上进行的。由此，主观情感和主观倾向两个子集要符合公式 $D_{t1} \cap D_{t2} = \phi$ 才行。称此时的 D_{t2} 为狭义的主观倾向集合（或称类别）。

然而，本书在后续的研究中，实际上是把主观倾向当作一个高于主观情感的类别来处理的，这时的主观倾向就成了一个特殊的类别。例如，在处理句子级的倾向性问题时，我们把主观情感的小类看作三类主观倾向来处理，将“快乐、安心、尊敬、赞扬、喜爱”归为正面倾向，“愤怒、悲伤、失望、疚、慌、恐惧、烦闷、憎恶、贬责、妒忌”归为负面倾向，“相信、思、羞、怀疑、惊奇”归为中立倾向。此时，$D_{t1} \cap D_{t2} \neq \phi$ 但 $D_{t1} \cup D_{t2} \cup \cdots \cup D_{t6} = CSE$，即主观倾向集与主观情感集产生了非空交集。称此时的 D_{t2} 为广义的主观倾向集合。这种情况下的主观倾向类别与其他类别不再是按统一标准划分的，也不再在同一层次上，而具有了相互包含的关系。

在某些其他场合，还有一种可能的情形是，进行主观情感分析后还需要进一步分析各种情感的倾向性，就会把主观情感当作一个高于主观倾向的类别来处理，也导致本书这种分类标准的不统一。鉴于此，尽管我们认为，有必要对狭义和广义的主观倾向作区分并看作两个不同的概念，在划分汉语主观性表达的类别时使用狭义的概念，以保证分类的科学性，但出于倾向性分析实际需要的考虑，在此后的论述中，均取广义的概念。

以下是几个主观倾向类别的例子。

(21) 对于各种名正言顺的奖励，被奖励者应该理直气壮地去拿，特别是类似科技大奖这种奖励。(正面倾向)

(22) 但无论怎么说，任志强的出现是对商业猥琐人格的反击，自有其廓清市场的功用。(正面倾向)

(23) 湖北宜昌夷陵区交通局近百人为“问题”官员送行的做法，比通常意义上的大操大办更为恶劣。(负面倾向)

(24) 这样的榜单，似乎并不是出于对文学和文学家的关怀，而是用市场逻辑和商业标准，对文学进行的一次骚扰，一次“削足适履”的图谋。(负面

倾向）

（25）标致307和大众Polo这两款车总体性能都不错，各有优缺点，难分高下。（中立倾向）

主观倾向在形式上有一些典型的标记，如“支持、同意、赞同、力挺、认可”，“反对、批判、否认、抵制、声讨”等，但此类标记数量不多，更多的则是与主观情感在交集上的那些非典型的标记。

4.2.3 主观推测

“主观推测”是指说话者对句子表达的命题是否成真做出的确定性上的主观判断（刘亮，2009）。主观推测的取值要么为真（True），要么为假（False），其具体值则要依据语境来确定。例如：

（26）天气这么闷，一定是要下大雨了。

（27）我就伏在那自缚的口袋嘴处认真地喊了一声：“老赵。”他还装着玩儿。我敢打赌他没睡着。我进来时还看见他脚动呢。

汉语主观推测的表达手段分有标形式和无标形式两类，典型的有标形式又主要有推测动词“觉得、认为、猜想”等，情态动词“能、会、应该”等，推测副词“必、定、准”等，表推测的独立语“按理说、看来”等以及一些复句句式（刘亮，2009）。

4.2.4 主观认知

“主观认知”指说话人从个人经验出发对事物进行的主观认识活动。主观认知通常也有“真”和“假”的取值，其判断的标准是人们公认的常识。例如：

（28）会叫的狗通常不咬人。

（29）当初我妈一直跟我说，门当户对很重要，贫贱夫妻百事哀。我听都不听……开头我不明白他为什么要这样，现在明白了，都是穷闹的，要不怎么说贫贱夫妻百事哀？

主观认知的典型标记有“知道、明白、理解、绝对、往往、通常、一般”等。

4.2.5 主观意愿

“主观意愿”是指语言形式在使用中所表示或蕴含的说话人的主观愿望或意向。主观意愿有积极意愿和消极意愿两种。例如：

(30) 她宁可自己苦一点、累一点，也绝不亏待了孩子。

(31) “打吧！只要你痛快。我倒希望你亲手杀死我，只要记住我对你的一片心。”

汉语中的能愿动词“想、要、愿意、肯、希望”等常用来表达意愿。此外，副词如“偏偏、宁可、宁肯、宁愿、还是”等也能表示主观意愿。这些都是主观意愿的典型形式标记。

4.2.6 主观预期

“主观预期”是指语言形式在使用时蕴含了说话者主观上的某种期待、意料或预测。根据事实是否与主观预期一致，分为一致预期和不一致预期。例如：

(32) 折腾了这么久，这家工厂果然倒闭了。

(33) 我原以为能在俄罗斯吃到煮得烫手的土豆、烤得酥焦的面包、焖得稀烂的小牛肉之类美食，没想到竟然吃了些这个。

主观预期的典型形式标记是一些副词，如“总算、终于、到底、偏偏、果然、竟然”等。

综合以上分析，汉语主观性表达的类别维度如图 4-2 所示。

主观性在语言中的表现是多方面的，将汉语主观性表达分为多个类别的思想，符合汉语在表达主观性时的实际情况。由此，汉语的一个主观性句子应该归属于六个类别中的一个，一个客观性句子则不能归入六类中的任何一个。此前的许多研究在进行主客观分类时，基本上把主观情感或主观倾向等同于主观性，没有考虑到其他类别的存在，不能不说是一个小小的遗憾。出于严谨，笔者在后文进行倾向性分析时将汉语的句子分为倾向性句子和非倾向性句子。

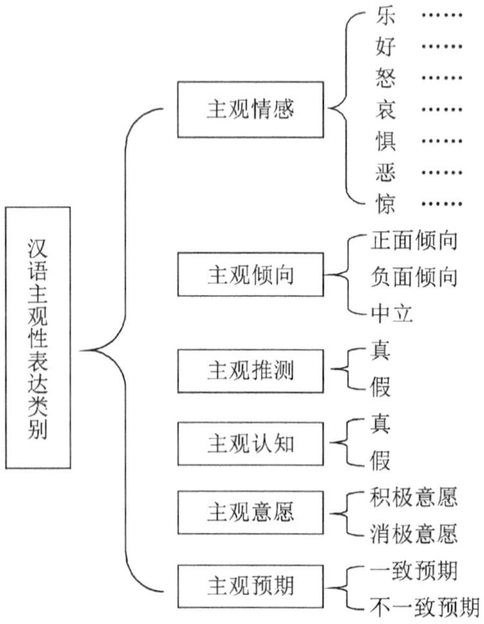

图 4-2　汉语主观性表达的类别维度

4.3　汉语主观性表达的程度维度

汉语主观性表达的程度是指示一个主观性表达形式在主观强度上所达到的量级，它是一种主观量，是语言的主观性在量范畴上的体现。根据不同的研究水平和研究需要，汉语主观性表达程度的表示方法（也有人称之为“强度等级”）不尽相同。我们通常所说的程度的“高、中、低”是一种［0，1］3 标度法，其刻画能力仍可以细分为 5 标度（极高、较高、中、较低、极低）、7 标度（极高、较高、稍高、中、稍低、较低、极低）等，如图 4-3 所示的是一个极其详细的［0，1］11 标度法。以“悲伤”为例，“非常悲伤、悲伤、些许悲伤”可以用 3 标度法表示，“极其悲伤、很悲伤、悲伤、比较悲伤、有点儿悲伤”适于用 5 标度法刻画。在实际的研究中，人们常常倾向于使用数值而不是等级对表达程度进行描述，如用［0，0.5）范围内的数值描述低级程度，用0.5描述中级程度，用（0.5，1］范围内的数值描述高级程度。对于主观倾向而言，比较适宜的表示法是采用［-1，1］3标度、5标度法等（如图4-4所示）。以“褒贬”为例，［-1，0）的取值区间表示“贬抑”，0表示“中立”，（0，1］的取值区间表示“褒扬”。

主观性表达程度适用于主观性表达的各个类别，它促使汉语主观性表达从定性分析的层次向定量分析的水平不断推进。主观性表达程度是一个具有极大伸缩性的概念，因此它几乎可以完美地胜任在理论和应用研究中刻画主观强度等级的需要。表达程度和表达类别是汉语主观性表达最重要的两个属性，它们描绘了主观性表达最基本的问题。

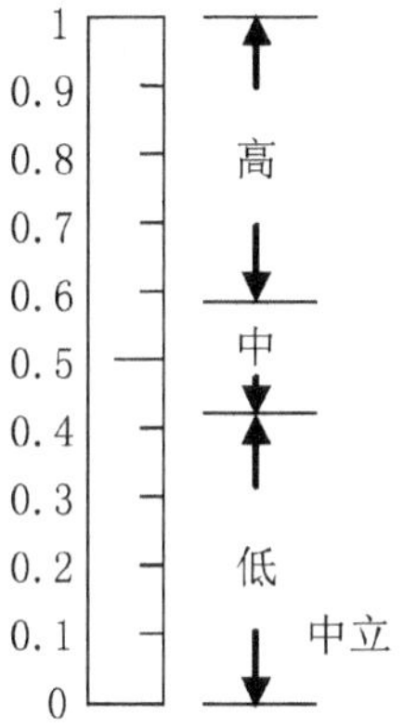

图4-3 主观倾向程度的［0，1］11标度法

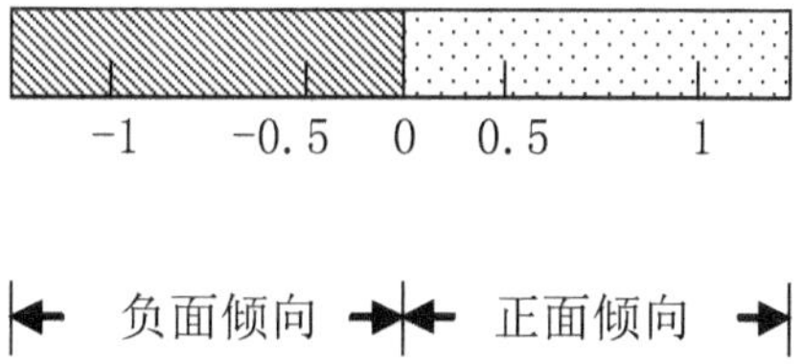

图4-4 主观倾向程度的［-1，1］9标度法

4.4 汉语主观性表达的形式维度

汉语主观性表达的形式即表达一个相对完整的主观性概念的语言形式，包括词、短语和句子。汉语主观性表达借助不同的语言手段表现出不同的语言形式。此前的一项尝试性的研究（赵询思，2008）表明，语音、词汇、语法和语用等语言手段均可以表达各种情感。显然，表达手段和表现形式并不存在一一对应的关系，有的表达手段体现为多种表现形式。在倾向性分析中，研究的对象是一个个具体的语言形式，因此，对这些语言形式的深入考察成

为一项重要的基础性工作。本节从词、短语和句子三个方面进行说明。

4.4.1 词形式的汉语主观性表达

词的主观性从本质上说是一种词的意义。词义的主体部分是对客观事物本质属性的揭示，这种揭示是人们主观认识的结果，因此在词义中，除客观性外，还存在着能反映出人们认知活动中的情感过程与倾向性等方面的主观性成分（邵敬敏，2001）。词义是多种因素的组合，一般地，除了与表达概念有关的理性义以外，还有附着于其上的色彩义。根据感情色彩划分出来的褒义词、贬义词和中性词体现的即是词的主观性。

词是表达主观性的最重要的形式。词的主观性通过词的色彩义传递，褒义词、贬义词、中性词分别传递了三种不同的感情色彩。词的主观性是词在漫长的发展演变过程中沉淀下来的，是语言使用者约定俗成的。称词的这种不依赖于语境的主观性为静态主观性。

词在使用中有其出现的语言环境，一般来说，不同的词出现的语境也不相同。语境对词的意义有很大的制约性：语境不但使词义单一化、具体化，而且还增加临时性的意义。称词的这种依赖于语境的主观性为动态主观性。

词是句中最小的能够独立运用的语言单位。词的这种性质决定了它所传递的主观性概念也是“最小”的，即这种主观性是独立而完整的，不可再分解。称这种独立、完整且不可再分解的主观性为原子主观性。任何一个词所表达的主观性都是原子主观性。

赵询思（2008）指出，词汇蕴涵情感的方式有两种：一种是词汇本身对情感或情绪的概括，是针对他人或事物的种种情绪状态，如“爱、恨、思、惊”；另一种是表现出感情、态度和评价，或者是指向事物的积极或消极情感因素，如“坚贞、臃肿、凶残”。我们对此不做区分。

汉语中能表达静态主观性的词类主要有形容词、名词和动词。

(1) 形容词形式的主观性表达。如：

勇敢、 忠诚、 慷慨、 雄伟

狂妄、 肮脏、 虚伪、 马虎

（2）名词形式的主观性表达。如：

英雄、 名著、 友情、 美味

走狗、 灾难、 小人、 悲剧

（3）动词形式的主观性表达。如：

解放、 康复、 安抚、 营救

巴结、 沉沦、 处死、 憎恨

此外，一部分副词也表达静态主观性。如：

按期、 秉公、 不愧、 竭诚

草草、 成心、 大肆、 贸然

词形式的汉语主观性表达式是表达主观性最常用、最重要的手段，在数量上占有绝对的优势，因而在倾向性分析中起着关键性的作用。虽然难以穷尽式地列举现代汉语中词形式的主观性表达式，但我们可以利用现有词典和语料库资源将常用的那些词遴选出来，对它们进行分类（主观性类别）、定性（褒贬）以及主观性程度的标注，作为基础资源供倾向性分析使用。

4.4.2 短语形式的汉语主观性表达

这里的短语形式的主观性表达，一般仅指表达原子主观性的短语，它们大多是熟语。熟语是语言中相沿习用的固定结构，现代汉语的熟语主要包括：成语、谚语、惯用语和歇后语。熟语一般总是作为语言的建筑材料来使用，与词一样具有结构的定型性、语义的融合性以及功能的整体性等特点（邵敬敏，2001）。熟语的数量也难以确定，就成语而言，《汉语成语源流大辞典》收录了5万多条成语，“以四字成语为主，亦兼收二、三字至十四字者”（刘洁修，2009），是目前收条较多的成语词典，而《新华成语词典》收录成语8 353条，但日常用到的可能大大少于这个数目。因此，倾向性分析用的熟语只考察常用的。

多数熟语带有明显的主观性倾向，这跟熟语的来源有很大的关系（邵敬敏，2001）。例如：

兴高采烈、 大刀阔斧、 文质彬彬、 安居乐业

黄粱美梦、 画蛇添足、 口蜜腹剑、 四面楚歌

三百六十行， 行行出状元

跑得了和尚跑不了庙

开绿灯、 吃定心丸

走后门、 穿小鞋

一日三笑， 不用吃药

狗拿耗子， 多管闲事

除熟语外，有的短语也能表达原子主观性。如：

有头脑、 绷着脸、 低姿态、 看不惯

有的短语虽然不表达原子主观性，但结合较紧密，使用较频繁，也可将其视为短语形式的主观性表达式。如：

非一般、 不像话、 不更事、 不客气

倾向性分析中对于短语形式的汉语主观性表达的处理，可以参考词形式主观性表达的处理办法，将部分常用的编入词典并进行一定的标注，作为基础资源供倾向性分析使用。

4.4.3 句子形式的汉语主观性表达

以句子（或小句）来表达主观性，通常采用句法和语用手段实现。本节以句类的选择和修辞手法的使用为例说明句子形式的汉语主观性表达。

句类是句子按照不同的语气功能划分出来的类型，其中感叹句是抒发强烈感情的句子。不论句中是否含有情感词语或是感叹词，感叹句都能表示浓厚的感情色彩。如：

（34）真是好酒！

（35）呸！

（36）爸爸回来了！

（37）明天就是星期六！

（38）别装了！

（39）为重逢干杯！

反问句也常常表示说话人的主观性。如：

（40）这人实诚不实诚还用得着说吗？

（41）他也算是个好警察？

（42）谁说我喜欢他？

（43）我要不上班全家不都得饿死？

比喻和反语是很常见的修辞手法。常用的比喻类型，如明喻和隐喻，通过超常搭配在语言形式上故意偏离一般的规则构造来达到实现特定表达价值的目的，其中很多就是为了表达主观性。就明喻而言，一部分明喻往往并非表达原子主观性。如：

（44）顾二姑娘离开了这个家，就像出了笼的雀子一样，她有了生气，她又年轻了，她才二十三岁。

（45）我们两国之间的关系，像黄金一样珍贵，像钻石一样坚强。

上述两例不但通过喻体“出了笼的雀子”“黄金”“钻石”表达了主观性，而且还通过喻解“生气”“珍贵”“坚强”对喻体做了解释，使得句子中含有多个主观性成分。

还有一些则是不含有喻解、表达原子主观性的明喻句。如：

（46）六十年前，在这儿的她，曾经是一位如花的少女。

（47）叶子出水很高，像亭亭的舞女的裙。

隐喻也具有相似的特点。如：

（48）战士的勇敢成了她心中永远抹不去的丰碑。

（49）祝福您，祖国母亲！

（50）青春是一团熊熊燃烧着的火焰。

（51）然而，石勒如果是猛虎，刘曜则只能算是一头猪。

修辞学在提及反语时，认为“反语一定带有强烈的感情色彩”“……常常是感情激发的结果”（谭永祥，1992），又由于反语故意使用与本来意思相反的词语或句子来表达本意，因而在表达主观性上，反语是值得关注的一类辞格。如：

（52）有几个“慈祥”的老板到菜场去收集一些菜叶，用盐一浸，这就是他们难得的佳肴。

(53) 他真是一个“廉洁”的表率！在任市长的短短两年间竟然就贪污了三千万元！

在较为正式的文体中，句子形式的主观性表达有时辅以感叹号、疑问号、省略号等标点来完成对主观性的表达，如例（35~43），非正式的文体中还会出现连续的标点甚至是独立的标点成句的极端情况，这些形式也是需要考虑的。至于某些特定场合下，如使用即时通信软件、手机短信等进行交流时，使用一些非文字的符号替代句子来表达主观性，由于这些符号不属于语言的范畴，超出了本书的研究范围，故不做讨论。

句子形式的汉语主观性表达远不止本节示例性地讨论所涉及的这几类，限于篇幅，本书不能一一说明。句子形式的主观性表达采用各种句法和语用手段，在主观性的形式和意义上表现出非常复杂的情况，从本节所示例句中，我们已经对这种复杂性有所了解。认识到这种复杂性，能加深我们对于汉语倾向性分析这个领域研究任务艰巨性的理解；对其中的重点、难点逐一进行研究和攻克，是汉语倾向性分析必须认真对待的问题。

4.5　汉语主观性表达的成分维度

汉语主观性表达的成分是组成一个完整的汉语主观性表达形式的各种因素，通常有提示表达成分、修饰表达成分和核心表达成分。所谓的“一个完整的汉语主观性表达形式”，是说三个组成成分同时出现在一个相同的语言环境中且具有相互联系的紧密的句法语义关系。其中，核心表达成分是必须出现的，其他两个成分可以不出现。汉语中既有完整的主观性表达形式，也有不完整的主观性表达形式。从语法上看，一个完整的汉语主观性表达形式对应的通常既不是一个短语结构，也不是一个句法成分。这是由提示表达成分的特殊性造成的。如果撇开提示表达成分来看，我们一般可以把一个由修饰表达成分和核心表达成分构成的主观性表达形式与语法上的一个短语结构（定中、状中、中补结构）和句法成分（较高层次上的）对应起来。

提示表达成分有两类，一类用以引出核心表达成分（连同修饰表达成分一起），它们很多是一些句子的特殊成分，和句子的其他成分不发生结构上的联系，具有相对的独立性，充当这些独立成分中心语的多数是表示心理状态的动词（想、认为、觉得、以为、希望等）。这类提示表达成分在位置上相当灵活，可以出现在句首、句中或句尾。如：

（54）我并不认为康熙给中国带来了根本性的希望，他的政权也做过不少坏事，如臭名昭著的“文字狱”之类；我想说的只是，在中国历代帝王中，这位少数民族出身的帝王具有超乎寻常的生命力，他的人格比较健全。

（55）她当时之感究竟如何不可知，依所留下的成绩而论，我们今日岂不可以相信，她已经竭忠尽智地挑选了一种最逼近实感的表现，这还有什么可非议的。

（56）“你们听听，他这说的还是人话么？你们见过这种谦虚得一塌糊涂的人么？我是没词儿了，冯先生您来伺候他。”

（57）不是，大嘴啊，你说你，人家都走了，你说你现在问这个有什么意义没有？你不给自己找不自在吗？

另一类即是常说的关联词语，用以连接两个或两个以上修饰表达成分或核心表达成分（连同修饰表达成分一起），如表并列关系的“既……又……”，表顺承关系的“然后”，表解说关系的“就是说”，表选择关系的“宁可……也不……”，表递进关系的“不但……而且……”，表转折关系的“虽然……但是……”，表条件关系的“无论……都……”，表假设关系的“即使……也……”，表因果关系的“因为……所以……”，表目的关系的“以便”，等等（黄伯荣，2017）。例如：

（58）我记得当时我们曾认识了一个既英俊又潇洒的小伙子，他号称是“北炮”的，后来被人揭发，他父母其实是北京灯泡厂的，从此他就消失了。

（59）就像武术家要讲究武德一样，我们吹捧家也要有良好的捧德。就是说要从最善良、最真诚的愿望出发去吹捧别人。

（60）风华正茂的年龄已近尾声，与其遥遥无期地等下去眼睁睁看着自己痛苦不堪地衰弱下去，不如抓紧时间像个人似的最后活上几天。

（61）提倡新文学的人，意思要改造中国的文学；但是这几年来，不但没有收效，而且有些反动。

这两类提示成分不是互斥的，有的句子中两类提示成分均能出现。提示表达成分本身一般不具有主观性，它的重要作用在于帮助确定和分析主观性信息。提示表达成分有一个管辖范围的问题：通常，第一类成分的辖域较大，管辖了除它本身以外的整个句子；第二类成分的辖域则不确定，有时是整个句子，有时则是句子的一部分。

修饰表达成分用以修饰核心表达成分。修饰表达成分以副词居多。与提示表达成分不同，一部分副词性的修饰表达成分也具有一定的主观性（如“都、还、真、总是”等），还有一部分则反映了主观性的程度（如“稍微、非常、有点儿、极其”等），是影响主观性的重要因素。修饰成分中需要特别提到的是否定词语，否定词语对核心表达成分影响很大，常常颠倒所修饰的核心成分的倾向性。此外，否定词语同其他的修饰成分有时叠加在一起修饰核心成分。例如：

（62）可是经过这几年战争的破坏，一般人家都穷得要命，这会儿又一烧，恐怕所有的家当都被毁了！

（63）展玉翅道：“弟子认为通天丐帮只是少数头目坏，下面的弟兄基本上都不坏，因此请诸位堂主不要多杀生！”

（64）有同感，现在我感到上网易不是一般的郁闷啊。

（65）见过无耻的，没见过这么无耻的。

核心表达成分是主观性表达的中心和关键，所谓“核心”，意指它是表达主观性时最重要的因素，在倾向性分析中起着决定性的作用。如 4.4 节所述，核心成分在形式上可以是词、短语或句子。举例如下：

（66）这封信是玉娟写的，一个刚上中学的傣族姑娘竟能写出这样流畅的汉语，丁绍光很是佩服。

（67）谁是地震中最伟大的英雄？无私无畏的志愿者！

（68）女孩：“我不怀疑你的初衷是善良的，但你确实是在狗拿耗子。拜托以后先问问行吗？”

（69）他呀，就是一木头。

总的来说，对于主观性的分析，有三个方面的因素要考虑：表达主观性的因素、影响主观性的因素和可以借助用来帮助分析主观性的其他语言因素。这三个因素分别对应着主观性表达的三个成分：核心表达成分、修饰表达成分和提示表达成分。这一个成分在表达主观性时所起的作用是不一样的，将它们区分开来的目的是为了在倾向性分析中将它们与各自的不同地位对应起来，分别进行处理。

4.6 汉语主观性表达的关联维度

汉语主观性表达的关联维度把主观性表达的类别、程度、成分和形式四种静态属性整合在一起，在小句的层面对不同的主观性表达形式进行动态的、模式化的刻画。它的动态性意味着它是复杂的和变化的，与小句内语法单位之间的语法关系联系密切，只有通过一定的手段（即句法分析）才能获得；它的模式化则意味着这种刻画方式是固定的，类似于对模板（template）或槽（slots）的填充。

Kim 和 Hovy（2004）将观点描述为一个四元组 {topic，holder，claim，sentiment}，即观点由四个元素组成：主题（topic）、持有者（holder）、陈述（claim）、情感（sentiment）。四个元素之间存在内在的联系，即观点持有者针对某主题发表了具有情感的意见陈述（姚天昉等，2008）。

我们用特征结构（feature structure）的形式化描述方式对汉语主观性表达的关联进行描写。所谓"特征"，是一个由"属性"和"值"组成的二元组，"属性"也称为"特征名"，"值"也称为"特征值"。特征结构可以表示为 [属性：值] 的形式，其整体称为一个特征结构。在这个特征结构中，所有的"特征"的"属性"既是互斥的，也是互不相同的。对于一个客观性表达而言，它就是一个不含任何特征的空特征结构。

汉语主观性表达的要素由中心属性和边缘属性组成。中心属性描述主观性表达的核心要素，包括主观陈述、主观类别、褒贬属性、主观强度，其中主观陈述相当于 Kim 和 Hovy 的“陈述”，主观类别包括主观情感、主观倾向、主观推测、主观认知、主观意愿和主观期待，褒贬属性指示主观类别的褒贬性性质，主观强度说明主观性表达的程度。边缘属性描述主观性表达的附加要素，包括来源、对象、提示成分和修饰成分，其中来源和对象分别对应于 Kim 和 Hovy 的“持有者”和“主题”。以特征结构表示的主观性表达要素如图 4-5 所示。

汉语主观性表达的关联要素：

主观陈述：	（值）
主观类别：	（值）
褒贬属性：	（值）
主观强度：	（值）
来　　源：	（值）
对　　象：	（值）
提示成分：	（值）
修饰成分：	（值）

图 4-5　汉语主观性表达的完整关联要素

汉语主观性表达的关联维度详细地描写了汉语主观性表达的各种属性，可以适用于绝大多数倾向性分析研究的需要。有的相对浅层的倾向性分析并不需要对关联中的每一项特征均进行描写，也可以根据实际情况选择部分中心属性和边缘属性进行组合。

用特征结构表示的汉语主观性表达关联维度具有的一个突出的优势是可以对其进行合一运算（unification）。合一运算能在满足条件 $F_1 \subseteq F_3$ 且 $F_2 \subseteq F_3$ 的情况下，将两个独立的特征结构 F_1 和 F_2 组合为一个新的特征结构 F_3，这样，F_3 不但包含了 F_1 和 F_2 的所有信息，而且还在进行类似于集合求“并”运算的基础上，使“小”的特征结构扩展为“大”的特征结构。例如：

（70）①这个王后长得非常漂亮，②但她很骄傲自负，③嫉妒心极强。

首先对句中三个小句用特征结构描述如下：

小句①的主观性表达关联框架：

主观陈述：	非常漂亮
主观类别：	主观倾向
褒贬属性：	正向
主观强度：	高
来　　源：	作者
对　　象：	王后
提示成分：	无
修饰成分：	非常

小句②的主观性表达关联框架：

主观陈述：	很骄傲自负
主观类别：	主观倾向
褒贬属性：	负向
主观强度：	高
来　　源：	作者
对　　象：	她（王后）
提示成分：	但
修饰成分：	很

小句③的主观性表达关联框架：

主观陈述：	嫉妒心极强
主观类别：	主观倾向
褒贬属性：	负向
主观强度：	高
来　　源：	作者
对　　象：	她（王后）
提示成分：	但
修饰成分：	极强

根据句子层次结构，先对小句②和③进行合一运算，得

主观陈述：	很骄傲自负 AND 嫉妒心极强
主观类别：	主观倾向
褒贬属性：	负向
主观强度：	高
来　　源：	作者
对　　象：	她（王后）
提示成分：	但
修饰成分：	很 AND 极强

再对小句①和上述小句②③的运算结果进行合一运算，得

主观陈述：	非常漂亮 BUT（很骄傲自负 AND 嫉妒心极强）
主观类别：	主观倾向
褒贬属性：	正向 BUT 负向
主观强度：	高
来　　源：	作者
对　　象：	王后
提示成分：	无
修饰成分：	非常 BUT（很 AND 极强）

在实际的应用中，关联要素中的来源和对象常常是研究者最为关心的，来源即倾向性的主体，是语义倾向的持有者；对象是倾向性的客体，为语义倾向所针对的对象。本书在进行汉语语义倾向语料库建设时，对关联维度进行了简化，只标注了其中的主体和客体。

4.7 汉语主观性表达的模式维度

主观性存在于汉语各级语言单位上，语音、词汇、语法和语用等语言手段均可以表达主观性，使得汉语主观性表达手段多样，形式繁杂。然而，表达形式和手段的多样性背后，存在着特定的主观性表达模式。这些表达模式为我们进一步认识汉语主观性表达，掌握其固有规律，从而分析和计算句子

和篇章的总体主观性，提供了基础条件和有效方法。

汉语主观性表达模式是句子及以上语言层级表达总体主观性的标准样式。在句子层面，体现为结构模式；在篇章层面，体现为逻辑模式和衔接模式。结构模式是从微观的角度来观察的，它概括了句子（或小句）内主观性表达的组织结构；逻辑模式和衔接模式是从宏观的角度来观察的，分别归纳了篇章中以句子为单位的独立的主观性表达形式在逻辑上和在衔接上如何表达总体主观性的规律。

需要说明两点：其一，由于主观性表达具有多个类别（见 4.3 节），为了避免重复论述，这里仅以主观倾向为例来说明，其余类别的某些模式尽管不尽相同，但基本思路完全一致，适当修改即能适用。其二，不同文体的篇章在表达主观性时，其逻辑模式也存在一定差异。出于本书研究需要，此处仅讨论议论文的主观性表达逻辑模式。

4.7.1 句子主观性表达的结构模式

这里的句子是指单句，复句应从逻辑模式和衔接模式方面来研究，本书从略。一个含有主观性表达式的句子表达一个完整的主观性概念，其句子主观性表达的结构模式如图 4-6 所示。

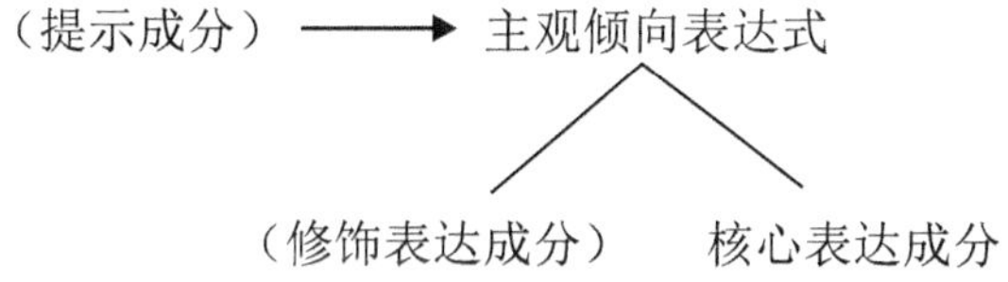

图 4-6 句子主观性表达的结构模式

图 4-6 中带方向的箭头用以区分提示成分和主观倾向表达式，不表示绝对的前后位置关系，即提示成分既可位于主观倾向表达式之前，也可位于其后。组成主观倾向表达式的修饰表达成分和核心表达成分的位置也不固定。圆括号表示成分是可选的，如果没有出现，称其为零形式。举例来说。

(71) 相反，44 个“整形”汉字的提出，正是考虑到阅读的通行性包括纸质文本和电脑储存，是与时俱进、紧跟电脑时代步伐的表现。

(72) 今天，我们聚集在一起，沉痛地哀悼我们失去的七位勇敢的公民，共同分担内心的悲痛。

例（71）中，提示成分为“相反”，其辖域为整个句子，核心表达成分是“与时俱进、紧跟电脑时代步伐”，修饰表达成分为零形式。例（72）中，提示成分为零形式，核心成分分别为“哀悼、勇敢、沉痛、悲痛”，修饰表达成分为零形式。

4.7.2 篇章主观性表达的逻辑模式

研究篇章层面的主观性表达模式，不论是逻辑模式还是衔接模式，都是为了分析篇章的整体主观性，即研究从单个的句子层级主观性到篇章的总体主观性的逻辑规律，以及单个的句子层级主观性之间的组合、衔接规律。如果研究的是主观倾向，就是分析句子主观倾向和篇章主观倾向、句子与句子之间主观倾向的关系。

逻辑证明有两种形式：归纳证明和演绎证明。现代汉语议论型篇章在运用逻辑证明时并非只有这两种结构，而是衍生出了归纳型、演绎型、演绎归纳型三种（吴应天，1989）[①]。这也是议论型篇章表达主观性的结构。因此，议论型篇章主观性表达的逻辑模式有如下四类：

（1）归纳型逻辑模式。归纳型逻辑模式由部分主观倾向和总体主观倾向组成。图示如下：

归纳型逻辑模式 { 部分主观倾向 ↓ 总体主观倾向 }

举例说，鲁迅的《华德焚书异同论》，虽一般把它看作杂文，但从结构类型看，则是一篇归纳型的议论文。该文的整体主观倾向是负面的，其逻辑关系如下[②]：

希特拉跟秦始皇比是低级的　　（一）

---

① 吴应天（1989）还提出了分论型结构，认为分论型是把题目分为两个以上的论题，以便分别进行论证的一种结构类型。鉴于这种结构实际出现的情况并不多见，我们对此不做论述。

② 引自吴应天《文章结构学》，第124页。

希特拉跟秦始皇比是可耻的 （二）

希特拉跟秦始皇比是更短命的 （三）

（而低级、可耻、短命是可悲的）

所以，（希特拉比之秦始皇是可悲的）

* * *

然而希特拉在中国的干儿们都为希特拉上台而兴高采烈 （四）

* * *

所以，希特拉在中国的干儿们是高兴得太早了！ （五）

（2）演绎型逻辑模式。演绎型逻辑模式由总体主观倾向和部分主观倾向组成。图示如下：

演绎型逻辑模式｛总体主观倾向 ↓ 部分主观倾向｝

这里以一篇题为《汉字“整形”需慎行》的评论文为例说明。该文的整体倾向型是负面的，文章的逻辑关系如下：

汉字“整形”需要多方面考虑，谨慎行事，不能如此草率（一）

* * *

汉字“整形”的成本太大 （二）

汉字“整形”要符合人们普遍的文字审美和使用习惯 （三）

汉字“整形”要与民意相一致 （四）

（3）演绎归纳型逻辑模式。演绎归纳型逻辑模式由总体主观倾向和部分主观倾向混合组成。图示如下：

演绎归纳型逻辑模式｛总体主观倾向 ↓ 部分主观倾向 ↓ 总体主观倾向｝

以评论文《汉字应用“识繁写简”是可取之道》为例说明演绎归纳型逻辑模式。该文整体主观性是负面倾向，逻辑关系如下所示：

目前还不考虑全面恢复繁体字 （一）

（规范汉字表内有繁体字和简体字对照表）

“不全面恢复”不等于绝对不恢复，也不是全面否定使用繁体字	（二）
全面恢复繁体字会影响到语言文字的交流	（三）
繁体字和简体字都重要，应用方式上有所区别	（四）
遵照“国家推广普通话，推行规范汉字”的规定	（五）

4.7.3 篇章主观性表达的衔接模式

篇章主观性表达衔接模式的提出，其想法源自语篇分析中对衔接和连贯的研究。根据语篇衔接与连贯的相关理论（黄国文，1988；胡壮麟，1994；郑贵友，2002），假如对连贯性语篇所有句子进行主位、述位切分，前后句子的主位、述位之间存在着某些对应衔接，这些对应衔接构成了语篇的宏观（微观）结构（唐青叶，2002；彭宣维，2003）。为了阐述语篇的这一结构，语言学家把主位、述位之间的某些衔接形式，归纳为特定的语篇模式。Danes（1970）、Fries（1981）提出了主位推进模式（patterns of thematic progression），彭宣维（2005）总结出语篇主题链系统。

受此启发，我们把这种思想运用到篇章主观性表达的衔接模式中，并仍然采用“衔接”这个术语，并将这种主观倾向衔接模式称为“倾向推进模式”。就主观倾向而言，篇章中主观性表达的“衔接”是指主观性表达的对象 T（topic）和主观倾向 O（orientation）在“相邻”主观性句子间的对应关系。这里的“相邻”，是在去除篇章中所有的客观性句子后，剩下的主观性句子形成的前后位置。假定某个篇章包含 10 个句子，分别为 S_1，S_2，…，S_{10}，其中，S_1，S_2，S_{10}是主观性句子，那么我们研究的是 S_1，S_2，S_{10}之间的衔接模式。实质上，“相邻”已经不再意味着句子物理位置上的连续了，而是主观性句子的连续关系。它基于这样一个假设：篇章中的主观性句子和客观性句子是相互独立的，且篇章的总体倾向性由其包含的所有主观性句子决定，与客观性句子无关。

用 T_n-O_n和 T_x-O_x表示篇章中的任意两个句子的主观性，它们分属于两个不同的集合 Set_n和 Set_x，则每个集合中都有两个元素：对象和主观倾向，表示为 $\mathrm{Set}_n=[T_n, O_n]$，$\mathrm{Set}_x=[T_x, O_x]$。定义任意两个句子的衔接模式为两个集合间的对应关系，则篇章主观性表达有如下四种衔接模式：

衔接模式1：

$T_n=T_x$且$O_n=O_x$（对象顺承，倾向一致）

衔接模式2：

$T_n=T_x$且$O_n\neq O_x$（对象顺承，倾向不一致）

衔接模式3：

$T_n\neq T_x$且$O_n=O_x$（对象不顺承，倾向一致）

衔接模式4：

$T_n\neq T_x$且$O_n\neq O_x$（对象不顺承，倾向不一致）

下面分别举例说明。

［模式1］顺承一致模式（$T_n=T_x$且$O_n=O_x$）

“相邻”的主观性句子间对象顺承，倾向一致。如：

（73）格丽达·嘉宝是20世纪30年代美国好莱坞的一个非凡的超级影星。她在美国电影界工作了16年，拍了24部影片，拥有传奇般的声誉和荣耀。

（74）（近五十年来，我致力于科学研究，而研究，就是对真理的探讨。我有许多美好快乐的记忆）少女时期我在巴黎大学，孤独地过着求学的岁月；在后来献身科学的整个时期，我丈夫和我专心致志，像在梦幻中一般，坐在简陋的书房里艰辛地研究，后来我们就在那里发现了镭。

［模式2］顺承不一致模式（$T_n=T_x$且$O_n\neq O_x$）

“相邻”的主观性句子间对象顺承，倾向不一致。如：

（75）火星文这东西吧，应该是取其精华，弃其糟粕。但是不提倡。

（76）一次，他怀着愉快的心情到森林里去漫游，走了一段路，觉得一个人太无聊，就自言自语地说：“一个人太沉闷了，我得找一个伙伴来。”

例（75）中两个句子的主观性对象都是“火星文”，前一句是正面倾向，后一句是负面倾向。

［模式3］不顺承一致模式（$T_n\neq T_x$且$O_n=O_x$）

“相邻”的主观性句子间对象不顺承，倾向一致。如：

(77) 爱怎么起名字是公民的自由和权利，公安局连这个都要干涉，真是管得太多了。还有网易的好多网友，真是素质太低了，爱起什么名字是人家的自由，你心里瞧着不舒服那放在心里就行了，凭什么出来骂骂咧咧的？

(78) 国王有好几个女儿，个个都长得非常美丽；尤其是他的小女儿，更是美如天仙，就连见多识广的太阳，每次照在她脸上时，都对她的美丽感到惊诧不已。

例 (77) 中的两个句子的主观性对象分别是“公安局”和“网易的好多网友”，主观倾向均为负面倾向。

［模式 4］不顺承不一致模式（$T_n \neq T_x$ 且 $O_n \neq O_x$）

“相邻”的主观性句子间对象不顺承，倾向也不一致。如：

(79) 原来的字形已经很漂亮了，何必要改？“砖家”们吃饱了没事干，反对！

(80) 忠实的约翰是一个仆人，老国王之所以这样称呼他，是因为他侍候国王很久了，而且非常忠诚可靠，也最受老国王喜爱。当约翰来到床边时，国王说道：“我忠实的约翰，我知道自己不行了。……”

例 (79) 中的两个句子的主观性对象分别是“原来的字形”和“砖家”，前一句的主观倾向是正面的，后一句是负面的。

事实上，在有的场合，如篇章倾向性分析，采用类似“语篇主题链系统”的模式则更有针对性，因为它“将句子主题和篇章主题有机地联系在一起，而不是将两者对立起来”（彭宣维，2005）。

语篇主题链系统主要探讨语篇中句子主题如何发展从而形成跨越句子范围的语篇主题链以及多个主题链之间的结构关系。语篇主题链系统又分为重复性/同质性主题链子系统和非重复性/相关类主题链子系统两种模式，其基本观点是：(1) 语篇内某些句子的主题会在后面的语篇中得到进一步评述从而形成重复性主题链系统。(2) 有些句子的基本主题之间虽然没有这种具有重复意义的延伸关系，但语境和特定语义关系可以赋予它们发生具有主题链性质的发展模式，由此形成具有多重语义关系的主题链系统；两类主题链子系统构成整个语篇的主题链系统，因此语篇主题链既有序列性也有等级层次性

（彭宣维，2005）。

借鉴这种思想，可以设计出面向篇章倾向性分析的“主题倾向链”，用来描述篇章主题、篇章倾向性、句子主题、句子倾向性四者之间在篇章信息流中的动态关系和发展模式。主题倾向链是一条贯穿整个篇章的线性“链条”，它将所有与篇章在主题上同质的主观性句子按顺序串接在一起，链上的每一个结点拥有一个“主题-倾向”对，用以代表一个主观性句子的主题及针对该主题的倾向性，这条链的整体表示篇章的倾向性。主题倾向链基于如下假设：篇章主题的总体倾向性主要由篇章中与其具有同质性的所有句子的主观性决定，其他主观性句子由于句子主题与篇章主题不同质，因此句子倾向性与篇章倾向性无关。

主题倾向链可以形象地表示成如图 4-7 所示。

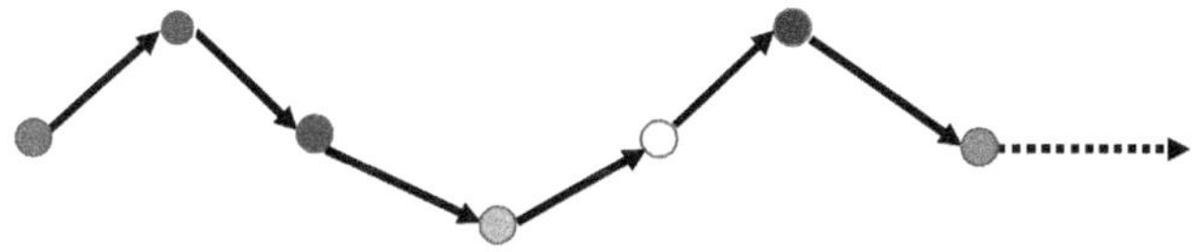

图 4-7　主题倾向链的形象表示

图 4-7 中的圆点表示句子，带方向的箭头表示推进顺序，圆点的水平位置表示倾向性程度。

如果说倾向推进模式刻画了篇章中所有主观性句子之间的倾向衔接规律，那么主题倾向链则描绘了那些与篇章主题同质的主观性句子从句子范围到跨越句子范围最后到达篇章的倾向衔接模式。因此可以这么认为，倾向推进模式是一种关于倾向衔接的普遍性的描写方式，而主题倾向链则是一种多少有点特殊的描写方式。

至此，我们完成了对汉语主观性表达描述体系的各个维度的论述。总的来说，这个体系的建立是以语言主观性理论为基础、面向倾向性分析研究和应用的，因此，它是一个上连语言主观性理论、下接文本倾向性分析的理论与应用的“接口”；从更现实的意义看，它也是一个力图为不同层级、不同颗粒度和不同应用目的的倾向性分析提供统一的主观性表达描写标准的系统框架，其整体框架结构如图 4-8 所示。

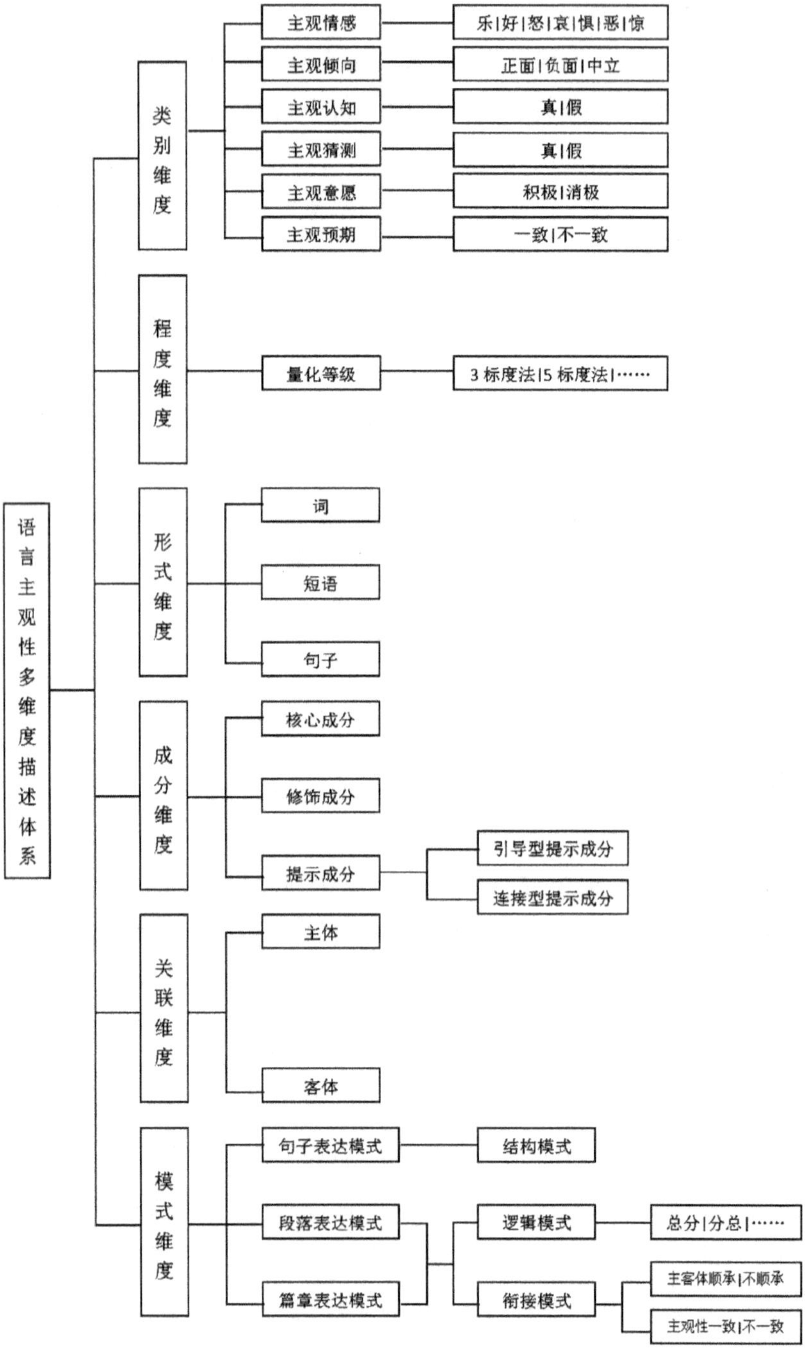

图4-8 语言主观性多维度描述体系框架结构图

本书出于研究目的，仅讨论主观性表达类别中的主观情感和主观倾向，为叙述方便，后文如非特别说明，所提及的“主观性表达”这一概念均就主观情感和主观倾向而言，并不包括其他类别。

4.8 基于语料库的汉语主观性表达考察

汉语主观性表达描述体系的建立，为不同层级、不同颗粒度和不同应用目的的倾向性分析提供了宏观性的指导和描述的依据。另一方面，我们还需对汉语主观性表达进行全面的考察，知晓其在汉语中的概貌，掌握它的基本分布，总结可能存在的主要特点，以便为倾向性分析提供有针对性的、更加具体的、有统计数据做支持的参考。比如，我们注意到，倾向性分析面对复杂的语言形式及包含于其中的主观性表达，往往难以用数量有限的处理规则或单一的机器学习算法有效地分析每一个对象，这就需要采取“区别对待”“分而治之”的策略，对一般性的、有代表性的问题做重点研究。这就有赖于对汉语主观性的考察。

本节采用基于语料库的方法，首先建设了一个汉语语义倾向标注语料库，然后采用语料库研究的基本方法，面向倾向性分析，进行了有关方面的数据统计。最后基于统计数据和多方面的考察以及我们的认识，归纳了汉语主观性表达的主要特点。

4.8.1 汉语语义倾向标注语料库的建设和加工

研究语言中的主观性表达，不论是基于语言还是基于信息的视角，也不论是面向基础研究还是应用研究，都需要积累大量的语言素材，以帮助人们观察和把握语言事实，分析和研究语言的规律。具体而言，主要体现在其或为论证提供例句支持，或为描写提供统计数据，或为统计模型提供训练数据。这就要求建立基于既定标注体系、符合潜在研究需求、具有一定规模和加工深度的主观性表达语料库。

然而，就我们所知，目前国内外可获得的相关汉语语料库资源较少。古伦维等（2005）的评价语料库对语料的篇章、句子、词语的情感倾向进行了标注，区分了显式和隐式观点持有者，但未能涉及词法分析信息；徐琳宏等（2008）创建的100万字的情感语料库基于情感词汇本体进行情感类别、主体、接受者、修辞类别等的标注，语料规模大，设计精细，标注信息详尽，但以句子为单位的加工层次略显粗糙；宋鸿彦等（2009）完成了600余句的汉语意见型主观性文本标注语料库的标注，包含了词法和句法分析信息，但语料均为汽车评论，来源相对单一且规模较小；彭宣维等（2012）遵循“评价系统”建立了100万词的汉英对应评价意义语料库，是首次按照一种语言理论体系构造的双语对应语料库，标注信息详尽，但其设计目的主要针对语言评价意义的研究；崔晓玲（2013）构建了汉语网络新闻评论情感语料库，同样基于系统功能语言学的评价理论来设计，但其规模仅为13万字，语料来源均为单一的新闻评论，也不包含词法分析信息。除了上述的语料库以外，尚有一些零散或未经人工标注但值得一提的资源，如中文信息学会信息检索专业委员会提供的历届中文倾向性分析评测（COAE）语料，中国计算机学会主办的历届自然语言处理与中文计算会议（NLP & CC）提供的中文微博情感分析评测语料，谭松波（2010）的中文情感挖掘语料等，但它们均用途单一，且难以形成规模。

由此可见，此前为研究汉语主观性表达而建设的语料库资源，由于标注体系不同，加工深度各异，应用目的多样，难以将其整合或统一；由于设计思路的差异，对领域研究认识的不同，其中的部分资源不能为当前研究背景和当下研究需求下的情感分析、语义倾向计算、观点挖掘等提供有力支持。在这样的背景下，我们从2011年开始，历经三年，完成了100万字的汉语语义倾向语料库（Chinese Semantic Orientation Corpus，CSOC）的标注工作，同时开发了集语料检索与统计、标注结果检查与可视化于一体的专用语料库工具箱系统（CSOC Toolkit）。汉语语义倾向语料库是一个百万字符级规模的共时、非平衡、单语标注语料库，具有以下特点（杨江等，2014）：

第一，从语言和计算两个角度综合考虑了语料的可用性，因而既能在语言学上为汉语主观性表达的基础研究所用，又能在自然语言处理上为主观性表达的计算和分析等应用研究所用。

第二，自觉地接受语言学理论的指导，每个加工环节、每项标注元素都既有语言学上的理据，又实实在在地面向相关研究和应用需要。

第三，标注体系遵从预先设计的“语言主观性多维度描述体系”。

第四，规模适中，同时尽量保证语料在领域、体裁、语体等方面的平衡性。

第五，标注过程有严格的质量保障机制，标注结果质量高。

下面简要介绍语料来源和标注加工过程。

（1）语料来源

在收集语料时重点考虑了语料的代表性和覆盖率两个问题。这里的代表性是指语料需富含各种主观性信息，覆盖率则指语料在不同领域的分布情况。汉语语义倾向标注语料库的语料主要来源于中小学语文教材、童话故事、文学期刊、网络评论等。总体而言，这些语料含有较多的主观性信息，涉及较多的领域，覆盖了多种语体，也具有一定的时间跨度和不同地域特点，能够为研究和考察汉语主观性表达提供材料保障。表 4-2 列出了各部分来源的详细信息。

表 4-2 语料来源详细信息

语料来源	内容简介	字符数（个）	词数（个）	句数（个）	段数（个）	篇数（个）
文艺期刊	《读者》《青年文摘》选篇	305520	211134	10184	3659	192
童话故事	《安徒生童话》《格林童话》《王尔德童话》《一千零一夜》《郑渊洁童话》《中国童话故事百篇》选篇	200459	139756	8265	3218	60
小说戏剧	《雷雨》《北京人在纽约》《新结婚时代》《五星大饭店》全本	192717	151136	13050	6618	25

续表

语料来源	内容简介	字符数（个）	词数（个）	句数（个）	段数（个）	篇数（个）
语文课本	人教版小学、初中、高中语文课本、对外汉语教材《桥梁》《中级汉语》、新加坡小学语文课本选篇	200555	144412	7789	2061	162
网络评论	书籍、电影、电视剧、酒店、手机、电脑等网络评论	143884	93892	4230	1728	521
总计		1043135	740330	43518	17284	960

（2）语料标注

生语料文本经过清洗、核对和文档规格化处理后，进入文档结构标注和词法分析序列。文档结构标注环节主要完成篇章内段落和句子的切分，词法分析环节则完成词语切分和词性标注任务。词法分析采用中国传媒大学文本切分标注系统（CUCBst 1.0），这是一个基于规则的词法分析系统，整体正确率超过 97.45%。生语料文本经过上述步骤后被转换成 xml 格式待标文件，其中尚存的各种错误在语义倾向标注时一并纠正。

语义倾向标注在文本编辑软件 UltraEdit 上进行，标注过程包括培训、试标、讨论、正式标注等环节。首先由研究人员对标注人员进行标注培训，讲解相关背景、应用前景、设计思路、标注体系、有关概念、注意事项等知识，然后 10 名标注人员按语料来源分成五组，各组成员分别独立进行前期五万字的试标注。试标注完成后，小组内部各自展开讨论，对小组成员的标注结果进行比对，利用文本比较软件 Beyond Compare 找出异同，重点讨论差异之处，并记录无法达成一致的标注差异。小组讨论后再召开全体人员大会，逐条讨论各组提出的标注差异，共同探讨以解决分歧，逐步完善标注体系和标准。接着开始正式标注，研究人员分批次将任务发放给各组，各组内人员同时标注相同语料。每批次标注完成后，各组仍先行在组内讨论，再进行全体讨论。如此反复，直至全部任务结束。标注过程中严格遵循“分批次发放任务—组员独立标注—小组讨论—大会讨论—返修—提交结果”的循环工作模式，基本保证了人工标注的一致性。

标注一致性（inter-annotator agreement）是衡量语义标注语料库质量的一个重要指标，常用Kappa统计量衡量。我们统计了各组内部标注人员在各阶段对部分主要标注元素的完全相同实例数量（严格相等），用公式（4-1）在SPSS中计算了对应的Kappa系数值，以掌握标注语料的状况。详细数据见表4-3。

$$K = \frac{Pa/\mathrm{Pe}}{1/Pe} \tag{4-1}$$

其中，Pa 表示两名标注者评定一致的百分比，Pe 表示理论上评定一致的百分比。

表4-3　各组标注一致性统计

K值(%)	第1批（试标注）			第2批			第3批		
	核心成分	倾向主体	倾向客体	核心成分	倾向主体	倾向客体	核心成分	倾向主体	倾向客体
组1	79.8	60.6	72.2	91.9	74.7	83.5	91.7	75.9	85.8
组2	80.3	66.3	73.8	93.2	77.1	83.4	92.8	79.6	83.3
组3	78.1	64.4	70.4	90.6	75.9	79.7	91.1	78.4	82.5
组4	79.5	70.8	74.3	91.4	81.3	83.6	91.3	81.2	83.9
组5	82.4	68.2	74.9	92.7	78.1	84.2	93.2	80.5	84.6

（3）主要标注元素

主要标注的元素包括：语义倾向、倾向主体、倾向客体、正面倾向、负面倾向、中立倾向、核心成分、修饰成分、提示成分。其关系可以用图4-9直观地表示。

（4）标注体系

汉语语义倾向标注语料库的标注体系由文档结构标注体系和语义倾向标注体系构成，前者标注文档（即篇章）的层次结构，分为篇、段、句、词四级，后者则标注语义倾向的类别、形式、成分、关联四个维度的信息。语料标注遵守Leech（1993）提出的七条基本原则，采用国际通行的TEI标注模式，标注结果用xml格式文件储存。

文档结构标注体系表示成 text =（head，body），其中，头信息表示成 head =（title，time，author，source，addr，info），正文表示成 body =（para，

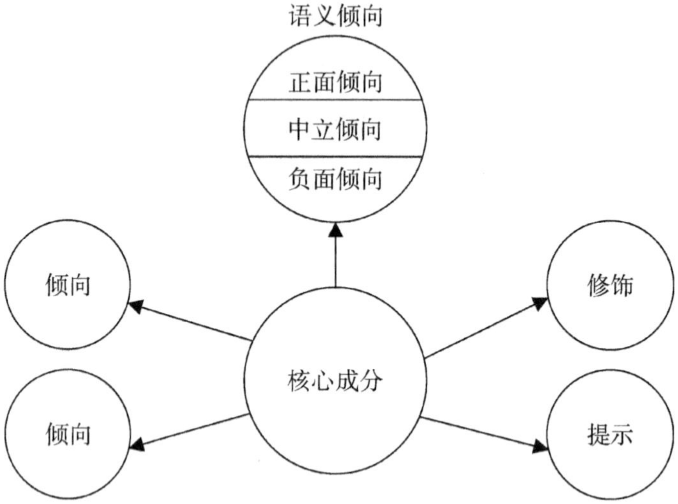

图 4-9　主要标注元素关系图

sent，word）。此外，每级语言层次都附加了必要但并不完全相同的其他信息。例如，词、句、段三级都含有序号（id），而仅词语层级包含词性信息（pos）。文档结构标记集及其说明见表 4-4。

表 4-4　文档结构标记集及其说明

序号	标记	含义
1	<text></text>	文档
2	<head></head>	头信息
3	<time></time>	发表时间
4	<author></author>	作者
5	<sour></sour>	出处
6	<addr></addr>	网址
7	<info></info>	其他需要说明的信息，或非正文内容
8	<body></body>	正文
9	<para></para>	段
10	<sent></sent>	句
11	<word />	词
12	id	段、句、词的序号，从 0 开始
13	cont	句、词的文字内容

续表

序号	标记	含义
14	pos	词的词性

不同的语言层级在语义倾向标注体系上略有差别。在篇、段级，我们标注其语义倾向类别和倾向客体，表示为 textSO/paraSO = (senti, obj)；在句一级，标注其语义倾向类别、句子核心话题、是否否定句、是否疑问句、是否修辞句，表示为 sentSO = (senti, topic, neg, que, fig)；而在词一级，我们围绕核心成分，标注它的语义倾向类别、成分、关联元素，表示为 coreSO = (senti, sub, obj, modi, clue)。语义倾向标记集及其说明见表 4-5。

表 4-5 语义倾向标记集及其说明

序号	标记	含义
1	senti	语义倾向
2	po	语义倾向类别，正面倾向
3	ne	语义倾向类别，负面倾向
4	zl	语义倾向类别，中立倾向
5	mx	语义倾向类别，混合倾向
6	sub	倾向主体
7	obj	倾向客体
8	topic	句子核心话题
9	modi	修饰成分
10	clue	提示成分
11	neg	是否否定句
12	que	是否疑问句
13	fig	是否修辞句
14	span	核心成分跨距
15	yes	布尔值，真
16	+	分隔多个 id 所代表的词语
17	-	连接两个 id 所代表的词语
18	数字	词语 id

如图 4-10 所示是一个句子的标注示例。

```
<para id="12" senti="ne" obj="这">
<sent id="0" neg="yes" que="" fig="" senti="ne" topic="2" cont="我以为这是最没有出息的人。">
<word id="0" cont="我" pos="r" />
<word id="1" cont="以为" pos="v" />
<word id="2" cont="这" pos="r" />
<word id="3" cont="是" pos="v" />
<word id="4" cont="最" pos="d" />
<word id="5" cont="没有" pos="v" />
<word id="6" cont="出息" pos="n" senti="po" sub="0" obj="8+2" modi="5+4" clue="1" />
<word id="7" cont="的" pos="u" />
<word id="8" cont="人" pos="n" />
<word id="9" cont="。" pos="w" />
</sent>
……
</para>
```

图 4-10　一个句子的标注示例

文档结构标注主要由机器自动完成，后期进行了必要的人工核查，主要针对分词和词性标注的错误；语义倾向标注主要由人工手动完成，后期辅以标注结果检查程序进行自动纠错，主要针对各级 id 错误、标记拼写错误、xml 合法性等问题。

如图 4-10 所示，在语义倾向标注上，对于 sub、obj、modi、clue 等属性的值，我们使用了数字，这些数字代表当前句子中词语的 id。由于每一个词都有唯一的 id，因此，为了节省存储空间，我们用其 id 代表其文字内容，这样做也能减轻标注人员的劳动强度。篇、段、句的标注内容基本相同，从图 4-10 中可直观看出，不再赘述。对于词一级的语义倾向各维度的属性，我们将其标注在核心成分上，这主要是考虑到核心成分在表达语义倾向时具有的关键作用；另外一重考虑则是针对含有多个核心成分的句子，这些句子中的 sub、obj、modi、clue 等属性会出现交错和重叠，而将其放置在核心成分上，相互之间的关系就会很清楚，层次感强，标注人员也方便理解和操作。

对于以下两种情形，我们引进 span 标记进行特殊处理：（1）句中的核心成分不是词，而是短语，如“没/得/说、吃/空饷”等；（2）核心成分被分词软件切分成了多个词，但从分词的角度看又并非错误，如“死守/不/放、功/在/当代”等。上述情形下，我们采用 span 标记将多个词组成的核心成分连接起来，将其视为一个整体，形如“span＝" $id_{起始}-id_{终止}$" ”，span 标记放置在终止 id 所代表的词语上。

表 4-6 列出了标注语料的部分统计信息。

表 4-6 汉语语义倾向语料库的部分标注结果统计信息

语料类别	核心成分（个）	倾向主体（个）	倾向客体（个）	修饰成分（个）	提示成分（个）	倾向句（个）	正面倾向句（个）	负面倾向句（个）	非倾向句（个）	否定倾向句（个）
文艺期刊	16764	5528	8668	2574	2317	5294	2985	2126	4890	100
童话故事	7630	2630	3611	928	484	412	167	238	7853	53
小说戏剧	8957	5195	4440	1666	311	4533	1361	3064	8517	69
语文课本	7018	2853	3424	1172	818	1267	746	513	6522	62
网络评论	9937	2337	6887	2382	638	3484	1589	1820	746	400
总计	50306	18543	27030	8722	4568	14990	6848	7761	28528	684

（5）配套检索软件及工具

为了更好地利用汉语语义倾向语料库，我们开发了 CSOC Toolkit 专用工具箱系统。它由四大模块组成：检查抽取工具集、检索模块、统计模块和可视化模块。

①检查抽取工具集。工具集的开发初衷本是为了在标注时辅助人工完成检查和纠错任务，随着需求的不断增加，新添功能逐渐增多，于是将其整合到一起，作为工具箱的一个独立模块。除了能够检查标注错误和对一部分错误进行自动纠错外，工具集还提供了标注语料信息概览、原始语料抽取等功能。

②检索模块。这个模块提供两类的检索功能：一类是固定的与语义倾向相关的内容检索，如倾向词、倾向句、倾向主体、倾向客体等的检索；另一类是任意字符串或标记的检索。检索完成后可以纯文本或富文本格式保存结果。如图 4-11 所示是倾向词语检索的某个结果截图。

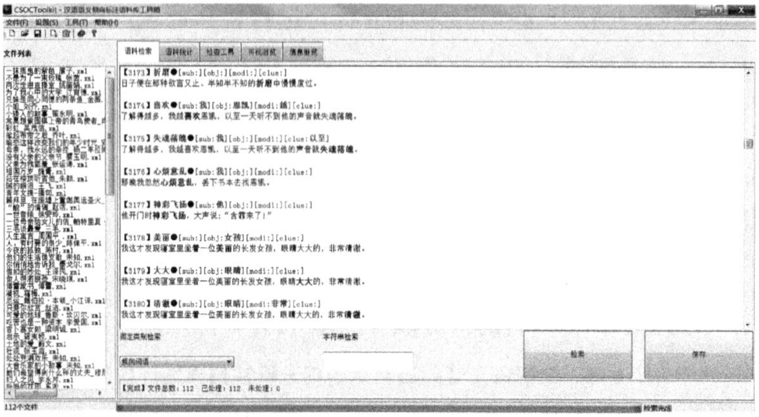

图 4-11　固定类别“倾向词语”项的检索结果

③统计模块。该模块提供对固定项的统计，如统计语义倾向成分、倾向句、非倾向句、正面倾向句、负面倾向句、否定倾向句等，统计结果以表格的形式呈现，并提供排序功能。统计结果可存为纯文本或 Excel 表格格式。

④可视化模块。为了方便人对语义倾向成分标注结果的直观观察，我们特别开发了可视化模块，在其中可以逐句浏览原始文本、分词文本、词性标注文本和语义倾向标注文本。语义倾向标注结果在呈现时，用不同颜色突出显示相关文本内容，并在文本顶部用带颜色和箭头的弧线表示他们之间的语义倾向关系，词性标记则在文本的底部显示。如图 4-12 所示是《恶毒的王子》标注结果的可视化显示效果。

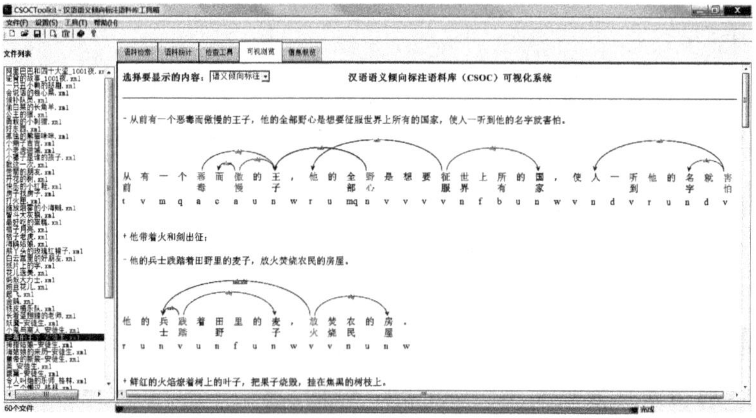

图 4-12　《恶毒的王子》标注结果可视化显示效果

4.8.2 基于汉语语义倾向标注语料库的统计数据

基于汉语语义倾向标注语料库，我们抽样统计了如下五方面的数据，样本大小为 20 万字，计167 812词。

（1）情感词汇的分布

在样本语料中，共标注情感词语7 448个，其中标注为正面倾向的词语为4 215个，负面倾向词语3 233个。见表 4-7。

表 4-7 情感词汇的基本分布

语义倾向	数量（个）	所占语料总词语比例
正面倾向	4 215	2.51%
负面倾向	3 233	1.93%
总计	7 448	4.44%

就7 448个情感词而言，标注有情感的名词有 962 个，占总量的 12.92%；标注有情感的形容词3 208个，占 43.07%；副词 242 个，占 3.25%；动词2 721个，占 36.53%；其他词性的词语 315 个，占 4.23%。具体的词类分布情况见表 4-8。

表 4-8 情感词汇的词类分布

语义倾向	词性	数量（个）	所占该类比例
正面倾向	名词	530	12.57%
	形容词	2 072	49.16%
	副词	60	1.42%
	动词	1 373	32.58%
	其他	180	4.27%
小计		4 215	100%
负面倾向	名词	432	13.36%
	形容词	1 136	35.14%
	副词	182	5.63%
	动词	1 348	41.69%
	其他	135	4.18%
小计		3 233	100%
总计		7 448	

（2）倾向性句子的分布

样本语料中包含7 954个句子[①]，其中非倾向性句子3 514个，占总量的41.4%；倾向性句子4 440个，占58.6%，标注为正面倾向的句子1 774个，负面倾向的句子1 396个，中立倾向的句子1 270个。含有倾向性句子的篇章中，最多包含229个倾向性句子。

在倾向性句子中，平均每个句子包含约1.68个情感词语，从最低包含0个到最高包含16个情感词语不等。

根据标注结果，样本语料中共有不包含情感词语但标注有情感的句子363例，约占倾向性句子总量的10%。经反复检查发现，有少量句子是标注错误（如漏标情感词语），还有一些句子是由于分词软件切分过细，导致无法标注，2项因素共导致的此类标注错误约有1.8%。笔者最终确认，10%这个比例基本符合语言客观事实。如：

（81）<sent>可是狼说："要是你不给我洒面粉，我就把你吃掉。"</sent><ne>

（82）<sent>我深深地感到：中国人民站起来了。</sent><po>

（83）<sent>今后，我还会在当当购书。</sent><po>

（84）<sent>这世界就是这样！</sent><mx>

倾向一致性是我们较为关注的一个问题。所谓倾向一致性，是指句子的倾向性是否与其所包含的情感词语的倾向一致。举例来说，如果一个句子的倾向性是正面的，句中的情感词语的倾向也都是正面的，就称该句和句中的情感词语具有倾向一致性；反之则不一致。统计发现，4 440个倾向性句子中有2 564个具有倾向一致性，约占57.75%；其余约42.25%的句子具有不一致性。我们重点检查了正面倾向和负面倾向句子的情感不一致情况，有的是由于含有否定词语，"并不后悔当初的选择"，有的是由反语引起，如"于丹真是活学活用的楷模"，有的是来源和对象的对立造成的，如"七只小山羊……叫道：'狼死了！'"，另外，这其中也包括了363个不含情感词语但标注为主观性的句子，以及少量的标注错误。

① 主要依据标点符号"。,?,!,……"断句。

(3) 与倾向性有关的程度副词、否定词语、连词的分布

对与主观性表达相关的程度副词、否定词语和连词进行了统计。样本语料中修饰情感词语的程度副词共有 686 例，分布在 635 个倾向性句子中，显示了每 100 个情感词语中约有 9 个受程度副词修饰。

以否定词语“不、没有”为例考察了样本语料否定词语的分布情况。样本语料库共有含“不”的倾向性句子1 135个，含“没有”的 136 个。其中，“不”修饰情感词语的情况有 457 例，“没有”修饰情感词语的情况 41 例，表明每 100 个情感词语中至少有约 7 个受否定词语修饰。

倾向性句子中共含有连词2 247例，分布在1 448个句子中。其中与倾向性直接相关的连词1 190例，说明每 100 个情感词语中有近 16 个受连词影响。

(4) 情感词汇密度

语言学研究中为了区别不同语体的正式程度，提出了用词汇密度（lexical density）作为一个区分标准（Ure，1971）。其计算方法为

$$词汇密度=词项/篇章单词总数\times100\% \tag{4-2}$$

国内许多学者借鉴 Ure 提出的词汇密度概念，并将其计算方法直接演变为（李小凤，2010）

$$词汇密度=实词数/词汇总数\times100\% \tag{4-3}$$

为了衡量不同文本中情感词汇散布的疏密程度，笔者提出情感词汇密度这一概念。采用以下计算公式：

$$情感词汇密度=情感词语数/实词数\times100\% \tag{4-4}$$

统计数据表明，汉语语义倾向标注语料库的情感词汇密度约为 8.58%，意味着根据标注结果，每一千个汉语实词中，约出现了 86 个情感词语。由于在语料的选取上，偏向于收入情感表达较为丰富的语料，因此我们有理由相信，8.58%是一个较大的密度值。当然，不同文体、面向不同对象的文本之间在情感词汇密度上会有较为显著的差异，如我们统计的所有抒情散文和童话故事的情感词汇密度均大于 13%，而相当一部分网络评论文的情感词汇密度则接近 11%，详细的统计数据见表 4-5。此外，我们还发现一个有趣的现象：语料库中篇幅越短的文本，情感词汇密度越大；篇幅越长的文本，情感

词汇密度越小。

(5) 主观性表达的文体差异

将语义倾向标注语料库中的篇章按类分别归入记叙文、说明描写文、抒情散文、议论文和网络评论文五类不同文体，从主观性表达的形式、成分、关联和模式方面考察以倾向性句子表示的主观性表达在文体上的差异。形式方面的统计是基于整个语料库的；限于语料库的标注程度，成分方面的统计基于从各类中随机抽取的50个倾向性句子，关联和模式方面仅做了初步的观察。统计数据见表4-9。

表4-9 汉语主观性表达的文体差异统计数据

特征 / 文体	形式				成分
	情感词汇密度（%）	连续标点①（个）	超范围情感词语②（个）	平均句长③（个）	成分比④
记叙文	8.1	0	0	23	81∶23∶16
说明描写文	6.9	0	0	26	117∶28∶33
抒情散文	13.2	0	0	27	140∶36∶30
议论文	5.4	0	0	29	74∶30∶26
网络评论文	10.5	39	14	38	96∶22∶3

4.8.3 汉语主观性表达的主要特点

在语义倾向标注语料库统计数据的支持下，我们来探讨汉语主观性表达的主要特点，这将为汉语倾向性分析提供直接的帮助。基于统计数据和多方面的考察及认识，我们认为汉语主观性表达具有以下特点。

(1) 汉语是主观性较强的一种语言，汉语主观性表达手段多样，形式丰富

① 指连续标点符号（?、!）表达或辅助表达倾向性的情况，计出现频次。

② 指不在《汉语基本情感词典V1.5版》内的情感词语，计类型数。该词典的详细介绍见5.1节。

③ 仅统计倾向性句子的平均句长，以汉字为单位计，四舍五入。

④ 指核心表达成分、修饰表达成分、提示表达成分三者的比。

沈家煊（2009）指出，从语言类型学上讲，有的语言属于主观性较强的语言。比如日语，发达的敬语系统表明说日语时不可避免地要用明确的形式来表达说话人对所说内容和对听话人的态度或感情。汉语同样是主观性较强的语言，这不仅可以从语言发展历史、民族心理、文化地理、社会制度等非语言的因素方面来考证，还可以通过汉语主观性表达在手段上的多样性和形式上的丰富性来验证。非语言因素在汉语中沉淀下来的感情色彩鲜明的称谓、数量庞大的成语、表达细腻的情感词语，都是汉语主观性较强的体现。同时，汉语可以用语音、词汇、语法和语用等多种手段表达情感，而且各种语言手段在表达情感的形式上更是丰富多彩（见 4.5 节）。显式形式和隐式形式的结合，更使得汉语主观性表达复杂化。从这个意义上说，本章所探索的显式表达形式仍只能说仅窥得汉语主观性表达之一斑。在汉语主观性表达的研究上，仍需花大力气逐步推进。

（2）情感词语是汉语主观性表达的最重要手段

作为汉语这座宏伟大厦最基本建筑材料的词汇，在情感表达上也居功至伟。基于语料库的统计数据表明，情感词语是汉语主观性表达的最重要手段。从理论上说，仅通过观察情感词语，在主客观句子的分类问题上，可以达到约 90%~92%的准确率。形容词、动词、名词和副词四大词类占据了情感词语近 94%的比例，加强对它们的研究是倾向性分析取得成功的关键。汉语主观性表达的这一特点充分说明了基于情感词表分析文本倾向性的可能性和可行性。

（3）汉语主观性表达符合语言的组合规律

组合关系和聚合关系是语言系统中的两种根本关系，语言作为一个分层装置是靠组合和替换来运转的（叶蜚声，2010）。汉语主观性表达符合语言的组合规律，由此，对一个主观性表达而言，它的倾向性是其组成成分意义和关系的总和，进而推知，较高层级语言单位的倾向性是组成它的所有较低层级单位倾向性的总和。同时，构成一个完整的汉语主观性表达的提示表达成分、修饰表达成分和核心表达成分在共现时具有组合关系，满足汉语的句法和语义条件。因此，有必要对汉语主观性表达内部进行句法和语义分析，以最终求得其倾向性。来自语料库的数据显示，汉语倾向性句子中约58%的句子具有倾向一致性，而约42%的句子倾向不一致。原因显而易见，要么是语用因素造成，要么是与情感词语共现的修饰表达成分颠倒了主观性表达的倾向性。作为与核心表达成分紧密相关的否定成分，是除情感词语以外首当其冲需要细致探索的。

(4) 汉语主观性表达在传统文体上表现较小差异，在网络文体上具有鲜明特征

根据我们从汉语主观性表达的形式、成分、关联和模式四个方面进行的初步考察认为，尽管情感词汇密度不尽一致，但汉语主观性表达在传统文体上表现的差异较小，可以采用统一的方法对这些传统文体进行倾向性分析。但是汉语主观性表达在网络文体，尤其是论坛跟帖和新闻评论帖上体现出与传统文体不同的鲜明特征。具体而言，主要体现为以下五个特征：第一，标点符号成为表达主观性的一个重要形式，如连续的感叹号、问号以及省略号；第二，涌现大量的“新鲜”和粗俗的情感词语，如“砖家”“吃饱了撑的”等；第三，表达成分中往往只有核心表达成分，修饰表达成分较少出现，提示成分则几乎没有。说明这类文体在表达情感时简单、直接；第四，表达框架中常常缺少来源和对象；第五，句子（或小句）在主观性表达的衔接模式上相对比较单一，绝大多数为“对象顺承，倾向一致”和“对象不顺承，倾向一致”模式，倾向一致性句子处于绝对优势地位。这要求我们在分析这些文本时要采取不同的针对性策略。

(5) 汉语主观性表达在倾向性上表现出明显的向正面倾向偏斜的不均衡状态

一方面，在我们创建的《汉语基本情感词典》中（见5.1.3节），正面倾向情感词条仅占45.34%，负面倾向情感词条占50.87%。另一方面，根据对语料库的统计，正面倾向情感词语的出现频次占语料库总词语数的2.51%，负面倾向的情感词语占语料库总词语数的1.93%；正面倾向的句子分别占语料库句子总数的22.3%，负面倾向的句子占17.55%，中立倾向的句子占15.96%。这些数据表明，尽管汉语中“好”词少于“坏”词（指的是词

型)，但人们实际所说的话中，“好”的词却大大多于“坏”的词（指的是词例)，正面倾向的句子也多于负面倾向的句子。由此，我们有理由推断，汉语主观性表达在倾向上表现出明显的向正面倾向偏斜的不均衡状态：多数汉语主观性表达是正面倾向的。这与英语的情形是一致的（Kennedy，2006）。这或许暗示着，不管是在东方还是西方，人们的天性都是一样的：喜欢“好话”。

4.9 小结

本章从语言主观性理论出发，明确定义了“汉语主观性表达”这一概念，构建了汉语主观性表达描述体系，并详细地论述了汉语主观性表达描述体系的各个维度。这个体系的建立是以语言主观性理论为基础、面向倾向性分析研究和应用的，它是一个上连语言主观性理论、下接文本倾向性分析的理论与应用的“接口”，同时它也是一个力图为不同层级、不同颗粒度和不同应用目的的倾向性分析提供统一的主观性表达描写标准的系统框架。在汉语主观性表达描述体系的指导下，我们对汉语主观性表达进行了较为全面的考察，描述了主观性表达在汉语中的概貌，掌握了它的一些基本分布，总结了汉语主观性表达的主要特点，为下一步的倾向性分析提供了有针对性的、具体的、以统计数据做支持的有力参考。

第5章　基于语义方法的句子倾向性分析

舆情是民众社会态度、情绪及意见的总和。那么，语言文字舆情自动监测中的一项关键技术就是要对这种“态度、情绪、意见”进行判定和分析，即倾向性分析。在语言文字舆情自动监测系统工作流程中，倾向性分析环节对经过预处理的语言文字舆情信息，如新闻报道跟帖、论坛主题帖、论坛跟帖、评论文章，进行倾向性判别，再将处理结果送给舆情自动分析环节。倾向性分析是当前语言文字舆情监测工作从人工方式或半自动方式向自动方式转变的关键步骤，也是一个“瓶颈”问题：相对于自动监测系统中的其他环节而言，倾向性分析本身是一项较难处理的任务，加之相关研究起步较晚，诸多问题尚待探索；倾向性分析的结果直接影响后续分析数据的准确性，倘若不能提高分析效果，自动监测也将成为一句空话。因此，攻克倾向性分析这一难题，是语言文字舆情自动监测中的关键工作。

语言文字舆情信息中的新闻报道跟帖、论坛主题帖、论坛跟帖、评论文章在篇幅上可分为两类：短文本信息和长文本信息。短文本指篇幅较短的文本，它具有广泛的外延，在本书中仅指新闻报道跟帖和论坛跟帖。短文本最大的特点在于其文本长度短，一般不超过200个字符（龚才春，2008）。与短文本相对的是长文本，这里指论坛主题帖和评论文章。对这两类不同的舆情信息，我们采用不同的策略进行处理：短文本用基于语义的句子倾向性分析方法处理，长文本用基于浅层篇章结构的文本倾向性分析方法处理。

本章研究基于语义方法的句子倾向性分析技术。基于语义的方法本质上是一种基于规则的方法，这种方法融合了句法分析的结果，处理表意明显的情感词语以及与其在句法上紧密相关的其他句法成分两类特征，借助预先编制好的情感词典和附加词典给特征赋值，依靠依存句法信息分析特征之间的关系。它的基本思路是，首先对句子进行分词、词性标注和依存句法分析，利用部分句法信息，结合情感词典和附加词典，按照各种处理规则，计算出句子的倾向性程度值。处理流程如图 5-1 所示。

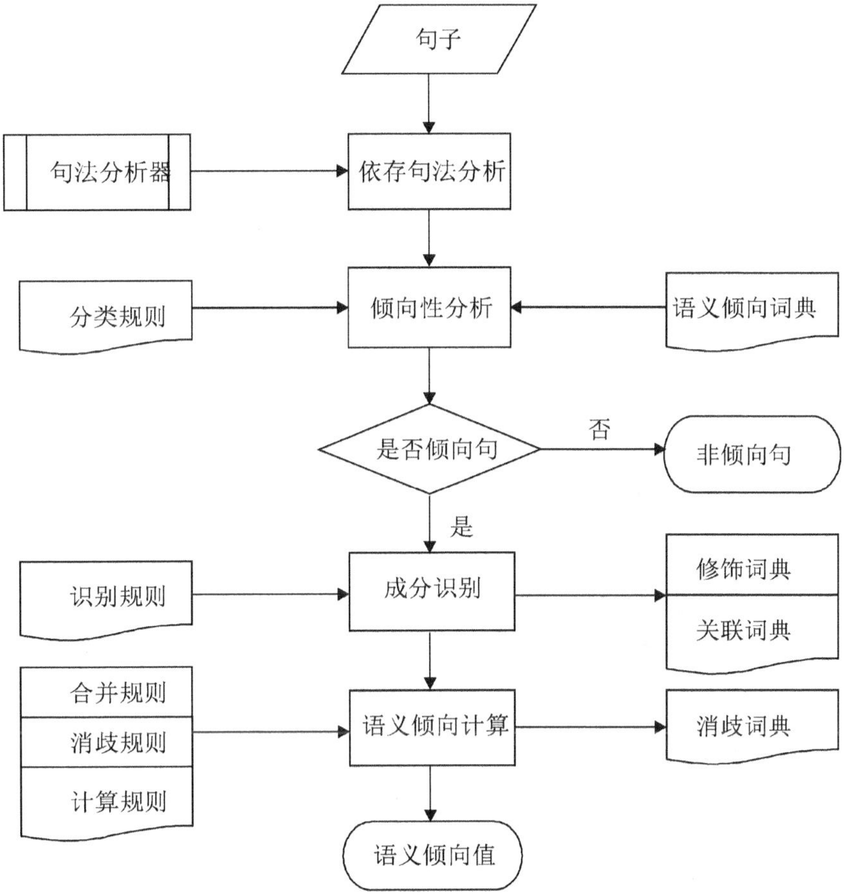

图 5-1　基于语义方法的句子倾向性分析工作流程图

同基于机器学习的方法相比，基于语义方法的句子倾向性分析有其自身的优势。第一，基于语义的方法符合人类思维和解析情感的基本模式。显然，当读到一个句子时，人识别其中的情感的方式是定位情感词语，考虑局部的上下文信息（local context），如否定词、修饰词等，再根据更大的语境（global context），做出最终的判断。基于语义的方法能对人的这种认知模式进行模拟，尤其是模拟语境对情感产生的影响效果。第二，尽管从已有文献看，研究人员普遍认为基于机器学习的方法在准确率上要远远高于基于语义分析的方法，但诸如 SVM 等机器学习模型对训练语料的依赖性较大，它们在所训练的领域表现良好，但如果同一个分类器用在其他领域，其性能将大大下降（Aue，2005）。领域的通用性差几乎是这类模型的一个通病。相对而言，基于语义分析的方法则具有更强的领域通用性，不同领域表达情感存在的“小异”对于人们在基本情感表达上的“大同”一般不会对这种方法的分析结果带来太大的影响。第三，类似 SVM 的分类方法其本质是二元线性分类，分类的结果（或称“标记”）只有两个值，用来表示属于正面倾向还是负面倾向。然而，句子倾向性分析中还有一个任务，就是计算倾向的强度。在这个问题上，SVM 等分类器存在“先天”的缺陷，并不太适合用来处理这一任务，尽管并非不可能（Pang，2005），但其处理结果表现一般（Wilson，2004）。而基于语义的方法则能将倾向性分类和倾向性程度计算很好地结合在一起处理，其输出结果为一个带符号的数值，其符号表明了倾向性，其值指示了倾向强度。上述这些优势促使我们下决心探索深层次的基于语义的句子倾向性分析方法，并努力提高分析的准确率，使其成为领域通用的、可行的、有用的方法。

依据汉语主观性表达的关联维度，可以在句子倾向性分析中选取多种主观性表达属性，对与主观性相关的各种信息进行描述。其中，除了作为中心属性的倾向性外，常常特别关注倾向性的对象和来源，尤其是当需要进行合一运算时，如果多个主观性表达形式的对象和来源属性的值不相等，则意味着它们是不相容的，合一运算就会失败。可以说，倾向性分析中最基本的三个属性就是：倾向性、对象和来源，可以将其表示成这样的形式：倾向性（对象，来源），如“爱（祝英台，梁山伯）”。本书研究面向语言文字舆情监测任务的句子倾向性分析方法，其最终目的是为了处理短文本和长文本舆情信息。无论短文本还是长文本，它们理论上都是超句单位，句子级的分析是其基础性环节，而非工作目标。从语言文字舆情信息的来源看，同一主题集合中短文本舆情信息的倾向性对象一般是相同的，长文本舆情信息则可以利用更多的篇章结构信息来抽取主题进而针对主题分析其倾向性。因此，本章着重探讨如何计算句子倾向性的问题，在论述时，假定这些倾向性是针对同一个对象、出自相同来源的，对于如何处理倾向性、对象和来源三者对应关系的问题，仅做简要阐述。

按照上述思路，本章将讨论情感词典和附加词典的研制，介绍依存句法分析的情况，重点研究各种处理规则以计算句子的倾向性程度，分析基于语义方法的实验结果，最后提出一个处理倾向性及其对象和来源对应关系的思路。

5.1 情感词典及附加词典的研制

5.1.1 基本思路

汉语主观性表达的一个显著特点，是符合语言的组合规律。进而，在倾向性上，较高层级语言单位的倾向性是组成它的所有较低层级单位倾向性的总和。就句子来说，句子的整体倾向性通常是词层面的形容词、动词、名词、副词以及短语层面的熟语等意义和关系的总和，而词语的倾向性一般是静态的，是人们在长期的语言使用中沉淀形成的。据此，我们可以建立一部情感词典，将具有倾向性的词语，即充当主观性核心表达成分的形容词、动词、名词、熟语等收录其中。此外，如 4.5 节所述，除了核心表达成分，句子中还有提示表达成分和修饰表达成分，因此还需把这两类成分编入词典，作为情感词典的附加部分，以便于深层次的倾向性分析；部分多义情感词（如“骄傲”）既具有正面倾向又具有负面倾向，需要对其进行语义倾向消歧，因而有必要配备一部消歧词典。为了表述方便和以示区分，本书将主情感词典称为基本情感词典，修饰词典、关联词典和消歧词典合称为附加词典。

依据语义方法的研究思路，句子倾向性分析依赖于一部预先编制好的基本情感词典，对句子中的主观性核心表达成分进行倾向性判别。在基本情感词典的建立问题上，既可以通过手工的方式编制，也可以通过使用种子词

(seed words) 扩展的方式自动创建。两种方式各有利弊，往往需要根据具体的研究目标做出决定，本书采用手工方式编制基本情感词典，部分工作参考了英语情感词典的创建办法（Taboada，2006）。

对于一部情感词典来说，它的结构是一个最基本的问题，过于简单的词典结构往往不能满足更多的需求，而倘若太过于复杂，又会增加工作的难度，在实际使用中会产生较大的冗余，并非一定带来良好的效果。在考察了国内外现有的几部主要的情感词典后，我们根据语言文字舆情监测的需要，综合考虑了各种因素，也权衡了各种利弊关系，最后对情感词典的结构做出如下规划，见表 5-1。

表 5-1　基本情感词典的结构

编号	词语条目	词语类别	正面倾向程度值	负面倾向程度值	是否多义词
3371	骄傲	形容词	0. 375	0. 25	是

“词语类别”分两大类：词和短语，表示方法同《现代汉语词典》，即对于词，标明其词性，短语暂时不标。“正面倾向性程度值”和“负面倾向性程度值”分别用［0，1］区间的数值表示，数值越大，所表示的倾向性程度越大。同时根据《现代汉语词典》，标明是否为多义词。表 5-1 给出了示例词条“骄傲”的各种情感信息。

基本情感词典的作用在于确定核心表达成分的倾向性，但句子的整体倾向性还受到修饰表达成分和提示表达成分的影响，因而需要附加词典参与分析过程并最终确认句子的倾向性。附加修饰词典、提示词典、消歧词典的信息结构分别规划如表 5-2、表 5-3 和表 5-4 所示。

表 5-2　附加修饰词典的结构

编号	词语条目	词语类别	修饰正面倾向程度加强值	修饰负面倾向程度加强值
132	非常	副词	80%	80%

表 5-3 附加提示词典的结构

编号	词语条目	词语类别	提示类别	配对词语	提示关系	影响倾向程度值
39	不但	连词	2	还；而且；反而	递进	+25%

表 5-4 附加消歧词典的结构

编号	词条项	类别	正面语义倾向搭配/共现词语	负面语义倾向搭配/共现词语
11	骄傲	形容词	成就；自豪；值得；令；深感；兴奋；中华民族；引以为；光荣；为此；为之；勇敢；……	自满；防止；不能；惭愧；自大；不；不要；怕；毁；克服；反对；丝毫；从不；起来；……

修饰词典中“修饰正面倾向程度加强值”和“修饰负面倾向程度加强值”不是一个特定的值，而是其所修饰的核心表达成分倾向性的百分比。提示词典中的“影响倾向程度值”也是如此，但它是按照提示关系的类型来划分的，相同的提示关系具有同等的影响倾向程度值。提示词典中的很多关联词语是成对出现的，以此给出其相应的“配对词语”。

对于以手工方式编制的情感词典，往往会招来这样一些诟病：一是词典的可靠性值得怀疑。这种意见认为，词语的褒贬类别及其主观性程度都是人工划定和赋予的，由于个体差异的原因，不同的编制人员肯定会建立不同的情感词表，赋予不同的主观性程度值。二是情感词表的覆盖面太窄。这种观点认为，手工方式选取的情感词语，受限于编制人员所掌握的知识，不可能覆盖到每一个领域，因此基本上是一般领域的常用词语。自动方式创建的情感词表则能解决这个问题，词表的量也要大得多。三则认为“静态的”情感词典脱离了语境，难以在一部结构简单的词典中解决汉语中存在的大量多义词问题和歧义问题。上述批评意见也正是笔者在研制过程中所思考的问题。因此，在介绍情感词典加工过程后，笔者试图进行一些测试和统计，并对前述三个问题做一定的解释和说明。

5.1.2 研制过程

在阐述了基本思路后，本节介绍笔者研制《汉语基本情感词典》《汉语情感附加修饰词典》《汉语情感附加提示词典》和《汉语情感附加消歧词典》的大致过程，主要是词语条目的确定以及情感相关信息的人工标注。

《汉语基本情感词典》的词语条目主要来自如下现有的相关词典和电子资源：

（1）《褒义词词典》。由史继林、朱英贵编著，四川辞书出版社出版，选收现代汉语常用词中的褒义词5 067条，其中包括一些词义本属中性，但有褒义化趋向、多用于积极方面的词语。

（2）《贬义词词典》。由杨玲、朱英贵编著，四川辞书出版社出版，收录常用贬义词语3 490条。

（3）《常用褒贬义词语详解词典》。由郭先珍、张伟等编纂，商务印书馆出版，收录现代汉语常用褒义词语 503 条，贬义词语 585 条，包括双音词、成语、惯用语和少量谦敬辞。

（4）《汉语褒贬义词语用法词典》。由王国璋编写，华语教学出版社、北京华语出版文化公司出版，共收褒义词语 500 条，贬义词语 514 条，包括少量常用的敬辞、谦辞和客套话。

（5）《学生褒贬义词典》。由张伟、刘缙等编纂，中国大百科全书出版社出版，含褒义词语 730 条，贬义词语 939 条。

（6）知网“情感分析用词语集（beta 版）”。由董振东开发，含有负面评价词语3 116个、负面情感词语1 254个、正面评价词语3 730个、正面情感词语 836 个。

（7）NTUSD。由台湾大学计算机科学与信息工程系创建，包含褒义词语2 812个，贬义词语8 276个。主要收集了 *General Inquirer* 词典的中文翻译词语和网络意见用语。

（8）清华大学中文褒贬义词典。由清华大学智能技术与系统国家实验室制作，含褒义词语5 565个，贬义词语4 468个。

（9）其他。包括许小颖（2003）一文中列出的1 000多个情感词语和笔者收集的自语义倾向标注语料库的部分词语。

对上述词条来源进行初步考察后发现，知网“情感分析用词语集（beta版）”中含有较多的古语词以及一些冷僻罕用的单字词，NTUSD 中含有过多的网络用语和带有台湾地区特色的词汇，其他词典则没有这些现象，因此首先对这部分词语进行了剔除。然后对所有词典中的褒义词和贬义词进行按类合并和去除重复条目的操作，得到两个初步的词表，共计19 625个词语条目，其中正面倾向词8 899条，负面倾向词9 983条，具有语义倾向歧义的词743 条。

《汉语情感附加修饰词典》和《汉语情感附加提示词典》的词语条目则主要来源于《现代汉语词典（第 5 版）》中的副词和连词、《现代汉语（增订三版）》（黄廖本）及《现代汉语通论》相关章节的例词。其中，《汉语情感附加修饰词典》含词条 182 个，《汉语情感附加提示词典》含词条 160 个。

《汉语情感附加消歧词典》消歧词典用于语义倾向“歧义”的消解，采用的方法是基于搭配词进行消歧。词典中的主体内容是搭配/共现词，即先从搭配语料库中自动抽取搭配和共现词语实例，再经人工筛选完成。该词典共含词条 743 个。

基本情感词典中情感信息的标注是一个关键步骤，标注工作全部由人工完成。标注前对 4 名标注人员（均具有语言学专业本科以上学历）进行了培训，统一了标注要求和标准。然后将其分成两组，各自分别对情感词典中的词语倾向性程度进行 9 级打分，取值范围［-1，1］，对附加词典进行影响倾向性程度评级，取值范围［-200%，100%］，标注依据的原则是个人的语感和认识。各人初次标注工作完成后再以组为单位逐条核对，重点讨论意见不一致的标注词语，达成统一意见后，各组分别提交标注结果。最终将两组结果进行求和平均，得到最终的评分结果。最后参照《现代汉语词典（第 5 版）》及《现代汉语（增订三版）》，增加词性、是否多义词等信息，又将原来分开的褒义词典和贬义词典合并到一起，组成《基本情感词典》。

采用相似的办法对《附加修饰词典》《附加提示词典》《附加消歧词典》

进行标注，又根据它们对主观性表达的核心表达成分的不同功能，有针对性地增加提示关系、配对词语等信息。

至此，基本情感词典及其附加词典的研制工作就完成了。在下一节中，笔者将列出一些基本的统计数据，并在有限的范围内进行一定的测试，以检验词典的有效性，并尝试回答 5. 1. 1 节中的三个质疑。

5. 1. 3 测试及说明

研制完成后的基本情感词典及其附加词典的基本信息如表 5-5 所示。

表 5-5 基本情感词典及其附加词典的基本信息一览表

<table>
<tr><td>词典名称</td><td colspan="4">词条信息</td><td colspan="4">词性信息</td></tr>
<tr><td rowspan="3">基本情感词典</td><td>总条目</td><td>正面条目</td><td>负面条目</td><td>歧义条目</td><td>形容词</td><td>动词</td><td>名词</td><td>其他[1]</td></tr>
<tr><td rowspan="2">19 625个</td><td>8 899个</td><td>9 983个</td><td>743 个</td><td>3 740个</td><td>4 013个</td><td>2 742个</td><td>9 130个</td></tr>
<tr><td>45. 34%</td><td>50. 87%</td><td>3. 79%</td><td>19. 06%</td><td>20. 43%</td><td>13. 98%</td><td>46. 53%</td></tr>
<tr><td rowspan="3">修饰词典</td><td>总条目</td><td colspan="2">加强类条目</td><td>减弱类条目</td><td>副词</td><td>动词</td><td>形容词</td><td>其他</td></tr>
<tr><td rowspan="2">182 个</td><td colspan="2">120 个</td><td>62 个</td><td>138 个</td><td>11 个</td><td>7 个</td><td>26 个</td></tr>
<tr><td colspan="2">65. 93%</td><td>34. 07%</td><td>75. 82%</td><td>6. 05%</td><td>3. 85%</td><td>14. 28%</td></tr>
<tr><td rowspan="3">关联词典</td><td>总条目</td><td colspan="2">配对类条目</td><td>非配对类条目</td><td>连词</td><td>动词</td><td>副词</td><td>其他</td></tr>
<tr><td rowspan="2">160 个</td><td colspan="2">47 个</td><td>113 个</td><td>92 个</td><td>31 个</td><td>20 个</td><td>17 个</td></tr>
<tr><td colspan="2">29. 38%</td><td>70. 62%</td><td>57. 5%</td><td>19. 37%</td><td>12. 5%</td><td>10. 63%</td></tr>
<tr><td rowspan="3">消歧词典</td><td>总条目</td><td colspan="2"></td><td></td><td>形容词</td><td>动词</td><td>名词</td><td>其他</td></tr>
<tr><td rowspan="2">743 个</td><td colspan="2"></td><td></td><td>212 个</td><td>173 个</td><td>97 个</td><td>261 个</td></tr>
<tr><td colspan="2"></td><td></td><td>28. 5%</td><td>23. 3%</td><td>13. 1%</td><td>35. 1%</td></tr>
</table>

由表 5-5 可知，基本情感词典中单纯具有褒义评分的词条有8 899条，单纯具有贬义评分的词条有9 983条，既具有褒义评分又具有贬义评分的词条称之为“情感歧义词语”，有 743 条。这 743 个情感歧义词语需要借助语境、统计概率等因素来消除倾向性上的歧义。

我们认为，通过 5. 1. 2 节所述方法所编制的情感词典是可靠的。首先，

① 包含了数量较多的高频成语和惯用语。

词条的来源是可靠的，绝大多数来自可信度高的词典；其次，词条的分类是可靠的，绝大多数词条类别都是由专家判断；再次，词条的主观性程度赋值也较为可信，可以说体现了 4 名标注人员的综合语感，而且，标注人员之间的标注一致率也较高。用公式（5-1）计算标注一致率（annotation agreement degree，AAD），它说明不同的人对词条主观性程度认识的相似程度。

$$ADD = \frac{\text{情感赋值相同的词条数}}{\text{总词条数}} \times 100\% \tag{5-1}$$

表 5-6 列出了随机搭配的两对标注人员的标注一致率。

表 5-6　情感词典的标注一致率

标注人员编号	标注人员编号	情感赋值相同的词条数	一致率
1	4	9 955个	50.66%
2	3	10 078个	51.35%

由表 5-6 可知，不但每组成员间的标注一致率均大于 50%，而且各组之间的标注一致率基本相当，说明在对超过半数情感词语的主观性程度的认识上，标注人员持有完全相同的主观认识。同时我们也认为，对于存在认识差异的情感词语，通过采取有意识的意见综合以及求和平均运算相结合的办法，可以将差异减少到较低的水平，以客观、真实地反映情感词语的主观性程度值。由此我们认定该词典是可靠的。

情感词典的覆盖范围难以直接估量，因为到目前为止，人们还无法确切地掌握汉语中情感词汇的数量。基于 4.8.3 节对汉语主观性表达特点的认识，本书认为，既然使用显性的情感词语表达主观性是汉语的主要手段，那么应该可以通过语义倾向标注语料库对情感词语的覆盖范围进行大致的估计。据此，设计如下测试检验情感词典的覆盖范围：抽取语义倾向标注语料库中所有的情感词型，将情感词典与其进行比对，考察情感词典中的词条是否在语料库中出现。情感词典的覆盖率（sentiment dictionary coverage，SDC）用公式（5-2）计算：

$$SDS = \frac{\text{情感词典中的词条在语料库中出现与否的总数量}}{\text{语料库中的情感词型数}} \times 100\% \tag{5-2}$$

最终计算得《汉语基本情感词典》在汉语语义倾向语料库中的覆盖率为

$$SDC_{CHNSentiDict\ V1.5}=3051/3148\times100\%=96.92\%$$

如果不计语料库中含有的10个英文词语，以及修正可能存在的情感标注错误，《汉语基本情感词典》在语料库中的覆盖率应在98%以上。由此可见，该情感词典具有较大的覆盖范围，在一般领域完全可以胜任倾向性分析的任务。

通过上述工作，我们对语义倾向有了更清晰、更深入的认识，其具有的四条性质总结如下：

（1）语义倾向具有程度差异。这种程度是一种主观量，是语言主观性在量范畴上的表现。常说的“高、中、低”是对程度差异的一种粗糙的描述，这种三标度法的刻画能力仍可以不断增强至更为细致的五标度法（高、较高、中、较低、低）、七标度法（极高、高、较高、中、较低、低、极低）等，最后直至使用数值来代替等级。

（2）语义倾向具有可组合性。这里有两层意思，以句子“王后长得非常漂亮，但她很骄傲自负，嫉妒心极强”为例说明。其一，一个完整的语义倾向表达式有三类组成成分：核心成分、修饰成分和关联成分。核心成分主要是词和一部分结合紧密、使用稳定的短语，它们是负载语义倾向的最小单位，具有不可再分性，如句中的“漂亮、骄傲、自负”等；句法上修饰核心成分且对其倾向程度产生加强或减弱影响的成分称为修饰成分，主要是程度副词和否定词语，是影响语义倾向的重要因素，如“非常、好、很”等；用来关联多个核心成分或修饰成分的成分称为关联成分，它们大多是关联词语，如“（虽然）……但”。核心成分、修饰成分和关联成分可以进行有限组合，并共同决定着一个具有语义倾向的主观性句子的最终语义倾向值，如“（虽然）非常漂亮、但……很骄傲（和）（很）自负、（但）嫉妒心极强”共同决定了例句的整体语义倾向值。其二，不同大小语言单位的语义倾向可以进行逐级运算，较大语言单位的语义倾向值是其所有组成成分语义倾向值的加权和，如小句“但她很骄傲自负”的语义倾向值由“但她很骄傲”和“但她很自负”组合而成，其内部两个组成部分的权值取决于它们之间的语义关系。运算的顺序从单个的词或短语开始，依次提升至更大的短语、小句，最后直至句子。运算时以核心成分为中心，以包含单个核心成分的语义倾向表达式为基本单元，通过不断合并多个基本单元的方式得到句子的整体语义倾向值。

(3) 词语的语义倾向具有“多义性”，这是由词语的多义性造成的。如果一个词语（如“骄傲”）的多个义项具有不同的语义倾向，那么它的语义倾向具有不确定性，这时往往需要根据特定的语境，进行“歧义”消解。由此，处理词语的语义倾向“歧义”问题，成为语义倾向计算中的一项必要任务。

(4) 词语的语义倾向存在静态和动态的区别。所谓“静态”指词语的词典义所表现出来的语义倾向，具有凝固性和共识性的特点；所谓“动态”则指词语在语境中所体现的语义倾向，它可能与其静态语义倾向一致，也可能不一致。语言中语用手段的使用使得语义倾向计算变得异常复杂，如一个不含任何语义倾向词语的句子可以表达某种倾向，一个含有正面语义倾向词语且不含否定词语的句子可以表达负面倾向。如何有效解决词的动态语义倾向的计算问题，是目前面临的一个挑战。

5.2 依存句法分析

在句子的倾向性分析问题上，我们的目标是寻找一种深层次的分析方法，在目前阶段，它至少能够处理情感词语与影响主观性表达的因素之间的各种组合和复杂关系，使分析结果取得较高的准确率；同时，也希望尽量不依赖于过多的深度句法语义分析，以减少处理的复杂程度，防止过多的错误蔓延，在这样的思想指导下，基于语义分析的句子倾向性分析需要借助一定的句法信息，来处理以情感词语为中心的相关语法单位之间的句法关系，而对其他的无关成分予以忽略。依存句法分析正好能满足我们的要求。

依存语法（grammaire de dépendance，dependency grammar）最早由法国语言学家特思尼耶尔（Lucien Tesnière）在其著作《结构句法基础》（1959 年）中提出。依存语法认为，一切结构句法现象可以概括为关联（connexion）、组合（jonction）和转位（translation）三大核心。句法关联建立起词与词之间的从属关系，这种从属关系是由支配词和从属词联结而成的。动词是句子的中心，它支配着别的成分，而它本身则不受其他任何成分支配（冯志伟，1998）。

1970年美国计算语言学家J. Robinson提出了依存关系的4条公理（刘海涛，1997）：

（1）一个句子只有一个成分是独立的。

（2）其他成分直接依存于某一成分。

（3）任何一个成分都不能依存于两个或两个以上的成分。

（4）如果A成分直接依存于B成分，而C成分在句子中位于A和B之间，那么C或者直接依存于A，或者直接依存于B，或者直接依存于A和B之间的某一成分。

1992年，黄昌宁等（1992）提出了第5条公理：

（5）中心词左、右两边的词（中心词除外）相互不发生依存关系。

概况地来说，依存关系具有这样一些主要属性：（1）它是二元的，即它是一种两个语言单位之间的关系。（2）它是不对称的，即在构成关系的两个元素中，一个元素处于支配地位，另一个元素处于从属地位。（3）它是有标记的，即人们应该区分一种语言里的各种不同的依存关系，并且将它们显式标示出来（刘海涛，2007）。

依存语法对语言学的发展产生了深远的影响，特别是在计算语言学界备受推崇，自20世纪60年代初就已经开始应用到机器翻译领域。研究发现，句子成分间相互支配与被支配、依存与被依存的现象普遍存在于汉语的词汇各级语言单位中，对汉语的依存句法分析可以反映出汉语句子中各成分之间的语义关系，进而得到它们之间的逻辑关系，这些关系和句子成分在句中的物理位置无关。因此，对于汉语这种具有“意合”特点的语言，依存分析显示了强大的优势。

实用的自动化汉语依存句法分析器目前并不多见，可获得的则更少。考虑到句子倾向性分析的需要，我们使用哈尔滨工业大学信息检索研究中心开发的“语言技术平台（language technology platform，LTP）”进行依存句法分析。LTP 在 CoNLL 2009（计算自然语言学习 2009 年大会）多语种依存分析和语义角色标注评测中，获得 21 家参赛单位第 3 名的成绩（Che，2009）。基于正确的分词和标注，该模块的依存关系准确率（LAS）为 73.91%，依存弧准确率（UAS）为 78.23%（李正华，2010）。

LTP 依存分析模块规定了 24 种汉语句法依存关系类型（马金山，2007），其中倾向性分析可以用到的主要有定中关系（ATT）、并列关系（COO）、动补结构（CMP）、“的”字结构（DE）、“地”字结构（DI）、“得”字结构（DEI）、状中结构（ADV）、动宾关系（VOB）、主谓关系（SBV）、关联结构（CNJ）等。由于并非完全依赖于 LTP 的依存句法分析结果，也不需要借助全部的句法依存关系，因此，LTP 依存句法分析模块 73.91%的准确率不会给句子倾向性分析造成太大的影响。

利用 LTP 提供的动态链接库应用程序接口，将输入的待分析句子经过 LTP 依存句法分析后，可以抽取到该句子的词语、词性、节点编号、依存节点编号、依存关系等信息。例如：

输入：（85）简化字是历史的进步，恢复繁体字是历史的倒退。

输出（可视化效果）：

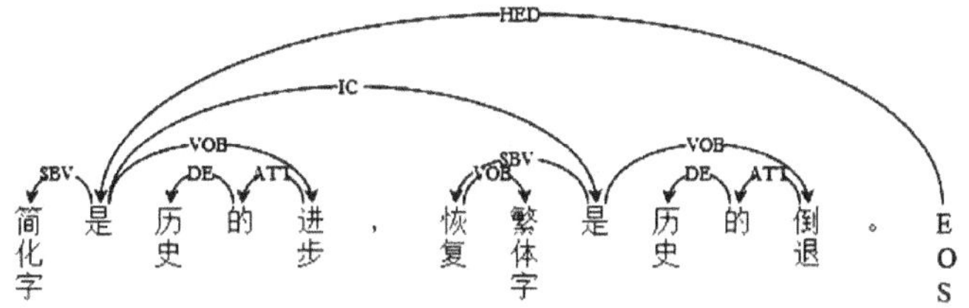

图 5-2　一个句子的依存句法分析结果（可视化效果）

输出（XML 格式）：

```
<? xml version=" 1.0" encoding=" gb2312" ? >
<? xml-stylesheet type=" text/xsl" href=" nlp_style_v2. 0. xsl" ? >
<xml4nlp>
<note sent=" y" word=" y" pos=" y" ne=" y" parser=" y" wsd=" y" srl=" y" />
<doc>
```

```
<para id=" 0" >
<sent id=" 0" cont=" 简化字是历史的进步，恢复繁体字是历史的倒退。" >
<word id=" 0" cont=" 简化字" pos=" n" ne=" O" wsd=" Dk05" wsdexp=" 字_笔画_偏旁_书体"
parent=" 1" relate=" SBV" />
<word id=" 1" cont=" 是" pos=" v" ne=" O" wsd=" Ja01" wsdexp=" 是_当作_比作" parent=" -
1" relate=" HED" >
<arg id=" 0" type=" A0" beg=" 0" end=" 0" />
<arg id=" 1" type=" A1" beg=" 2" end=" 4" />
</word>
<word id=" 2" cont=" 历史" pos=" n" ne=" O" wsd=" Da07" wsdexp=" 往事_前途" parent=" 3"
relate=" DE" />
<word id=" 3" cont=" 的" pos=" u" ne=" O" wsd=" Kd01" wsdexp=" 的_然_所" parent=" 4"
relate=" ATT" />
<word id=" 4" cont=" 进步" pos=" v" ne=" O" wsd=" Ie12" wsdexp=" 进步_退步_堕落" parent
=" 1" relate=" VOB" />
<word id=" 5" cont=" ，" pos=" wp" ne=" O" wsd=" -1" wsdexp=" " parent=" -2" relate="
PUN" />
  ......
</sent>
</para>
</doc>
</xml4nlp>
```


图 5-3　一个句子的依存句法分析结果（XML 格式）

输出（抽取结果）：

```
简化字 是 历史 的  进步 ， 恢复 繁体字 是 历史 的 倒退 。
     nv   n    u    v    wp   v    n    v    n    u    v    wp
0        1    2      3    4    5      6      7      8     9      10   11  12
     1    -1   3    4    1    -2   8    6    1    10   11   8    -2
     SBV HED DE  ATT VOB PUNSBV  VOB IC  DE  ATT VOB PUN
```

图 5-4　一个句子的依存句法分析结果抽取示例

5.3 基本原则、分类规则和识别规则

得到句子的依存句法分析结果后，将其送入句子倾向性分析器（Sentence Orientation Analysis System，SOAS）。句子倾向性分析器主要有三个功能：对句子进行倾向性和非倾向性的分类，识别不同类型的主观性表达成分，计算句子的倾向性程度；它的语言学理论基础是 2.2.2.1 节提到的语言的主观性和 2.2.2.2 节述及的语义差分理论，也参考了 2.2.2.4 节介绍的语义韵，依据的是我们在第 4 章中提出的汉语主观性表达描述体系。总体上，SOAS 基于源自语义差分理论的两个假设：（1）单个词语具有约定俗成的倾向性，这种语义倾向不依赖于语境；（2）这种语义倾向能表示为一个数值。

句子倾向性分析器的主体是一套规则的集合，它根据输入句子的不同，按照一定的规则实施相应的处理策略。处理规则分为五类：分类规则（classifying rules，R_f）、识别规则（recognizing rules，R_g）、合并规则（unification rules，R_u）、消歧规则（Disambiguation rules，R_d）和计算规则（calculating rules，R_c）。下面分别予以说明，在此之前先谈谈基本的原则（basic principles，P_b）。

5.3.1 基本原则

基本原则规定基于语义方法的句子倾向性分析的总体原则和基本思想，它是宏观的、指导性的。基本原则共三条，用自然语言描述如下：

原则 P_b1：句子的倾向性是其组成成分意义和关系的总和。

这里的“组成成分”是指词层面的形容词、动词、名词、副词、连词以及短语层面的熟语等，它们要么是主观性核心表达成分，要么是修饰表达成分或提示表达成分。我们假定，除此以外的其他成分与倾向性分析无关。

原则 P_b2：句子的倾向性程度用一个带符号的数值表示，它可以根据句子组成成分的意义和关系运用算术运算求得。

采用带符号的算术加和算术乘运算求得一个句子的整体倾向性。举例

来说：

（86）我喜欢咱们中国的汉字！

（87）这种改法有点莫名其妙。

（88）吊灯是很漂亮，捷克产的；但碰它一下是很危险的。

根据《基本情感词典》中“喜欢（+0.375）”“莫名其妙（-0.5）”“漂亮（+0.25）”“危险（-0.375）”、《修饰词典》中“有点（-70%）”、“很（+70%）”的值以及《提示词典》中“但”所表达的转折关系，通过计算知这些句子的整体倾向性（Sentence Overall Orientation，SOO）分别为：

（86）SOO=+0.375

（87）SOO=-0.5×（1-70%）=-0.15

（88）SOO=（0.25×（1+70%））×10%+（-0.375×（1+70%））×90%=-0.53125

原则 P_b3：规定一个句子的倾向性程度取值范围为［-1，1］，其中［-1，0］表示负面倾向性程度，（0，1）表示正面倾向性程度，0 表示中立。

规定 1 和-1 分别是正、负面倾向程度的极值，原则上任何句子的倾向性取值不能超越极值；同时，在比较句子的倾向程度时，仅限在［-1，1］的范围内进行。然而，有时候在遇到诸如“看灯塔是一种最伟大、最高尚而又最有诗意的生活”之类的句子时，算出来的结果却大大超出了极值，因此需要对其进行修正。这里我们采用一种简单修正的办法，即凡是超出取值范围的计算结果，一律取与其倾向性相同的一端的极值作为修正值。换句话说，当倾向性程度达到极值时，就不再区别其强度等级。0 表示一个句子的倾向性是中立的，但并不意味着该句子是非倾向性句子。

5.3.2 分类规则

分类规则是对倾向性句子和非倾向性句子进行分类的处理规则，本节主要讨论分类规则，识别规则在 5.3.3 节阐述。所有规则均用形式化语言类巴科斯-瑙尔范式（backus-naur form，BNF）进行描述，本书所用到的符号及其意义见表 5-7。用于句子倾向性分析的处理规则的 BNF 主要定义①如下：

<规则>：：=&&<规则名><判定式>［：：<约束条件>］

<规则名>：：="｛" <标识符>"｝"

<判定式>：：=<待判定单位标记>→<判定结果标记>

<待判定单位标记>：：=S | Es | Ek | Em | Ec | Ws

<判定结果标记>：：=Ss | So | V

<约束条件>：：=<约束式>｛，<约束式>｝

<约束式>：：=<合一等式>

<标识符>：：=<文字>｛<文字>| <阿拉伯数字>｝

表 5-7 句子倾向性分析处理规则的 BNF 符号及其意义

符号	意义	符号	意义
：：=	定义为	S	句子
&&	规则开始	Ss	倾向性性句子
：：	约束条件开始	So	非倾向性性句子
=	等于	W	情感词语
>	大于	Es	主观性表达形式
≥	大于等于	Ek	核心表达成分
.	相当于结构助词“的”	Em	修饰表达成分
→	判定为，计算为	Ec	提示表达成分
|	逻辑“或”	V	倾向性程度值
，	分隔约束式	Num	数量，0 到 *n* 个，*n* 是正整数
“”	字符标记	IF	条件测试语句
｛X｝	X 可重复 0 到 *n* 次，*n* 是正整数	Wm	修饰词语
［X］	X 是可选的	Wh	提示词语
<X>	X 是非终结符	Ds	情感词典集合
∈	属于	Dm	修饰词典集合
TRUE	逻辑“真”	Dc	提示词典集合
FALSE	逻辑“假”	DR（X，Y）	依存关系类别识别函数

① 另参见詹卫东《面向中文信息处理的现代汉语短语结构规则研究》，北京大学博士学位论文，1999。

续表

符号	意义	符号	意义
Wa	情感形容词	HD（X，Y）	依存关系主从判别函数，X 为支配地位，Y 为从属地位
Lookup(X)	查询函数，X 代表词典	SD（X，Y）	语义距离计算函数
Add（X，Y，…）	倾向程度计算函数，算术加	Min（X，Y，…）	求最小值函数
λ	加权值	Wn	情感名词
+	加，组成	*	乘以
-	减，负	LR（X，Y）	关联关系识别函数
Vo	倾向性符号	/*，*/	注释

分类规则（共两条）是句子倾向性分析中最先使用的规则。它的形式化描述如下：

/*非倾向性句子的分类规则*/

&& {R_f1} S→So :: IF S. W. Num=0，W∈Ds

规则 R_f1 表示，如果一个句子中不含任何情感词语，则该句子为非倾向性句子。利用该规则来识别非倾向性句子。由于汉语分词软件的局限，不能保证 100%的准确率，对于很多熟语又常常采取切分而不是作为意义整体合并在一起的策略，因此为了确保一个句子中不含有情感词语，可以采取一些办法进行二次确认。比如，可以用在未切分的句子中查找《基本情感词典》中的词条是否出现的方法。确认为非倾向性句子的，我们赋予它一个特殊标记，以示区别。

/*倾向性句子的分类规则*/

&& {R_f2} S→Ss :: IF S. W. Num>0，W∈Ds

规则 R_f2 说明，如果一个句子中含有情感词语，则该句子为倾向性句子。主要利用规则 R_f1 和 R_f2 对句子进行倾向性和非倾向性分类；此外，词性、标点符号、修饰词语、提示词语等其他特征对于提高分类效果具有一定的帮助，可以制定相应的辅助分类规则，此处不再一一赘述。非倾向性句子对倾向性分析没有意义，在进一步的分析中被抛弃。倾向性句子中情感词语数量不同，则其所采取的相应分析策略也不相同。由于句子中修饰表达成分和提示表达成分与情感词语存在各种各样的组合方式，因此，一般而言，句子中情感词语越多，所采取的分析策略也越复杂。

5.3.3 识别规则

识别规则是识别主观性表达成分的处理规则。依据倾向性句子中情感词语的数量，把识别规则分为两个小类，一类专门处理仅含一个情感词语的，一类处理含有两个或两个以上情感词语的。下面分别予以说明。

识别规则（共四条）在分类规则后使用。第一类识别规则的形式化描述如下：

/＊核心表达成分的识别规则（含一个情感词语）＊/

&& { R_g1.1} W→Ek :: IF S.W.Num=1, $W \in Ds$

/＊修饰表达成分的识别规则（含一个情感词语）＊/

&& { R_g1.2} W.Wm→Em :: IF S.W.Num=1, W=Ek, HD（W, Wm）=TRUE, $W \in Ds$, $Wm \in Dm$

/＊提示表达成分的识别规则（含一个情感词语）＊/

&& { R_g1.3} W.Wh→Ec :: IF S.W.Num=1, W=Ek, SD（W, Wh）=Min（SD（W, Wh）, …）, $W \in Ds$, $Wh \in Dc$

上述三条规则“捆绑”在一起识别仅含一个情感词语的句子的主观性表达成分。规则 R_g1.1 说明，如果一个句子中含有一个情感词语，则该情感词语为其所在的主观性表达的核心表达成分；规则 R_g1.2 说明，在符合规则 R_g1.1 的条件下，语义上受核心表达成分支配的且包含在修饰词典中的词语为修饰表达成分；规则 R_g1.3 表示，在符合规则 R_g1.1 的条件下，语义上与核心表达成分“距离”最近的提示成分为其提示表达成分。例如：

(89) 仿佛有人叫了他一声，他又低下头去，他觉得自己的姓名很可耻。

(90) 我觉得世界上根本就不可能有杨真真这样的人，也太蠢了吧。

(91) 这一下招来的竟是长头发姑娘的不满。

(92) 虽然场面很宏大，但观众的反响却不如导演所预期的那样。

四个例句中的核心表达成分分别是“可耻”“蠢”“不满”“宏大”，例

(89) 中没有提示表达成分，修饰表达成分是“很”，例（90）中修饰表达成分为“太”，提示表达成分为“觉得”，例（91）中没有修饰表达成分，提示表达成分是“竟”，例（92）中修饰表达成分为“很”，提示表达成分为“虽然（……但）”。

第二类识别规则的形式化描述如下：

/ * 核心表达成分的识别规则（含两个或以上情感词语） * /

&& { R_g2.1 } $W_{1,2,\cdots,n} \rightarrow Ek_{1,2,\cdots,n}$: : IF S. W. Num ≥ 2， $W_{1,2,\cdots,n} \in Ds$

规则 R_g2.1 用来判定多个主观性表达中的相应核心表达成分：如果一个句子中含有两个或两个以上情感词语，它们分别为其所在的主观性表达的核心成分（两到多个）。各核心表达成分的对应修饰表达成分和提示表达成分分别按规则 R_g1.2 和 R_g1.3 识别。举例来说：

（93）这是一种何等伟大的爱。

（94）我把手里的东西向她扔，是作为善意的纪念。

（95）尊敬的小偷：我把此留言条放到门厅显眼的地方，我要出远门了。

（96）无论如何，他们做事，固然自私自利，但总不至于做得太过分。

（97）看中医的一般都是些老头老太们，他们要么唠唠叨叨个没完，要么疑神疑鬼，总是提些稀奇古怪的问题让你答，医生们被缠得受不了，喉咙自然就粗起来了。

上述例句中的核心表达成分分别为：“伟大”“爱”；“善意”“纪念”；“尊敬”“小偷”等。由于各组中的核心成分具有直接的主从依存关系，即定中关系，可以将它们分别合并为更大的主观性表达形式，从而适用于规则 R_c1.1 对句子进行倾向性程度的计算（见 5.4.2 节）。例（96）中的核心表达成分有“自私自利”和“过分”，其中，“过分”的修饰表达成分为“太”，这是用规则 R_g1.2 处理的结果。

以上对基本原则、分类规则和识别规则做了描述。相对而言，基本原则是宏观性、指导性的，分类规则和识别规则是具体、明确的，且不与基本原则发生冲突。根据基于语义方法的句子倾向性分析工作流程，分类规则用于句子的倾向性和非倾向性分类，识别规则用于句子的主观性表达成分识别，之后就使用计算规则获得句子的倾向性程度值，在此过程中还需用到合并规则。

由于计算规则相对繁杂，涉及主观性表达的各个成分的协调处理，因此单列一节予以讨论。因合并规则中也涉及计算的问题，出于叙述方便，在5.4.2节中简要阐述。

5.4 计算规则与合并规则

除了识别规则之外，我们制定了较为详细的各种计算规则，以处理整个句子的倾向性程度以及主观性表达的不同成分对句子整体倾向性的影响，其中，5.4.1节提出了句子倾向性程度的整体计算规则，5.4.2节阐释了核心表达成分的合并规则和计算规则，5.4.3节说明了修饰表达成分计算规则，5.4.4节论述了提示表达成分计算规则。由于篇幅所限，不能对每条规则进行详述，这里所说明的规则都是笔者认为在句子倾向性分析中较为重要且必须解决的。下面先说句子整体倾向性程度的计算规则。

5.4.1 句子整体计算规则

对于一个句子的倾向性程度的计算，分两种情况考虑：第一种情况是句子仅含一个情感词语。计算规则如下：

/ * 句子整体倾向性程度计算规则（含一个情感词语） * /

&& {R_c1.1} S.V→Es.V :: IF S.W.Num = 1，W = Ek，W.Wm = Em，W.Wh = Ec，W ∈ Ds，Wm ∈ Dm，Wh ∈ Dc

规则R_c1.1的含义是，如果一个句子中含有一个情感词语，则句子的倾向性程度为情感词语所在的主观性表达形式的倾向性程度，即核心表达成分与其修饰表达成分和提示表达成分意义和关系的运算结果。一个主观性表达形式的倾向性程度是其表达成分综合计算的结果，核心成分的倾向性程度通过查询情感词典可得，关于修饰成分和提示成分的计算方法在5.4.3节和5.4.4节说明。

仍以例（89）~（92）说明。除例（89）为正面倾向外，其他均为负面倾向，例（91）的提示表达成分为其前一句的倾向提供了证据，例（92）中的提示表达成分为两个分句倾向的判别提供了重要信息。

可见，即便是只有一个情感词语的句子，其倾向性程度的计算也是较复杂的。尤其需要提到的是情感歧义词语，其孤立的出现往往导致无法确定其倾向性，也就难以计算出倾向性程度，比出现在一起的两个或两个以上情感词语可以互相参照来说，更难处理。倾向性程度的计算主要涉及否定词语和关联词语对情感词语的影响，笔者在5.4.3节和5.4.4节将进行专门讨论，此处不再赘述。下面的例子说明上述种种情况。

（98）看来专家们对祖国的汉字挺操心的。（负面倾向）

（99）“我用了立体声。”博士骄傲地说。（正面倾向）

（100）唐端说话的语气当中，没有半点仇恨。（正面倾向）

（101）我个人不同意改，这涉及面太宽了，这样的话，涉及这44个字的所有的一切都要改动，这么做成本太高了。（负面倾向）

（102）她就算再能干我也不娶。（负面倾向）

（103）我看这些专家们不是真正做学问，而是违反中国人用字规则与习惯，文字是能随便更改的吗？（负面倾向）

第二种情况是句子含有两个或两个以上情感词语。计算规则如下：

/＊句子整体倾向性程度计算规则（含两个或以上情感词语）＊/

&& $\{R_c 1.2\}$ $S.V \rightarrow Add(Es_1.V, Es_2.V, \cdots)$ :: IF $S.W.Num \geqslant 2$, $W_{1,2,\cdots,n} = Ek_{1,2,\cdots,n}$, $W_{1,2,\cdots,n}.Wm_{1,2,\cdots,n} = Em_{1,2,\cdots,n}$, $W_{1,2,\cdots,n}.Wh_{1,2,\cdots,n} = Ec_{1,2,\cdots,n}$, $W_{1,2,\cdots,n} \in Ds$, $Wm_{1,2,\cdots,n} \in Dm$, $Wh_{1,2,\cdots,n} \in Dc$

规则 $R_c1.2$ 用于计算句子的倾向性程度，其含义为：如果一个句子中含有两个或两个以上情感词语，该句子的倾向性程度为所有不能再合并的主观性表达形式的算术和（即所有情感词语与其修饰表达成分和提示表达成分意义和关系的总和）。关于主观性表达形式的合并规则，在5.4.2节中给出。

句法结构之间的关系，除了并列、同位等以外，一般能分出支配和被支配、主要和次要、主要和从属等关系，以反映它们在句法上重要程度（或称

“地位”）的不同。同理，就倾向性而言，充当不同句法结构的多个主观性表达形式在对句子倾向性的“贡献”上也具有不同的地位：一般来说，处于支配或主要地位的主观性表达形式决定句子的倾向性，而处于被支配或从属地位的则影响句子的倾向性程度。例如：

（104）王自洁折腾了一天，实在太疲倦，还有些发烧。（负面倾向）

（105）你先前悲哀哭泣的时候，我还以为你不是好人，因此，我才叫孩子那样做。（负面倾向）

（106）在温暖的阳光下，清新的空气中，做这种户外的有效劳动，是使人心旷神怡的。（正面倾向）

（107）同一个敏感的灵魂，在不同的躯体里忍受无尽的荒寂和震惊。（负面倾向）

（108）它因陈旧而发疯，不时地全身颤抖、跳蹦、鸣叫。（负面倾向）

（109）我很珍视它，尽管它比电冰箱旧很多，而且放上唱片后就像蹬缝纫机的声音。（正面倾向）

因此，如果两个或两个以上情感词语所在的主观性表达式是同等并列的关系，且它们的倾向性一致，则句子的倾向性为任一主观性表达式的倾向性，句子的倾向性程度为所有主观性表达式倾向性程度的算术和。例如：

（110）她的灵魂充满了纯洁的爱，她抬头望着上帝——这是一个最纯洁和最高尚的表情。（正面倾向）

（111）如果在，我的心，即刻就会像那飞扬的樱花，轻盈、温柔，而且无限喜悦。若是空着，心，也会跟着空洞茫然下去，好像有什么人，将我的身体，掏空了，连那仅存的一点思念，也不给我留下。（前一句正面倾向，后一句负面倾向）

（112）哈桑顿时胆战心惊，失望到了极点。（负面倾向）

（113）他的妻子善良、勤劳、虔诚，却不能得到他的欢心。（前一小句正面倾向）

此外，如果两个或两个以上情感词语所在的主观性表达式是同等并列的关系，且它们的倾向性不一致，也不能依靠提示表达成分提供的信息，则句子的倾向性为中立倾向，句子的倾向性程度值取0。例如：

（114）月儿弯弯照九州，几家欢乐几家愁。（中立倾向）

（115）但这匆匆一瞥却让她的内心波荡起伏：她既希望母亲从自己哨位过去，又害怕当母亲真真切切出现时，自己会抑制不住内心的思念。（中立倾向）

5.4.2 核心表达成分合并规则与计算规则

目前句子倾向性分析器所处理的核心表达成分是情感词语。正如2.2.3节所述，早期（甚至是当前）对倾向性分析的研究主要集中在对情感形容词的处理上，英语中如此，汉语中也是如此。这种做法固然没错，根据我们的统计数据（详见4.8.2节），汉语中情感形容词的出现频次约占所有情感词语的43%。然而，仍有超过半数的其他词性的情感词语需要考虑，这其中又主要有情感动词、情感名词和情感副词。本节主要以情感形容词和情感副词为例，并着重探讨形容词的计算规则。对情感动词的处理规则基本类似，限于篇幅，不做论述。

如上一小节所述，分两种情况计算一个句子的倾向性程度：含有一个情感词语的情况和含多个情感词语的情况。前一种情况相对比较简单，不多讨论；后一种情况还有两种可能，以句中含三个情感词语为例，一是它们不在一个短语结构内，这时先计算各自所在主观性表达形式的倾向程度，然后再依据提示表达成分进行相应运算；一是其中两个同在一个短语结构内，则需要将它们所在的两个主观性表达形式合并，使之成为一个更大的形式，再与另外的主观性表达形式进行相应运算。因此，有必要讨论同在一个短语结构内的两个主观性表达形式的合并问题，并称将处于同一短语结构内且在句法结构上具有主从关系的两个主观性表达形式合并为一个更大的主观性表达形式的处理规则为合并规则。

先看情感形容词的情况。汉语形容词的主要语法功能是做定语或谓语。不管是作定语的还是做谓语的形容词，在句法功能上，都是用来修饰中心语（常常是名词）的。然而就倾向性分析而言，这里面的情况是比较复杂的。

例如：

(116) 真是一片大好的前景！(正面倾向)

(117) 爱上你是一个美丽的错误。(负面倾向)

(118a) 两个聪明的小偷 (负面倾向)

(118b) 两个聪明的警察 (正面倾向)

(118c) 两个邪恶的警察 (负面倾向)

(119a) 两个小偷很聪明

(119b) 两个警察很聪明

通过上面的几个例子我们可以看出问题的必要性和复杂性。显然，例(116) ~ (118) 中的形容词都用作定语来修饰其后的名词，依据识别规则 $R_g2.1$，它们将被判定为两个主观性表达形式的核心成分。倘若句中的两个核心成分在倾向性上一致，如例 (116) 和例 (118b)，那么对它的处理会相对容易而且整齐划一，即便是采取简单算术加的办法也能获得还算说得过去的效果；倘若它们的倾向性不一致，如例 (117) 和例 (118a)，问题就比较复杂了，因为这种情况下难以找到规律以确定二者的倾向性，简单算术加的办法会导致最终的结果产生混乱，无法预料：其值可能为0，也可能为一个很大的负数或一个很小的正数，与真实的主观性程度偏离较远。因此，不但需要对前一种情况制定处理规则，也要对后一种情况加以特别的关注，还得考虑处理规则的统一性并遵从尽可能简单的原则。

在这样的定中结构中，除非起修饰作用的情感形容词的倾向性程度值特别大，如例 (118c)，大多数情况下都不应改变其中心语的倾向性，而只应在程度上对其进行加强或者减弱。基于这个原则，把一个句子中两个主观性表达形式在倾向性上的一致和不一致情况统括在一起，使用相同的规则进行处理：一般由做中心语的主观性表达形式决定二者的倾向性，由两个主观性表达形式共同决定二者的倾向性程度。

然而，面临的问题是，对于形容词，不太可能像程度副词那样，也给它们附加一个倾向程度加强值。基于基本原则 P_b2 中算术加的重要思想，尝试将情感形容词的倾向程度值加权以符合其修饰作用的句法功能后，再将它与所修饰的中心语的倾向程度值加权做加权算术和，并以此为它们的倾向性程度值。同时规定，一个含有情感形容词做修饰表达成分的主观性表达的倾向性取值范围为［-1，1］，凡是超出取值范围的计算结果，一律取与其倾向性相同的一端的极值作为修正值。

综合上述分析，将两个主观性表达形式的合并规则之一归纳如下：

/＊主观性表达形式的合并规则（情感形容词修饰情感名词）＊/

&& $\{R_u 1\}$ $Es_{x,y} \to \lambda * Es_y.V + Es_x.V$ :: IF HD（Es_x.Ek，Es_y.Ek）= TRUE，Es_x.Ek = Wn，Es_y.Ek = Wa

这条规则说明了当情感形容词修饰情感名词时，两个主观性表达形式的合并规则：当两个主观性表达形式的核心成分具有直接主从依存关系时，对起修饰作用的主观性表达形式的倾向性程度进行适度加权以减弱其倾向性程度后，再将加权后的值与作为中心语的另一主观性表达形式的倾向性程度做算数加运算，运算结果作为二者的倾向性程度值。

规则 $R_u 1$ 中情感形容词所在主观性表达形式的权值要根据对语料的考察来设定，并且一般不应超过 0.5 到 0.9 的范围，因为太大或太小都会出现较多的问题。本书中我们取权值 λ 为 0.6。

至此，将情感形容词的计算规则归纳如下：

/＊情感形容词的倾向性程度值获取规则＊/

&& $\{R_c 2.1\}$ Wa. V→Lookup（Ds）:: IF Wa ∈ Ds

这条规则说明情感形容词的倾向性程度值通过查询情感词典直接得到。

/＊主观性表达形式的计算规则（仅含情感词语）＊/

&& $\{R_c 2.2\}$ Es. V→Wa. V :: IF Es = Wa

根据规则 $R_c 1.1$、$R_u 1$、$R_c 2.1$ 和 $R_c 2.2$，计算得例句（116）~（118）的倾向性程度值分别为：

例（116）：SOO = 0.625×0.6+0.25 = 0.625

例（117）：SOO = 0.25×0.6+（-0.375）= -0.225

例（118a）：SOO = 0.375×0.6+（-0.25）= -0.025

例（118b）：SOO = 0.375×0.6+0.25 = 0.475

例（118c）：SOO＝−0.875×0.6+0.25＝−0.275

由计算结果可以看出，取权值 λ 为 0.6 基本能达到我们的预期效果，最终结果也较为接近人的语感。

情感副词在主观性表达中出现的情形有点类似于情感形容词。因此，对它的处理也参照对情感形容词的处理进行。将情感副词的处理规则归纳如下：

/ * 情感副词的倾向性程度值获取规则 * /

&& ｛R_c2.3｝ 情感副词 . V→Lookup（Ds）：：IF 情感副词 ∈ Ds

规则 R_c2.3 说明，作为核心表达成分的情感副词，通过查询情感词典直接得到其倾向性程度值。

/ * 主观性表达形式的合并规则（情感副词修饰情感动词） * /

&& ｛R_u2｝ $Es_{x,y}$ →λ * Es_y . V+ Es_x . V ：：IF HD（Es_x . Ek，Es_y . Ek）＝TRUE，Es_x . Ek＝情感副词，Es_y . Ek＝情感动词

规则 R_u2 描述了当情感副词修饰情感动词时，两个主观性表达形式的合并规则：当两个主观性表达形式的核心成分具有直接主从依存关系时，对起修饰作用的主观性表达形式的倾向性程度进行适度加权以减弱其倾向性程度后，再将加权后的值与作为中心语的另一主观性表达形式的倾向性程度做算数加运算，运算结果作为二者的倾向性程度值。

这里的权值 λ 仍取 0.6。举一个例子简要说明。

（120）一是继续围绕创建目标<u>奋力拼搏</u>，对照创建评分标准，继续整改完善，力争做到认识再提高，思路再创新，领导再加强，考核再严厉，质量再提高。

例句中标记的主观性表达的倾向性程度值为：

SOO＝0.375×0.6+0.5＝0.725

情感副词修饰情感形容词的情形与此类似，此处不再赘述。

5.4.3 修饰表达成分计算规则

5.4.3.1 程度副词

副词常限制、修饰动词、形容词性词语，表示程度、范围、时间等意义

（黄伯荣，2017）。就倾向性分析而言，主要考虑两类副词，一类是本身带有情感的，如“奋力”“决然”等，称它们为“情感副词”；另一类是不含情感，但用来修饰情感动词、形容词，起到增强或减弱其倾向性程度的，如“非常”“万分”等，这类副词称为“程度副词”。由于两类副词在情感表达中的功能不同，因此需要分开讨论。情感副词不属于修饰表达成分的范畴，在前一小节中已做阐释，这里仅讨论程度副词的问题。

程度副词是现代汉语副词的一个小类，一般修饰形容词和动词，在句子中充当状语，出现和使用频率较高。基于语料库的统计数据表明，每 10 个情感词语中约有 1 个受到程度副词的修饰。程度副词又分为相对程度副词和绝对程度副词（王力，1985），但在倾向性分析中宜以量级的差别来考察其与所修饰的中心成分的关系。根据实际需要，我们将程度副词分为情感增强型和情感减弱型两类，情感增强型程度副词带正号，情感减弱型程度副词带负号，按照量级的差别赋予相应的百分比值，表示其对所修饰成分的情感影响力。见表 5-8。

表 5-8　程度副词的情感影响力示例

例词	影响力（%）
最、顶、极	+100%
万分	+80%
很	+70%
的确	+20%
几乎	-10%
稍微	-60%
有点	-70%

由于汉语的程度副词是封闭类，数量不多，因此可以将其收入情感修饰词典（参见 5.1.1），分析过程中直接从词典中查询得到每个程度副词的情感影响力的值。程度副词的处理规则如下：

/＊程度副词的情感影响力值获取规则＊/

&& {R_c3.1} 程度副词. 情感影响力→Lookup（Dm）：：IF 程度副词 ∈ Dm

这条规则说明程度副词的情感影响力值通过查询修饰词典得到。

/＊主观性表达形式的计算规则（程度副词修饰情感词语）＊/

&& {R_c3.2} Es. V→W. V＊（1+程度副词. 情感影响力）:: IF Es=程度副词+W

上述规则表示，由程度副词修饰情感词语所构成的主观性表达形式，其倾向性程度为情感词语的倾向性值与程度副词对其的影响力值之和。举例来说：

（121）（汉字整形）这个方案很无聊。

（122）我说那些人真低俗，叫个张三李四也好过叫赵 C 钱 D 的。

（123）中国最美的 200 个经典神话。

根据规则 R_c3.1 和 R_c3.2，计算上述 3 例中标记的主观性表达形式的倾向性程度分别为：

例（121）：SOO=-0.25×（1+70%）=-0.425

例（122）：SOO=-0.375×（1+40%）=-0.525

例（123）：SOO=（0.375×（1+100%））×0.6+0.625=1.075⇨1[①]

5.4.3.2　否定词语

否定词语在倾向性分析中不容忽视，有超过 7%的情感词语被否定词语所修饰。否定词语对情感词语的影响是它常常颠倒所修饰情感词语的倾向性，使正面倾向变为负面，或使负面倾向变为正面，如“没有成功”“没有回报”“不赞成”“不漂亮”“非正规”“绝非恶意”等。这种情况下，似乎只需要使用简单的转换规则，即在情感词语的倾向值前加上负号就可以处理好。

然而实际的情况是，对否定词语的处理并非如此简单。颠倒倾向性的情形并非适用于所有的否定结构，简单加负号的做法也并非一种好的处理办法。倾向性分析中对否定表达的处理要考虑的因素很多，既有情感词语本身的性质，也有否定词语的差异以及否定词语与程度副词连用的情况，还有否定形式的格式制约问题等。本节就其中的关键性问题进行讨论，未解或遗留的种种情形仍待进一步的研究。先看第一类例子。

① 符号“⇨”表示“修正为”。

（124a）他是一个不合格的大学生。(负面倾向)

（124b）他不是一个优秀的大学生。(？负面倾向)

显然，例（124a）的倾向性是负面的，而例（124b）则存在争议："不优秀"的情况有很多，"良好""合格""不合格""恶劣"都有可能。称这样的句子为"情感歧义句"。关于例（124b）的倾向性问题，有人认为是正面倾向，其评价标准是"合格"；也有人认为是负面倾向，这时就是以"优秀"来衡量了。但是，即便是把"不优秀"认为是负面评价，直觉上，它仍与"优秀"的对立面"恶劣"相去甚远，换句话说，"不优秀"不等于"恶劣"。

造成这种现象的原因，在于一部分词语的词义和主观性程度具有量级（李宇明，1997；李宇明，2000；李善熙，2003）。拿形容词来说，依据其量性特征可分为定量形容词和非定量形容词两大类（石毓智，1991），定量形容词表现的是一个量点，它所表述的是固化量，是有界的；非定量形容词表现为一个量幅，是一种离散量，是无界的（黄国营，1993）。定量形容词不能进入否定形式，不予讨论；但同是非定量形容词的"合格"和"优秀"的否定表达在倾向性上为什么又有不同呢？这跟主观量的大小有关。暂且粗糙地把大学生的品质在肯定级次上分为"合格""良好""优秀"，其中"合格"是主观小量，"优秀"是主观大量。否定主观小量，同时也否定了主观大量，因此"不合格"是负面倾向；否定主观大量，不能排除余下的主观中量和小量，不能做"非此即彼"的二值语义转换，需要考虑"非此"以外包括"即彼"在内的所有其他可能情况，因而"不优秀"的倾向性是不确定的。

在计算倾向性程度时，对于这种情况，我们可做如下理解：倾向性程度越高的词语，如"崇高""伟大"等，光杆形式的否定词语对其倾向性程度施加的影响越小，越难使其在相反的倾向性上具有同等的倾向程度；倾向性程度越低的词语，如"够格""活跃"等，否定词语对其倾向性程度施加的影响反而越大，越容易使其在相反的倾向性上具有同等的倾向程度。由于词典中的情感词语带有倾向性程度值，实际上就已经区分开了主观大量和主观小量的情况。对于主观小量，直接倒置其倾向性程度值；对于主观大量，则取其余下量级的平均值。

再看第二类例子。

(125a) 今天我很不高兴。

(125b) 今天我不很高兴。

(125c) 今天我不是很高兴。

否定副词与程度副词的连用对倾向性分析的影响值得认真思考。以“不”和“很”的连用为例来说，“很不”属于左向结构，即后面的副词先修饰中心语，然后再一起受前面副词的修饰（张谊生，2000），这里“很”可以被其他大多数程度副词替换；而“不很”所表达的语义与“不是很”不同：“不是很”所要表达的意义是否定具有的程度，“很”可以被表达主观大量的其他程度副词替换，但不能被表达主观小量的替换，如不能说“不是有点高兴”“不是稍微高兴”；而“不很”则是形容词否定级次的一种表现，所表达的言外之意与语表形式相比有一个质的变化（谢晓明，2006），因此“不很高兴”所要表达的意义不是“高兴”的程度不高，而是“有点难过”的意思，是说话人的一种委婉说法；“不很”已具有一定的整体性（谢晓明，2006），“很”不能被其他任何程度副词替换。

倾向性分析中对于上述非光杆的否定词语（本书仅指否定副词与程度副词的连用情况）的处理，可按如下规则进行：“很不”类进行以情感词语为起点的依次左向合并计算，计算时如果待合并的词语是程度副词，按规则 $R_c3.2$ 或 $R_c3.4$ 操作，如果是否定词语，则按光杆否定词语的规则处理；“不是很”类进行以“不是”为起点的依次右向合并计算；将“很不”作为一个词语编入修饰词典。

根据以上论述，制定对否定词语的处理规则。

/＊否定形式的倾向性程度计算规则（光杆否定词语，主观小量）＊/

&& {$R_c4.1$} Es（含否定词语）.V→-W.V :: IF 否定词语.Num=1, W.V. 绝对值≤0.375, Es=否定词语+W

/＊否定形式的倾向性程度计算规则（光杆否定词语，主观大量）＊/

&& {$R_c4.2$} Es（含否定词语）.V→-W.V/λ :: IF 否定词语.Num=1,

W. V. 绝对值>0.5，Es=否定词语+W

/＊否定形式的倾向性程度计算规则（非光杆否定词语，“很不”类）＊/

&& {R_c4.3} Es（含否定词语）.V→依次左向合并计算 :: IF 否定词语.Num=1，Es=程度副词+否定词语+W

/＊否定形式的倾向性程度计算规则（非光杆否定词语， “不是很”类）＊/

&& {R_c4.4} Es（含否定词语）.V→依次右向合并计算 :: IF 否定词语.Num=1，Es=否定词语+程度副词+W

规则 R_c4.1 和规则 R_c4.2 指示，对于含有光杆否定词语的主观性表达形式，如果情感词语表达主观小量，其倾向性程度为不含否定词语时的倾向性程度绝对值的相反数；如果情感词语表达主观大量，则取余下量级的平均值，其中 λ 表示量级数，可自行设定（本书取 8，亦即把量级分为 9 个级次）。

规则 R_c4.3 和规则 R_c4.4 的含义是，非光杆否定词语在主观性表达形式中分“很不”类和“不是很”类分别处理，“很不”类做左向合并计算，“不是很”类做右向合并计算。

根据这些规则，下列主观性表达形式的倾向性程度分别为：

不合格：SOO=-0.375

不优秀：SOO=-0.625/8=-0.0781

很不优秀：SOO=-0.089+（-0.089）×70%=-0.1513

不是很优秀：SOO=0.625×（1-70%）=0.1875

不很优秀：SOO=0.625×（1-120%）=-0.125

很不高兴：-0.425；不高兴：-0.25；不很高兴：-0.05；不是很高兴：0.0875

不是很丑：-0.1125；不很丑：0.075；不丑：0.375

可以看出，含有否定词语的主观性表达形式通过上述规则处理后，计算所得的倾向性程度值相对于采用简单的颠倒倾向性的方法而言，从人的语感标准方面判断，更为合理可取。

最后再谈谈双重否定的问题。如果两个否定词语出现在同一个主观性表达形式中，采取直接取情感词语倾向程度值的策略来处理。

/＊否定形式的倾向性程度计算规则（双重否定）＊/

&& {R_c4.5} Es（含否定词语）. V→W. V :: IF 否定词语 . Num = 2

例如，“没有一个人不说西湖美”的倾向性程度值为“美”在情感词典中的值。

5.4.4 提示表达成分计算规则

提示表达成分有两类，一类用以引出核心表达成分（连同修饰表达成分一起），另一类即是常说的关联词语，用以连接两个或两个以上修饰表达成分或核心表达成分（连同修饰表达成分一起）。提示表达成分在倾向性分析中的主要作用是提供提示信息。第一类提示成分通常告诉分析器，从提示点开始的言语片段中，存在需要分析的主观性表达形式；这类提示成分中有的本身就表明了说话人对接下来的话语的倾向性，具有重要的参考价值。第二类提示成分（如关联词语）则为相邻的多个主观性表达形式提供逻辑语义信息，这在倾向性分析中具有重要的意义。充分发掘提示表达成分的潜在价值，能够在高等级的语法层面上帮助解决低等级语法层面不能或难以处理的问题，是提高倾向性分析准确率的重要途径。

第一类提示表达成分中的绝大多数提示标记本身不含情感，不需要进行特别的处理，少数含有情感的提示标记都是语用学上所谓的话语标记，如“你看你”“你说你”等，话语标记带有说话人的主观性，这已经得到学者们的证实（沈家煊，2001；曾立英，2005；郑娟曼，2009）。这些话语标记应该参与到倾向性分析当中，尽管归类和整理汉语中的这类话语标记是一项宏大的工作，但本书仍试图尽可能多地将它们收入提示词典，后续的研究工作也将在这方面继续努力。

第二类提示成分，即关联词语，则是本节讨论的重点。通过关联词语连接的多个核心表达成分之间的关系，有联合，也有偏正。具有联合关系的核心成分之间在倾向性上平等，无主从之分；具有偏正关系的核心成分之间在倾向性上有主有从，有偏有正。具体地说，按照关联词语的不同，联合关系又分并列、顺承、解说、选择、递进五类，偏正关系又分转折、条件、假设、因果、目的五类（黄伯荣，2017）。由于关系的不同，更重要的是在主观性表达上所提供逻辑语义信息不同，需要把这 10 类关系重新归类以便制定相应的规则。

将面向倾向性分析的汉语复句关系分为四类：平列、选择、虚拟和转折。平列关系包含并列、顺承、解说、递进、因果关系，具有这种关系的复句，前后分句的倾向性没有偏正之分，可以相加计算；选择和转折关系沿用原有的名称，同原有的意义，选择关系按未定选择和已定选择分别处理，转折关系按分句的不同性质加权处理；虚拟关系包含条件、假设、目的关系，虚拟关系复句表达的往往不是现实意义上的主观性，需要特别处理。

先说处理平列关系的规则 $R_c5.1$。

/＊提示成分的倾向性程度计算规则（平列关系）＊/

&& {$R_c5.1$} $S.Es_{1,2,\cdots,n}.V \rightarrow S.Es_1.V + S.Es_2.V + \cdots + S.Es_n.V$ :: IF LR (Es_m，Es_{m+1}) = 并列 | 顺承 | 解说 | 递进 | 因果，$1 \leqslant m < n$

规则 $R_c5.1$ 规定，具有并列、顺承、解说、递进、因果关系的相邻主观性表达形式的整体倾向性程度为各主观性表达形式倾向性程度之和。

下面分别举例说明。

（126）绿既是美的标志，又是科学、富足的标志。（并列关系）

SOO = 0.375+0.375+0.375 = 1.125⇨1

（127）她进入这个世界，便奉献给这个世界以真诚。（顺承关系）

SOO = 0.375+0.5 = 0.875

（128）我们应取这种态度：对自己，“学而不厌”；对人家，“诲人不倦”。（解说关系）

SOO = 0.5+0.625 = 1.125⇨1

（129）这次展出的年画，数量多，而且题材新颖、形式风格多样。（递进关系）

SOO = 0.375+0.25 = 0.625

（130）因为没有认真学，所以连基本公式都弄错了。（因果关系）

SOO = -0.375+ (-0.25) = -0.625

再看处理选择关系的 Rc5.2 等三条规则。

/＊提示成分的倾向性程度计算规则（未定选择关系，倾向一致）＊/

&& {R_c5.2} S. $Es_{1,2,\cdots,n}$. V→（S. Es_1. V+S. Es_2. V+…+S. Es_n. V）/n :: IF LR（Es_m，Es_{m+1}）= 未定选择，Es_m. Vo = Es_{m+1}. Vo，$1 \leqslant m < n$

/＊提示成分的倾向性程度计算规则（未定选择关系，倾向不一致）＊/

&& {R_c5.3} S. $Es_{1,2,\cdots,n}$. V→0 :: IF LR（Es_m，Es_{m+1}）= 未定选择，Es_m. Vo ≠ Es_{m+1}. Vo，$1 \leqslant m < n$

/＊提示成分的倾向性程度计算规则（已定选择关系）＊/

&& {R_c5.4} S. $Es_{1,2}$. V→S. $Es_{取}$. V :: IF LR（Es_1，Es_2）= 已定选择

上述三条规则说明，具有未定选择关系的相邻主观性表达形式，如果倾向性一致，则它们的倾向性程度为各主观性表达形式倾向性程度之和的平均；如果倾向性不一致，则它们的倾向性程度为 0（即中立倾向）。具有已定选择关系的相邻主观性表达形式，只分析含“取”义的主观性表达形式的倾向性。

例如：

（131）桂花姐在家里不是帮助父母洗衣做饭，就是帮助哥嫂照看孩子。

SOO =（0.375+0.375）×1/2 = 0.375

（132）要么成功，要么成仁。（未定选择关系）

SOO = 0

（133）与其束手就擒，不如背水一战。（已定选择关系）

SOO = 0.25

规则 R_c5.5 说明了处理具有虚拟关系的相邻主观性表达形式的方法。

/＊提示成分的倾向性程度计算规则（虚拟关系）＊/

&& {R_c5.5} S. $Es_{1,2}$. V→（S. Es_1. V+S. Es_2. V）/4 :: IF LR（Es_1，Es_2）= 条件 | 假设 | 目的

规则 R_c5.5 表示，具有条件、假设、目的关系的相邻主观性表达形式，它们的倾向性为表示“结果”或“目的”的主观性表达形式的倾向，其倾向性程度为各主观性表达形式倾向性程度之和的四分之一。

来看几个例子。

（134）只要努力，就一定能成功。（条件关系）

SOO＝（0.375+0.625）×1/4＝0.25

（135）如果不互相尊重，友谊难以持久。（假设关系）

SOO＝（-0.5+（0.25×（-110%）+0.25））×1/4＝-0.13125

（136）我开始用电脑代替手书给朋友们写信，以便节省时间。（目的关系）

SOO＝0.25×1/4＝0.0625

规则 R_c5.6 说明了处理具有转折关系的相邻主观性表达形式的方法。

/＊提示成分的倾向性程度计算规则（转折关系）＊/

&& {R_c5.6} S. $Es_{1,2}$. V→λ＊S. $Es_{偏}$. V+S. $Es_{正}$. V ：：IF LR（Es_1，Es_2）＝转折

规则 R_c5.6 说明，具有转折关系的相邻主观性表达形式的倾向性为表示“转折”的主观性表达形式的倾向，其倾向性程度为各主观性表达形式倾向性程度的加权和。

具有转折关系的相邻主观性表达形式之间是一种偏正关系。处于次要地位的“偏”主观性表达形式，需要减弱其倾向性。这里我们给其加权0.5。如：

（137）他虽然有很多优点，但我就是不喜欢他。

SOO＝0.375×0.5+（-0.375）＝-0.1875

5.5 实验与结果

为了检验基于语义方法的句子倾向性分析的好坏程度，基于本章前述内容，进行了两项有针对性的、独立的实验。本节对这两项实验分别进行报告。

5.5.1 句子倾向性分类的实验与结果

句子倾向性分类[①]的实验数据来自汉语语义倾向标注语料库。从中选出7 895个句子，将正面倾向（1 788个）、负面倾向（1 430个）和中立倾向（1 300个）的句子归入倾向性句子类，总计4 518个，其余的3 377个句子为非倾向性句子类。

句子倾向性分类最主要的特征是情感词语，方法主要基于规则 R_f1 和 R_f2。此外，还部分地利用了词性、标点符号、修饰词语、提示词语等其他特征。

句子在分类处理前预先经过了词语切分、词性标注和依存句法分析。利用到的资源还有《基本情感词典》及其附属词典。

采用召回率（recall，r）、准确率（precision，p）和 F 值（F-measure，F_1）3 个指标衡量分类的性能。召回率和准确率是评价分类性能的两种常用的指标，对于给定的某个类别（如倾向性句子类），令 a 表示被正确分到该类的实例的个数，b 表示被误分到该类的实例的个数，c 表示属于该类但被误分到其他类别（如非倾向性句子类）的实例的个数，则召回率（r）和准确率（p）分别被定义为（石志伟，2005；宗成庆，2008）：

$$r=a/(a+c)\times 100\% \tag{5-1}$$

$$p=a/(a+b)\times 100\% \tag{5-2}$$

另外一个常用的评估指标被称为 F 值，它的定义为（石志伟，2005）：

$$F_\beta=\frac{(\beta^2+1)pr}{\beta^2 p+r} \tag{5-3}$$

其中参数 β 用来为准确率（p）和召回率（r）赋予不同的权重，当 β 取 1 时，准确率和召回率被赋予相同的权重。称当 $\beta=1$ 时的 F 值为 F_1 值，此时公式（5-3）简化为：

$$F_1=2pr/(p+r) \tag{5-4}$$

表 5-9 列出了实验的总体结果。

① 是指对倾向性句子和非倾向性句子进行的二元分类（binary classification）。

表 5-9 句子倾向性分类结果数据

评估指标	倾向性句子	非倾向性句子
召回率（%）	90.02	80.9
准确率（%）	86.31	85.83
F_1值（%）	88.16	83.29

从总体结果看，以情感词语为主要特征的汉语句子倾向性分类的性能较高，基本能满足下一步句子倾向性分析（主观性程度分析）的需要，这主要归功于所创建的具有较高质量的《基本情感词典》。但存在的主要问题是对倾向性句子的处理效果要大大高于对非倾向性句子的效果，说明这种方法在分析非倾向性句子时仍嫌不足，对除情感词语以外的特征的挖掘明显不够，对情感歧义词语的处理也无能为力（尤其是像“老师”“警察”这类名词），如果要在此基础上提高准确率，势必要引入句法、语境和统计概率特征，其中的工作难度将大大提高。

句子倾向性分析依赖于句子的倾向性分类，从这个角度看，实验结果的性能仍然有所欠缺，因为这一步的错误会直接影响到句子倾向性分析的结果。因而，加强这方面的研究，仍将是我们未来工作的重点。

5.5.2 句子倾向性程度分析的实验与结果

句子倾向性程度分析的实验目的，是验证本章所述各类规则的系统性、严密性和可行性。由于缺少可与之对比的“黄金标准（gold standard）”语料数据，因而在评价标准上采取与专家语感比较的办法进行操作，这在一定程度上限制了实验在较大规模上进行的可能性。

句子倾向性程度分析的实验数据为 200 个句子，分别从记叙文、说明描写文、抒情散文和议论文（含评论）中选取，其中倾向性句子 180 个，客观性句子 20 个。“标准答案”（即每个句子由人工评判的带符号的倾向性程度值）由人工预先给定。评测指标使用准确率的评估标准为：当实验的输出结果值与“标准答案”的正负号相同且它们的值差范围在一个等级内（即［-0.175，0.175］）时，认为正、负面倾向性分析结果正确；当实验结果与“标准答案”相同时（即均为 0），认为中立倾向分析结果正确。

实验的输入数据为经过依存句法分析、带有词性和词语依存关系的句子，输出为一个带符号的数值，表示已处理句子的倾向性程度值。表 5-10 列出了实验的结果数据。

表 5-10 句子倾向性程度分析结果数据

结果数据				准确率（100%）
分析正确的句子数（个）		分析错误的句子数（个）		
倾向性句子	非倾向性句子	倾向性句子	非倾向性句子	
139	18	41	2	78.5
157		43		

总体的准确率受多个方面因素的影响。主要的影响因素一是倾向性分类的性能，二是人的语感与分析结果的差异，三是《基本情感词典》及其附加词典的不完善之处，而因素一和因素三又往往联系在一起，四是部分规则在处理时也存在问题。例如：

（138）卷云和卷积云都很高，那里水分少，它们一般不会带来雨雪。

（139）老师用红色的粉笔在黑板上写了“苹果”两个字，告诉大家说：“这是苹果。”

（140）大熊猫小的时候很活泼，喜欢爬上爬下。

（141）一听他要在自己整洁漂亮的小床上睡觉，就哭了起来。

例（138）和例（139）都被分析为倾向性句子，词语“高”“少”“老师”“红色”等均出现在《情感词典》中，但这些词语在有的语境中确实带有主观性，因而情感歧义词语的排歧问题是应该着力解决的一个难点。例（140）的分析结果为 0.8，而“标准答案”对其的主观性程度值仅有 0.5，说明有时候实验结果与人的语感存在一定的差异。例（141）的分析结果是 0.375，与“标准答案”完全不符，是由于 R_c5.1 规定的“一……就……”所表示的顺承关系为算术和的计算方式造成的。因此，对于各种规则，仍需进行反复地检查、实验与完善，以期在获得确凿错误例证的基础上加以改进。

5.5.3 句子倾向性分析应用系统的评测结果

本书在 Visual C++开发环境下实现了句子倾向性分析应用系统 SOCAL，

用户界面，如图 5-5 所示。

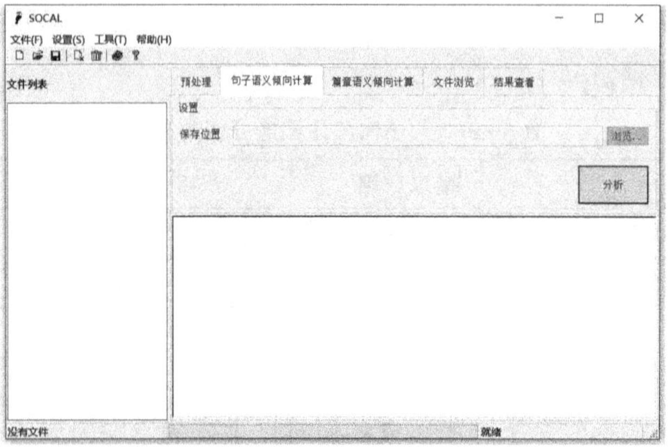

图 5-5　汉语句子倾向性分析系统 SOCAL 用户界面

运用 SOCAL 系统，我们参加了由中国计算机学会中文信息技术专业委员会举办的 2012 年 CCF 自然语言处理与中文计算会议的专项评测——中文微博情感分析与词汇语义关系抽取评测（http://jsjxy.usc.edu.cn/info/2052/3033.htm），参赛队伍编号 21。在任务一（观点句识别评测）中，SOCAL 系统获得第 9/53 名的良好成绩；在任务二（情感倾向性判断评测）中，SOCAL 系统获得第 11/53 名的良好成绩。表 5-11 为任务一的部分评测结果，表 5-12 为任务二的部分评测结果。

表 5-11　任务一的部分评测结果

结果编号	微平均			宏平均		
	正确率	召回率	*F* 值	正确率	召回率	*F* 值
8	0.734	0.528	0.614	0.724	0.514	0.599
9	0.825	0.603	0.697	0.828	0.589	0.679
10	0.822	0.592	0.688	0.824	0.581	0.674
11	0.835	0.449	0.584	0.836	0.435	0.557
12	0.738	0.726	0.732	0.743	0.717	0.726
13	0.738	0.726	0.732	0.743	0.717	0.726
14	0.619	0.378	0.469	0.601	0.383	0.413
15	0.619	0.378	0.469	0.601	0.383	0.413

续表

结果编号	微平均			宏平均		
	正确率	召回率	*F* 值	正确率	召回率	*F* 值
16	0.647	0.757	0.697	0.648	0.751	0.689
17	0.828	0.537	0.651	0.826	0.520	0.629
18	0.728	0.502	0.594	0.736	0.502	0.582
19	0.747	0.439	0.553	0.741	0.431	0.542
20	0.781	0.406	0.534	0.776	0.395	0.520
21	0.746	0.772	0.759	0.747	0.757	0.748
22	0.707	0.656	0.681	0.713	0.651	0.672
23	0.700	0.733	0.716	0.705	0.734	0.713
24	0.737	0.536	0.621	0.743	0.522	0.607
25	0.695	0.473	0.563	0.695	0.461	0.548
26	0.745	0.406	0.525	0.742	0.394	0.503
27	0.745	0.406	0.525	0.742	0.394	0.503
28	0.714	0.717	0.716	0.722	0.708	0.704

表 5-12　任务二的部分评测结果

结果编号	微平均			宏平均		
	正确率	召回率	*F* 值	正确率	召回率	*F* 值
1	0.831	0.574	0.679	0.823	0.563	0.666
2	0.824	0.614	0.704	0.825	0.608	0.698
3	0.761	0.698	0.728	0.768	0.702	0.733
4	0.764	0.440	0.559	0.758	0.445	0.559
5	0.765	0.591	0.667	0.767	0.596	0.667
6	0.782	0.565	0.656	0.783	0.562	0.653
7	0.724	0.403	0.518	0.708	0.387	0.496
8	0.718	0.379	0.496	0.703	0.365	0.477
9	0.841	0.507	0.633	0.849	0.497	0.620
10	0.833	0.493	0.619	0.843	0.487	0.611
11	0.930	0.417	0.576	0.919	0.403	0.547
12	0.881	0.640	0.741	0.878	0.632	0.733

续表

结果编号	微平均			宏平均		
	正确率	召回率	*F*值	正确率	召回率	*F*值
13	0.863	0.626	0.726	0.860	0.619	0.718
14	0.258	0.097	0.141	0.341	0.105	0.139
15	0.261	0.099	0.143	0.342	0.107	0.141
16	0.733	0.555	0.631	0.745	0.557	0.634
17	0.772	0.415	0.540	0.776	0.404	0.523
18	0.809	0.406	0.541	0.791	0.407	0.530
19	0.598	0.262	0.365	0.583	0.253	0.350
20	0.594	0.241	0.343	0.578	0.232	0.328
21	0.796	0.614	0.693	0.789	0.600	0.679
24	0.643	0.344	0.449	0.641	0.335	0.437

5.6 句子内倾向性及其对象、来源的对应

以上重点探讨了句子倾向性程度的计算方法，我们假定一个句子中所有主观性表达形式的倾向性针对同一个对象并且出自相同的来源。但是在有的情况下，这一假设并不成立。例如：

(142) 在网民对央视一片骂声之际，还是得冒天下之大不韪，弱弱地替央视说句公道话——其实英文简写确实给不少人带来了困扰。

(143) 简化字是历史的进步，恢复繁体字是历史的倒退。

(144) 潘委员数次力挺繁体字，我对此却一点儿不感冒。

(145) 就像那些放着免费的国产办公软件不用而使用着微软的 OFFICE (其中不少还是盗版的)，同时嘴里还叫嚷着支持国产、抵制洋货的人一样，这次他们再次选择了屈服，不是对敌人而是对习惯。

(146) 可以想见，在即将揭幕的 NBA 季后赛，当我们听到张卫平和徐济成一口一个“美国职业篮球联赛”，不由失笑、叹气，重压之下的汉语身上又多了一层枷锁。

例 (142) 中，一共有四个主观性表达形式，将其对象和来源分别表示

为：骂声（央视，网民）、冒天下之大不韪（网民，“我”）、公道话（央视，“我”）、困扰（英文简写，“我”）。严格地说，对于这样的句子，应该识别出每一个主观性表达形式的对象和来源，并做合一运算。例（143）的两个分句针对两个不同的对象表达相反的倾向，只有考虑倾向性对象，才能正确地分析出其倾向性。

可见，在倾向性分析中，仅仅知道一个主观性表达形式或者一个句子的倾向性是不够的，需要考虑这种倾向所涉及的对象和来源是什么。但是要把倾向性及其对象和来源正确对应起来，难度是相当大的，只有建立在对句子完全理解的基础上才有可能实现。本节在参考此前相关研究（Kim 和 Hovy，2004；姚天昉，2007；Stoyanov，2008；周杰，2009）的基础上，提出一个处理倾向性及其对象和来源对应关系的思路。

无论是对象还是来源，都可以分为内部的和外部的、显性的和隐性的四种类别。内部、外部类别是根据对象和来源的出现位置划分的：出现在句子（小句）内部的称为内部对象或内部来源，出现在句子外部的称为外部对象或外部来源。显性和隐性类别是根据它们的出现形式划分的：有显性语言形式的称为显性对象或显性来源，没有显性语言形式的则称为隐性对象或隐性来源。类别不同，识别的难度也各异，这里以内部和显性类别对象和来源为例展开讨论。

姚天昉（2007）指出，理论上倾向性对象可以出现在三种依存句法关系中：SBV、VOB 和 ATT，分布比例依次为 34%、29%和 19%①。我们通过考察发现，对于倾向性来源，除非句子中有明确的交代，如骂声（央视，网民）、力挺（繁体字，潘委员），一般都来自说话人，因而来源绝大多数分布于 SBV 中。从对象和来源的性质看，对象可以是人、物、事件，相对比较复杂，而来源通常是人或者机构，在词性上表现为名词或人称代词。从标记语看，“对（于）、关于、至于”等常常是对象的标记语，同时也将对象和来源分隔开来。据此，提出一种基于句法关系的倾向性对象和来源的识别方法，基本思路如下：

① 此外，约 18%的对象分布在其他关系中。具体数据参见姚天昉（2007）第 78 页。

（1）根据主观性表达形式的数量，分两种情况处理：整句含有一个主观性表达形式的，以句子为单位分析；整句含有多个主观性表达形式的，以小句为单位分析（仅分析含有主观性表达形式的小句，小句一般按逗号、分号识别）。

（2）定位标记语。遍历句子（小句），如果在一定范围的跨距（span）内，存在标记语，按相应的规则分别识别出对象和来源，如骂声（央视，网民）。如果定位失败，则执行（3）。

（3）根据情感词语词性，执行：

（3.1）如果是动词，寻找相应的 SBV 和 VOB 关系，当主语为人名、机构名、人称代词时，判定为来源，宾语判定为对象，如力挺（繁体字，潘委员）；如果动词是 VOB 关系中的宾语，如例（143），则与其距离较近的 SBV 中的主语为对象，较远主语为来源。据此“我认为简化字是历史的进步”→进步（简化字，我）。

（3.2）如果是形容词，首先寻找相应的 ATT 关系，将其所修饰的中心成分判定为对象，来源为主语或说话人，如“这是个痛苦的经历”→痛苦（经历，说话人）。如果 ATT 关系寻找失败，则寻找相应的 SBV 关系，判定主语为对象，来源为说话人，如“她很美”→很美（她，说话人）；如果形容词在 VOB 关系中，则当句子（小句）的主语为人名、机构名、人称代词时，判定为来源，同处 VOB 关系中的名词、动词性词语为对象，如“我认为她很美”→很美（她，我）。

（3.3）如果是名词，其对象是其自身或者主语，来源一般为说话人，如“重压之下的汉语身上又多了一层枷锁”→枷锁（汉语，说话人）。

上述思路仍很朴素，很多地方有待细化和验证，限于时间和精力，不展开讨论，但其借助句法关系来识别来源和对象的基本思想可以为进一步的研究提供借鉴。同时，我们也认识到，即使是在句子级的倾向性分析中，倾向性及其对象的对应问题也是需要考虑的，尽管这一问题具有相当的复杂度。进而可以想见，在更高的语言层级，如篇章中，如果单纯分析倾向性（不管使用什么方法），而不能很好地将倾向性及其对象对应起来一并考虑的话，将会使倾向性分析变得更加不可信，从而遭受更多的批评和诟病。因此，审慎地处理这一问题，是我们在篇章级文本倾向性分析中的首要任务。

5.7 小结

本章进行了基于语义方法的句子倾向性分析研究。我们介绍了作为重要基础资源的情感词典及附加词典的研制思路、过程和测试结果，基于这些资源，构建了一个用于句子倾向性分析的规则库，对于其中的基本规则和重要的具体规则逐条进行了详细阐释和说明。对基于语义方法的主客观句子分类和句子倾向性程度分析进行了实验，分析了实验结果。

总的看来，这部分的工作证实了对现代汉语进行基于语义方法的句子倾向性分析研究的可行性和有效性。尽管实验的结果显示这种方法的准确率并不是很高，但至少还在一个可以接受的范围内，这样的工作还处于一个起步的阶段，随着研究的不断深入，分析的效果也必将得到不断的提升。同时，我们也深刻地认识到基于语义方法的句子倾向性分析的不足之处，对于其中的一些重点和难点问题，仍待在现有的技术水平上不断摸索和解决。

第6章　基于浅层篇章结构的评论文倾向性分析

语言文字舆情信息中除了一部分由新闻报道跟帖和论坛跟帖组成的短文本信息外，还有一定数量的以论坛主题帖和语言文字相关评论文章为代表的长文本信息需要进行倾向性分析。对这两类特点各异的舆情信息，我们提出采取不同的处理策略，即用基于语义的句子倾向性分析方法处理短文本，用基于浅层篇章结构的倾向性分析方法处理长文本。在上一章中，我们研究了基于语义方法的句子倾向性分析技术，以含有主观性表达的句子或者小句为一个基本的处理单位，借助一定的情感资源和句法分析手段，在各类规则的指导下，逐步计算出句子的倾向性程度值。在针对短文本舆情信息的策略上，有两点需要做些补充说明。

第一，由短文本的定义（龚才春，2008）可知，句子和短文本这两个概念并不存在对应关系，短文本可能包含一个句子，也可能包含多个句子。因此，分析完了单个句子的倾向性，不等于就完成了对一条新闻报道跟帖或论坛跟帖的倾向性分析。这里实际上还有一个如何计算短文本的总体倾向性的问题。根据我们的观察，几乎所有的新闻报道跟帖和论坛跟帖都具有一些相似的特点，如发表意见时直接、简洁、集中，所针对的对象明确，句子之间的观点倾向性趋于一致等。据此，可以对所有短文本内所含的倾向性句子进行分析后，用取算数平均的办法求得一个短文本的总体倾向性程度值。同时，规定一个短文本的总体倾向性程度值的取值范围为［-1，1］，凡是超出该范围的计算结果，一律取与其倾向性相同的一端的极值作为修正值。

第二，新闻报道跟帖和论坛跟帖之类的网络短文本，在语言形式上也有一些自身的特点，如许多出现其中的情感词语并不在其他类型的文本中出现，连续的感叹号、问号及其他特殊符号表示极其强烈的情感，由于发帖人教育程度的差异，或发帖的随意性、身份的隐蔽性等原因造成的“数量可观”的错别字等。这就使得在分析这些文本时需要花费额外的精力对种种可能带来的“不利”影响（主要是就规则的通用性而言）进行处理，用特殊的手段应付特殊的情况。一个值得考虑的建议是专门针对这类网络短文本建设相应的情感词典资源（如《网络领域情感词典》），使其成为《基本情感词典》的有力补充资源，这样既能保持《基本情感词典》的相对稳定性和通用性，又能真正有效地分析这类文本。

按照我们的设想，基于语义方法的句子倾向性分析技术不独为短文本舆情信息而用，在更高语言层级上（如篇章）的倾向性分析，仍然依赖于句子级的分析技术。这和结构主义语言学所认为的语言是具有层级体系的符号系统的观点是一致的：语言是一个内部相对独立、自足的、完整的符号系统，具有分层次的形式结构；语言这个分层装置的底层是一套音位，上层是音义结合的符号和符号序列，语言的上层又分为若干级，第一级是语素，第二级是词，第三级是句子（叶蜚声，2010），再往上就是篇章。语言层级装置中的低一层的单位比高一层的单位少得多，高一层的单位都是低一层单位按照一定的规则组合而成的（叶蜚声，2010）。依据这个思想，篇章的整体倾向性分析要以句子和词语的倾向性为基础。

以语言是具有层级体系的符号系统为理论基础，汉语篇章的倾向性分析基于这样两个假设：(1) 篇章的整体倾向性是其所有组成部分倾向性的总和。一般而言，不论是采用自顶向下还是自底向上的分析策略，篇章的整体倾向性分析通常都需要词语、句子、段落等不同层次组成部分倾向性分析的支持。(2) 篇章的各组成部分在篇章中的重要程度不尽相同。有的组成部分处于篇章的开头和结尾，起着开题和点题的作用，这些部分常常是倾向性分析的关键所在。不同的篇章体裁有着不同的篇章结构，在一类篇章中是倾向性分析关键位置的组成部分，很可能不再是另一类篇章的关键位置了，因而有必要分析不同类型篇章的不同篇章结构，进行针对性的处理。在我们看来，似乎难以对所有篇章采取同一种倾向性分析策略。

本章研究基于浅层篇章结构的评论文倾向性分析技术。之所以只研究评论文，是因为长文本的语言文字舆情信息都是评论性质的；之所以基于浅层篇章结构，是因为浅层篇章结构信息能够为评论文的倾向性分析提供有效的线索和指示，而且当前倾向性分析领域的研究现状表明，不论是针对英语还是汉语，都没有在这方面进行过实质性的探索。出于上述种种考虑，我们着重阐述了浅层篇章结构与评论文的特点，提出以主题倾向句表示评论文的浅层篇章结构，基于浅层篇章结构获取评论文的整体倾向性。对基于浅层篇章结构的汉语评论文倾向性分析方法进行了实验，分析了实验结果，并将实验结果与基于 SVM 的篇章倾向性分类方法进行了比较。

6.1 篇章结构和浅层篇章结构

篇章结构是篇章内部的语言组织规律。董绍克（1996）认为篇章结构主要包括开头和结尾、过渡和照应、段落层次关系及谋篇布局的手段和方法，吴应天（1989）从思维的角度指出，篇章结构的本质特征是思维形式的反映，即议论文和说明文属于逻辑思维的范围，描写文和叙述文属于形象思维的范围。波兰尼（Polanyi，2001）则从信息结构的角度提出，篇章结构是作者在篇章中组织信息的方式。

篇章结构分为篇章语义结构和篇章功能结构，它们各自又分别包含微观结构（microstructrues）和宏观结构（macrostructures），这也是篇章结构研究中最基本、也最常用的两个概念。篇章的微观语义结构指的是篇章内部各相关联的语句之间的语义联系类型。篇章宏观语义结构则是与微观语义结构相对的概念，它是篇章总体上的、高层次的语义结构，是篇章主题思想等知觉概念的理论重建，是能够体现篇章的主要思想及其脉络，决定篇章整体连贯以及控制篇章内部各部分之间关联的篇章深层次语义结构铺排方式。篇章的功能结构是篇章实体及其内部较大的篇章局部内部各直接构成部分之间的在言语兑现的过程中，各自所发挥的表述职能上的相互联系及其铺排规则（郑贵友，2002）。微观结构和宏观结构共同构成了篇章的整体结构。正如戴伊克（Dijk，1980）所指出的，篇章内部相邻接的句子之间具有的线性关系是重要的，但篇章实体却不仅仅是由这种线性关系构成的。除此之外，篇章的构成还必须依赖于另外一种更加重要的结构，这就是建立在篇章总体之上或者建立在篇章内部一个相对大的篇章局部（如段落）总体上的结构（郑贵友，2002）。

篇章结构是篇章的形式、意义和逻辑的统一体。篇章结构在形式上标志了篇章内容的层次性，在意义上保证了篇章内容的完整性，在逻辑上体现了篇章内容的连贯性。这里所说的篇章内容，主要是指篇章的主题思想，或者称中心思想。可以说，篇章结构与篇章内容是紧密联系、不可分割的，二者结合在一起，为篇章的实现做出各自不同的贡献。

从形式上看，语篇内部自然段是人们可以自然察觉到的基本单位，节、章等则是建立在自然段基础上的更大意义单位。从意义上看，篇章由若干个意义段组成，篇章的中心意义是各意义段的中心意义按一定逻辑关系的组合。所谓自然段，是指在标准的中文文本中，占据一行或多行且首行以缩进两个汉字位置的显式形式作为段首标志的文本单位；所谓意义段，是指篇章内部表达相对完整意义、能反映同一个中心内容的自然段的集合（吴岩，1998），意义段由一个或多个自然段组成，小到一个自然段，大到一个章节。有人也称自然段为形式段，称意义段为逻辑段（吴岩，1998）。在基于篇章理解的自然语言处理中（如自动文摘），意义段的划分是一个重要的研究内容，它对理解篇章结构、把握中心思想具有重要意义。正因为如此，有人也把意义段划分称为结构划分（朱荷香，2008）。目前，有两种典型的文本结构划分方法，即基于相邻段落相似度的方法（Marcu，1997；王继成，2003）和基于连续段落相似度的方法（傅间莲，2005a；傅间莲，2005b）。前者通过考察相邻段落之间的相似度，认为相似度低的相邻段落之间必定存在话题的转移，即将相似度低的地方作为意义段划分的边界。总之，意义段划分为自然语言的处理提供了一个有利的工具，并在很大程度上提高了自然语言处理系统的质量。

浅层篇章结构指的是较大篇章单位（如意义段）之间的形式和语义关系，是篇章总体上的、高层次的语义和功能结构。浅层篇章结构是一种宏观结构，体现的是篇章主题思想的构建方式，它忽略较小篇章单位（如句子）之间的结构关系，也不对较大篇章单位之间存在的种种结构关系进行一一详述。说得更通俗一点，它就是篇章结构最高层的一个基本的“骨架”，仅描述根据研究目的所设置的那些最基本的框架成分。如果把篇章比作人体，那么，一个浅层的篇章结构可能只大致地勾勒出头、躯干和四肢，细节部分如眼睛、内脏、指头等细节则被省略掉了。与“工笔”式的完全篇章结构分析不同，浅层篇章结构充其量也只能算是“速写”，然而，其形虽模糊，其神却犹在。在篇章倾向性分析的问题上，在当前采用完全的篇章结构分析难以获得满意效果的情况下，进行浅层篇章结构分析的目的，就在于直接、快速地获取篇章的中心思想，进而准确地得到篇章的整体倾向性。

本书在篇章倾向性分析上的处理对象是网络评论文，所以，接下来的一个问题是如何对评论文进行浅层篇章结构分析，从而在把握其最基本的篇章结构后，进行有效的倾向性分析。为了回答这个问题，先说说汉语评论文的特点。

6.2 汉语评论文的特点

评论文是议论文的一种，也常被称作“评论”。评论属于议论性的文章，议论文也有人称为说理文、论说文、论辩文等。一般论辩说理的文章，都是以议论为主要的表达手段，通过判断、推理等逻辑方式来阐明事理。在这个层面上，评论跟其他的论说文没有分别，自然也就继承了议论文的一些基本特点。

日常生活中可供评论的事物有很多。根据所评论的对象和内容，可以把评论分为人物评论、时事评论、经济评论、政治评论、军事评论、文学评论（含书评）、艺术评论（含影评、剧评、乐评）、商品评论（如汽车评论）、服务评论（如机场服务评论）等。针对语言文字事件的评论文可以归入到其中的时事评论中。

一般而言，汉语评论文具有以下特点：

（1）对象具体，主题明确。一般的议论文可以用来论辩一些比较抽象的道理，或者阐明某些现象；而评论文则总是针对比较具体的人、物、事件，就其有关方面做出批评、议论。评论文也不需要像一般的议论文那样正反论述、面面俱到，对于所评对象，评论者的观点是赞同还是反对，是褒扬还是讽刺，往往是直接、明确的。因此，评论文的议论对象具体，主题明确。

（2）一篇评论文通常只有一个主题，评论者对主题有确切的倾向性。绝大多数的评论文都是一事一评，不会牵扯到无关事物；对于所评事物，往往旗帜鲜明地阐述个人观点，尽量做到立场“坚定”，不出现模棱两可、含混不清的情形。有的评论文会对主题的下位主题再展开议论，但是不影响其对该主题的基本立场。对下位主题的评论同样具有上述两个特点。

（3）评论文的主题与其标题有着密切的关系。多数评论文为了吸引“眼球”，让读者看到标题就了解主旨，通常会用精练的语言道出文章的主题，有时甚至还概括出主题和主旨。这和评论文的出发点是相关的，评论就是为了针砭时弊，表达观点，发出心声，从而或获取支持，或引导舆论。因此，一般来说，我们总可以在标题中找到评论文的主题。

（4）评论文的结构通常遵循一定的“范式”。概括起来，评论文的结构有三种基本类型：归纳型、演绎型和演绎归纳结合型，并分别对应三种主要的表达模式：“分—总”式、“总—分”式、“总—分—总”式。评论者对主题的倾向性表达一般会出现在“总论”和“结论”部分，而“分论”部分的倾向性不影响其基本的倾向。在有的评论文中，对下位主题的倾向性表达会出现在“分论”部分。

对560篇汉语评论文①的考察印证了评论文的上述四个特点，统计数据见表6-1。

① 所有评论文收集自 http://opinion.people.com.cn/。

表 6-1　评论文各项特点统计结果

评论文特点		所占比例（%）
主题明确		100
一个主题		100
标题反映主题		99.64
表达模式	引—分—总[1]	40.17
	引—总—分—总	33.9
	引—总—分	18.75
	其他	7.18

从上表可以看出，在所考察范围内，所有的评论文都只有一个明确的主题，在 99.64%的评论文标题中能找到主题关键词，与 3 种主要的表达模式相符的评论文占 92.82%，不能归入其中的其他的结构类型只占 7.18%。统计数据充分显示，本节所归纳的汉语评论文的特点是符合客观情况的。

6.3　汉语评论文浅层篇章结构表示

在篇章结构分析问题上，我们持有的一个基本观点是，通过充分挖掘不同类型篇章自身的特点和有效利用篇章内部的一些基本信息，可以将看似复杂的问题简单化，甚至能避开当前技术水平下难以处理或达不到理想效果的难点问题。在 6.2 节考察了汉语评论文特点的基础上，本节讨论如何利用这些特点来表示评论文的浅层篇章结构。

由 6.1 和 6.2 节的分析知，汉语评论文的倾向性通过若干意义段按照特定的表达模式反映出来，其整体倾向一般出现在“总说”部分。因此，一个自然而且简单的想法是，首先通过划分意义段的方法将评论文的篇章结构表示出来，然后通过分析表达模式的方法判定一篇评论文的具体表达模式，最后对评论文表达模式中的“总说”部分所在的意义段进行基于句子的倾向性分析，将分析结果作为评论文的整体倾向性。

---

① 评论文开篇一般要对所评对象做一个基本的介绍，称之为“引言”。此外，为简单起见，将“结论”与“总论”并称为“总论”。

然而，众所周知，自然语言处理中的篇章结构自动分析本身是一件困难的工作，无论是基于相邻段落相似度的方法还是基于连续段落相似度的方法，都难以在实际应用中取得满意的结果，尤其在对汉语的处理上，所涉及的词法、句法和语义自动分析性能也都制约着篇章分析的效果，在这些过程中损失的精度将直接影响篇章倾向性分析的准确率。这样看来，这个自然的想法其实并不现实，它几乎动用了自然语言处理中从词语到篇章的所有技术，如果庞大而复杂的任务是我们难以承担的。那么，有没有另外一种轻松点又可行的策略，既能避免完全的篇章结构分析，同时又能在一定程度上利用评论文的篇章结构信息呢？这里我们引入主题倾向句的概念，利用主题倾向句能够隐式地表达评论文的浅层篇章结构这一特点，对评论文进行倾向性分析。

主题倾向句（topic orientation sentence，TOS）是主观性文本中包含主题概念及与之相关的倾向性句子，它既包含着文章的主题，又表达了针对该主题的主观态度。就评论文而言，主题倾向句是表达文章中心思想（这里指主题和倾向性）的最典型、最直接、最有力的手段。主题倾向句对于主题倾向的表达具有鲜明的特点。

首先，主题倾向句在主题上是“同质”的。也就是说，主题倾向句针对相同的主题发表意见。这就使得每个主题倾向句中的倾向性可以计算。以往的研究（Pang，2002；Turney，2002），无论是采用效果较差的算术平均的方法，还是效果良好的基于 SVM 的机器学习方法，都没有考虑主题及与之相关的倾向性应该相互对应这一问题，导致有可能把不同主题倾向或不相关倾向混合在一起计算，影响了结论的可信度。主题倾向句之间因其主题“同质”的性质，则不存在这样的问题，从而保证了倾向性的可计算性和结果的可信性。

其次，主题倾向句与评论文主题的语义相似度潜在地反映了主题倾向句与不同意义段的相关度。这里的语义相似度是指以词语表示的句子和以词语串集合表示的评论文主题之间的语义相似度。主题倾向句与评论文主题的语义相似度越大，它出现在“总说”部分所在意义段的可能性就越大；反之，出现在其他意义段的可能性则越大。这样，在一篇评论文中，我们就可以根据这个语义相似度值来判断一个主题倾向句是否属于“总说”部分所在意义段。

再次，主题倾向句在评论文中的分布情况，包括分布的广度和密度，不但隐式地表示了评论文的篇章结构是“总—分”，“分—总”抑或是其他类型，而且还或多或少地体现了评论者对所讨论主题的倾向性强度，对深层次的倾向性分析有所帮助。主题倾向句的分布广度定义为它在一篇评论文中散布的位置关系。以句子或自然段落的位置来衡量，如果主题倾向句分布较广，呈哑铃状，说明该篇评论文的篇章结构是“总—分—总”型；如果分布较集中，呈锤状，则可能为“总—分”或“分—总”型，根据具体情况可以判知“总说”部分所在意义段是处于篇章开始位置还是结束位置。主题倾向句的分布密度定义为它在一篇评论文不同意义段中分布的疏密程度。如果它在一个意义段中分布较密，说明该意义段在倾向性表达上居于重要地位，评论者在此处表达了较多的个人意见，相对来说，所表达的倾向性强度可能就会高些，该意义段成为“总说”意义段的可能性也就越大。可见，我们可以直接用主题倾向句的分布情况来表示评论文的浅层篇章结构，因为只要将主题倾向句的分布广度和密度结合起来，就能分析出评论文的浅层篇章结构。可以说，主题倾向句具有的这种隐式地表达评论文的浅层篇章结构的特点，在评论文的倾向性分析中起到了“拨云见日”的关键作用。

综上所述，对评论文倾向性分析而言，充分利用评论文的浅层篇章结构既符合人的思维方式，也能带来极大的帮助；而在当前完全的篇章结构分析难以获得满意效果的情况下，采用以主题倾向句表示的评论文浅层篇章结构的分析方法，不失为一个好的策略。

6.4 基于浅层篇章结构的汉语评论文倾向性分析

本节提出一种基于浅层篇章结构的评论文倾向性分析方法，基本的思路是：在确定评论文主题的基础上，首先抽取出主题句；然后对主题句进行倾向性与非倾向性分类，抽取出主题倾向句；再逐个计算各主题倾向句的主题与评论文主题的语义相似度，选取其中相似度最高的若干个句子计算它们的倾向性程度值，将其平均值作为评论文的整体倾向性值。下面就其中的关键步骤按先后顺序分别给出算法的详细说明。

6.4.1 评论文主题识别

将评论文的主题概念表示为词语串集合 $T=\{Wn_1, Wn_2, \cdots, Wn_i\}$，其中，$Wn_i$是一个或多个词语组成的词语串，$n$ 为词语串中词语的个数。评估任意一个 Wn_i是否属于 T，主要依据的指标是其位置和频次信息。Wn_i的位置信息表明了其分布度 $D(Wn_i)$：Wn_i在评论文中的分布越广，它与主题相关的可能性越大。Wn_i的频率信息表明了其重要度 $I(Wn_i)$：Wn_i在评论文中出现次数越多，其重要性越大，与主题相关的可能性也越大。由此，将 Wn_i隶属于 T 的程度称为 Wn_i的隶属度，Wn_i的隶属度 $C(Wn_i)$ 定义为：

$$C(Wn_i) = \alpha \cdot D(Wn_i) + \beta \cdot I(Wn_i) \qquad (6-1)$$

其中，α 和 β 是加权系数，用以调节 $D(Wn_i)$ 和 $I(Wn_i)$ 的权重。

为了快速有效地获取评论文的主题，我们采用一种基于 n 元词语匹配的方法进行主题识别。按照下述算法获取 T：

（1）对评论文标题和正文进行分词标注，分词标注结果分别存入队列 T_q 和 B_q中。

（2）当 $n \leqslant m$ 时（其中，$1 \leqslant m \leqslant T_q$ 中词语的个数，n 初始值为 1 并自增），循环执行以下操作：连续地从 T_q中取出一个 n 元词语串 Wn_i，并在 B_q中进行查找；如果 B_q 中存在 Wn_i，则将其插入索引表 $G=\{Wn_i, position, frequency\}$ 中。规定当 $n=1$ 时，Wn_i 必须为实词。

（3）根据公式（6-1）分别计算每个 Wn_i的隶属度，将隶属度大于预设阈值 L_c的 Wn_i加入 T 中。

以评论文《恢复使用繁体字，未免不合情理》[①] 为例简要说明算法的运行过程。

---

① 全文见附录 5。

据步骤（1），得队列 T_q = {恢复/*v*，使用/*v*，繁体字/*n*，未免/*d*，不合/*v*，情理/*n*}，队列 B_q从略。

据步骤（2），得索引表 *G* = {{恢复,(23,186),2},{使用,(24,162,187,208,229,258,264,306,351,355),10},{繁体字,(25,109,132,188,192,265,307,405,419,471),10},{恢复使用,(23,186),2},{使用繁体字,(24,187,264,306,),4},{恢复使用繁体字,(23,186),2}}。

据步骤（3），得 *T*= {使用，繁体字，使用繁体字，恢复使用繁体字}。*T* 即为该文的主题概念。

6.4.2 评论文主题倾向句抽取

主题倾向句是主观性文本中包含主题概念及与之相关的倾向性的句子，它既是主题句，又是倾向性句子。主题倾向句决定评论文的倾向性，是判别评论文整体倾向的关键。基于主题倾向句的评论文倾向性分析方法将与主题无关的倾向要素排除在外，使所分析的倾向性具有“主题同质性”，从而获得可计算性。主题倾向句的抽取分为两个步骤。

（1）从评论文中抽取主题句。在已确定主题概念 *T* 的前提下，抽取主题句即选取与 *T* 在语义上相似度较高的句子，其相似度大小主要取决于二者等同词串[①]的数量、等同词串的长度[②]、非等同词的语义相似度、候选主题句的位置等因素。根据索引表 *G* 中每个 Wn_i的位置信息，可以确定一部分主题句。由于这些句子中含有一个或多个等同词串 Wn_i，按照 Wn_i的数量及长度赋予一个相应较高的权值，表示这些句子与主题 *T* 的相似度较高。对于其他句子，根据刘群等（2002）提出的基于《知网》的词汇语义相似度计算方法，依次计算其所含词语与 *T* 中长度为 1 的 Wn_i的语义相似度。考虑句子在文本和段落中的位置，将所有相似度大于预定阈值 L_s的句子确定为主题句。为了获得较高的召回率，L_s的值通常设置得较小。把评论文的标题也作为一个主题句，它与主题的相似度值取 1。

① 即形式完全相同的词或词串。

② 即词串中所含词语的数量。

举例来说，根据上述算法，我们从示例评论文中得到以下六个主题句（按相似度大小排序）：

（C0）恢复使用繁体字，未免不合情理。

（C1-1[①]）昨日，有代表在两会上提出，建议全国用 10 年时间，分批废除简体汉字，恢复使用繁体字。

（C2-6）据新华网目前的相关民意调查显示，65.5%的人是反对恢复使用繁体字的。

（C5-2）简体字、繁体字各有各的用处，不能“因小失大”。

（C4-6）繁体字的确有它的历史意义和魅力所在，但是我们学习繁体字，主要目的是要看懂它、认识它的含义，能理解、继承中华文化，并不是人人一定都需要会书写。

（C3-4）中华人民共和国成立以后，一直使用简体字，突然改为使用繁体字会使社会语言系统出现混乱。

（2）从主题句中抽取主题倾向句。从主题句中抽取倾向性句子，其实质是进行倾向性与非倾向性分类。这里我们采用第 5 章所述的分类方法。如果标题为倾向性句子，也将其视为一个主题倾向句。

通过以上步骤抽取评论文中的若干个主题倾向句，每个句子均带有一个表示其与主题语义距离的权值，将这些句子称为候选主题倾向句。仍以示例评论文为例说明，最终即得到上述六个候选主题倾向句。观察它们的分布广度和密度，可知该评论文的表达模式为“引—分—总”式，其浅层篇章结构也就清楚地显示出来了。

6.4.3 基于主题倾向句的评论文倾向性分析

在评论文中，与主题相似度越高的主题倾向句，越有可能成为作者表达基本倾向的关键句子。同时，为了避免最终的倾向性分析过度依赖于少数几个候选主题倾向句，又要求能对更多的句子进行分析。因此，从候选主题倾向句集中选取的用于最后分析和计算的句子数量，是一个值得考虑的问题。

---

① “1-1”表示第 1 个自然段中的第 1 个句子，下同；“0”表示标题。

评论文主题倾向句的数量是不定的，这受多种因素影响。根据我们对 560 篇评论文的考察发现，一般而言，一篇评论文所包含的主题倾向句不多于 7 个，而平均的主题倾向句数量约为 4 个。此外，篇幅较长的评论文，其所包含的主题倾向句也通常较多。由此，定义一个可调节的参数 γ（依据所分析的评论文篇幅与参考篇幅确定），则对于任一评论文，其所需分析的主题倾向句数量 N（tos）为：

$$N(\text{tos}) = 4 \pm \gamma \tag{6-2}$$

从候选主题倾向句集中提取 N（tos）个权值最大的句子，将所有句子的倾向性的平均值作为评论文的整体倾向 O（r），即：

$$O(r) = \frac{1}{N(\text{tos})} \sum_{i=1}^{N(\text{tos})} SO(\text{tos}_i) \tag{6-3}$$

对于句子的倾向性分析，采用本书第 5 章所述的基于语义方法的句子倾向性分析来处理。就示例评论文而言，根据公式（6-2），选取前 5 个主题倾向句进行分析，又据公式（6-3），得其整体倾向性程度值为：

$O(r) = -(0.375 + 0 + 0.25 + 0.25 + 0.1875)/5 = -0.2125$。

从计算结果看，该值比较符合示例评论文的客观情况。

6.5 实验及结果

6.5.1 数据

实验中使用的语料为汉语时事评论，其中也包含部分对语言文字事件的评论，原始语料采集自人民网观点频道（http://opinion.people.com.cn），均经过了清洗和基本整理，使必要的文本结构信息可用。从中随机挑选出 400 篇文本，训练和指导 3 名标注人员独立地标注其主题倾向句和整体倾向性（以数值形式表示），表 6-2 是部分标注结果。

表 6-2 测试语料部分标注结果

标注者	正面倾向文本（篇）	负面倾向文本（篇）	其他（篇）
1号	87	302	11
2号	93	298	9
3号	88	288	14

对标注结果进行了一致性检查，最终得到 370 篇（其中，正面倾向文本 86 篇，负面倾向文本 284 篇）标注结果完全一致的评论文，将其作为测试数据。

6.5.2 资源和工具

为了进行评论文的倾向性分析，实验中使用了以下资源和工具：

（1）自行标注的基本情感词典及其附加词典（详见 5.1 节）；

（2）免费的知网 2000 版（http://www.keenage.com/）；

（3）开源的语言技术平台 LTP 系统；

（4）中国传媒大学文本切分标注系统（CUCBst 1.0）（系统界面如图 6-1 所示）；

（5）本书开发的汉语文本倾向性分析系统（系统界面如图 6-2 所示）。

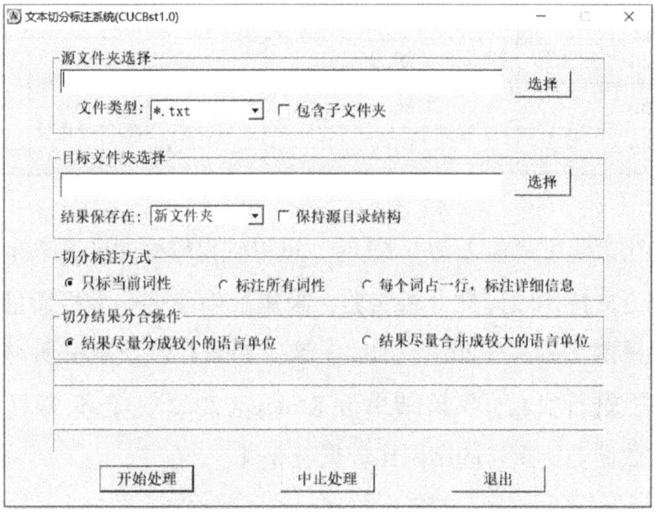

图 6-1 中国传媒大学文本切分标注系统用户界面

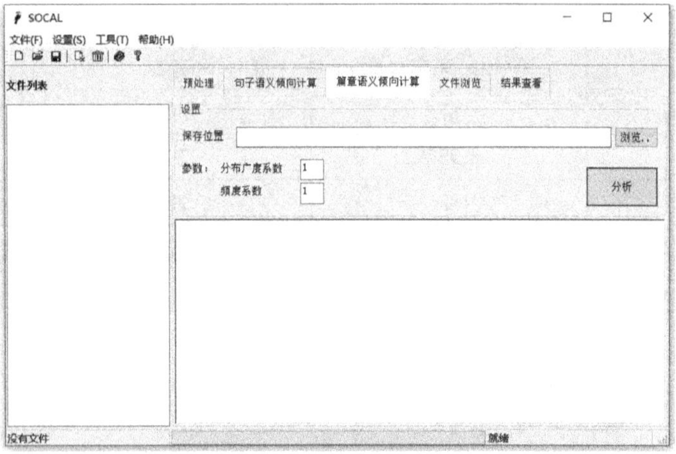

图 6-2 SOCAL 汉语文本倾向性分析系统用户界面

6.5.3 实验结果及分析

主题倾向句的抽取是本书工作中至关重要的环节，我们对此进行了实验。采用传统的准确率（precision）、召回率（recall）以及 F_1 值（F-measure）等评价指标对性能进行衡量。实验结果见表 6-3。

表 6-3 主题倾向句抽取实验结果

隶属度阈值 L_s	准确率（%）	召回率（%）	F_1 值（%）
0.64	89.9	82.3	85.9
0.55	86.1	90.6	88.3
0.37	77.8	98.4	86.9

可见，当隶属度阈值 L_s 为 0.55 时，可以获得较好的准确率和召回率。

对于评论文整体倾向性分析实验，采用准确率这一指标衡量本书方法的性能。分别采用 Turney（2002）、Pang 等（2002）以及本书所述方法在同一测试数据集上进行实验，实验结果与 Turney（2002）、Pang 等（2002）在不同英文测试数据上所报告的结果比较见表 6-4。

表 6-4 评论文倾向性分析实验结果

方法	不同英文测试数据集上的准确率（%）	相同中文测试数据集上的准确率（%）
Turney	74.39	70.54
Pang（SVM）	82.9	80.81
本书		86.8

显然，本书的方法在准确率上有较大提高。

我们对 49 个错误结果进行了分析，检查了各个环节的中间分析结果。分析显示，约有 35%的错误来自主题识别阶段，大约 49%的错误是由于对主题倾向句分析错误所导致，此外还有约 4%的错误由倾向词典造成。因此，提高主题识别的准确率，加强对句子级倾向性的研究以及编制更好的情感词典，将有助于提高基于主题倾向句的评论文倾向性分析结果。

6.6 小结

汉语评论文的特点使得我们可以利用主题倾向句表示它的浅层篇章结构。本章由此提出了一种基于浅层篇章结构的评论文倾向性分析方法。该方法采用一种基于 n 元词语匹配的方法识别主题，通过对比与主题的语义相似度和进行倾向性与非倾向性分类抽取出候选主题倾向句，计算其中相似度最高的若干个句子的倾向性，将其平均值作为评论文的整体倾向性。基于浅层篇章结构的评论文倾向性分析方法避免了进行完全篇章结构分析，排除了与主题无关的主观性信息，实验结果表明，该方法准确率较高，切实可行。

第7章　结论

7.1　对本书研究工作的总结

概括地说，本书为语言文字舆情自动监测这件事做了两项准备工作：一项是探索了语言文字舆情自动监测的基本方法，另一项是讨论了在进行语言文字舆情自动监测时需要用到的文本倾向性分析技术。

在前一项工作中，对一个语言文字舆情自动监测原型系统需要具备的三个最起码的模块中的两个（即自动汇集模块和自动测量分析模块）应如何运作和相互协调进行了初步的研究。就自动汇集而言，规划了自动汇集的工作流程，确立了以语言文字网络舆情信息为汇集渠道和以覆盖主管政府机构网页、带新闻评论功能的门户网站、论坛、博客和网络媒体等五类网站为汇集来源的约含400个网址的汇集范围；在自动测量上，设计了起点、终点、时间跨度、关注度、峰点和衰落点等六项测量指标，确认了新闻报道、新闻评论、论坛主题帖、论坛跟帖和相关评论文章等五类测量对象，并基于关注度量化了各项测量指标；对于自动分析，提出了由低到高的舆情事件摘要、舆情概况分析和舆情态势分析三个层次的立体化分析水平，以满足和适应不同需求下的监测要求。此外，还对语言文字舆情这一概念进行了阐述，对它的特定和形成规律进行了分析。我们将这一工作统称为“基本方法”的研究。本书对基本方法的探索，既有宏观的、整体性的，又有微观的、具体化的。

这样做的好处，是既避免了相当多的类似研究只谈“做什么”而不讲“怎么做”的不足，又防止了出现“只见树木，不见森林”的毛病。在设置的舆情汇集范围内进行的两个自动测量实验均证明所提出的自动测量方法客观真实地反映了已发生的多个语言文字事件的舆情发展变化情况，是科学有效的。

在后一项工作中，对词语、句子和篇章三类处于不同层级的语言单位的倾向性分析问题分别进行了面向语言文字舆情监测的、有针对性的研究。对于词语，使用手工编制的含19 625个词条项目的情感词典直接获取主观性倾向值。对于句子，采用基于语义方法的句子倾向性分析技术进行倾向性程度的计算，这种技术本质上是一种“规则+词典”的方法，同时融入了句法分析的结果，基本思路是：首先对句子进行分词标注和依存句法分析，利用部分句法信息，结合情感词典及附加词典，按照各种处理规则，计算句子的倾向性程度值。该技术取得 78.5%的准确率。对于评论文篇章，采用基于浅层篇章结构的评论文倾向性分析技术，这种技术利用汉语评论文的特点，用主题倾向句表示评论文的浅层篇章结构，避免了进行完全篇章结构分析，排除了与篇章主题无关的主观性信息，基本思路是：首先采用基于 n 元词语匹配的方法识别评论文主题，然后通过对比与主题的语义相似度和进行倾向性与非倾向性分类抽取出篇章的候选主题倾向句，最后计算候选主题倾向句中相似度最高的若干个句子的倾向性，将其平均值作为评论文的整体倾向性。该技术获得 86.8%的准确率，表明其切实可行。在篇章倾向性分析问题上，我们很大的一个体会是，根据所定研究目的，深入地挖掘研究对象的特点，有效利用它隐藏在内部的、深层次的一些信息和它内部组成成分之间的局部-局部关系、内部成分与对象整体之间的局部-整体或整体-局部关系，可以将看似复杂的问题简单化，甚至能避开一些难点问题而取得较好效果。此外，值得一提的是，不论是句子还是篇章的倾向性分析，我们所运用的技术都基于确凿的语言学或心理学基础，有幸地站在巨人的肩膀之上，而非凭空而来；同样重要的还有，在讨论倾向性分析技术之前，我们做了一定的准备工作，即探析了面向倾向性分析的汉语主观性表达：明确定义了“汉语主观性表达”这一概念，构造了汉语主观性表达描述体系，探讨了组成这个体系的类别、程度、形式、成分、关联、模式等六个维度，对每一维度进行了阐释，基于语义倾向标注语料库考察了汉语主观性表达的各种分布和主要特点。汉语主观性表达描述体系的建立以语言主观性理论为基础，面向倾向性分析研究和应用，是一个上连语言主观性理论、下接文本倾向性分析的理论与应用的“接口”，也是一个力图为不同层级、不同颗粒度和不同应用目的的倾向性分析提供统一的主观性表达描写标准的系统框架。在之后的句子和篇章倾向性分析中，我们实际上是以这个体系为指导的。

如果以清单的方式呈现的话，本书所做的具体工作包括：

(1) 初步设计了一个语言文字舆情自动监测的原型系统，初步规划了一套进行语言文字舆情自动监测的方法。

(2) 构建了一个面向文本倾向性分析的汉语主观性表达描述体系。

(3) 标注了含 19 625 个词条、带有倾向性程度值的基本情感词典，含 182 个词条、带有倾向性程度影响力值的情感修饰词典，含 160 个词条、带有提示关系的情感提示词典，含 743 个词条的情感消歧词典。

(4) 建设了一个 100 万字的汉语语义倾向标注语料库，标注了词语、句子、段落和篇章四个语言层级的倾向性。

(5) 研究了基于语义方法的句子倾向性分析技术，设计了一套用于句子级文本倾向性分析的系统化的规则库。

(6) 研究了基于浅层篇章结构的评论文倾向性分析技术。

语言文字舆情自动监测研究是一项宏大的科研工程，本书的研究工作可以说是其中的一部分，也可以说是它的一个开头，还可以说只是一个朴素的原型设计、初级的技术探索。尽管离真正的实现距离很远，在方法和技术上仍有很长的路要走，但我们毕竟迈出了第一步。同时我们也深深地感到，本书研究工作中的那些暂时被证明了可行、有效的方法和技术，仍然有待后续研究的检验和雕琢，甚至是证伪和扬弃。无论是作为正面的榜样还是反面的教材，本书研究工作的借鉴或者教训意义都在于为后续研究提供了一块可供参考的标牌。

7.2 进一步的研究计划

本书研究的最终目的，是为了建立一套可供实用的语言文字舆情自动监测系统。然而就本书的研究工作来看，这个目标仍然很遥远。从目标的角度说，我们还仅仅走出了第一步，所研究的内容还只是整个系统中很小的几个点；从纵深的角度说，本书的研究虽然看起来似乎做了很多事，然而我们深知，这其中许许多多的工作还很肤浅，也很粗糙，有太多的问题等待我们去解决、改善和提高。因此，进一步的研究计划主要有：

（1）着力开展语言文字舆情自动分析的研究。按照我们的设想，本书的研究内容在整个语言文字舆情自动监测系统中，基本属于前期和中前期的阶段，无论是自动测量，还是文本倾向性分析，都仍是为处于中后期阶段的语言文字舆情自动分析准备数据、奠定基础。真正要做到使这些数据有所用，体现出更大的价值，需要着力开展语言文字舆情自动分析的研究。运用什么技术完成舆情事件摘要任务，对舆情概况如何用科学的方法表示，如何分析和预测舆情态势，是自动分析任务要重点解决的三个问题。开展语言文字舆情自动分析的研究，对缩短与最终目标的遥远距离和提升本书研究工作的价值具有重要的意义。

（2）继续完善和提高文本倾向性分析技术。囿于知识背景、学识水平、学术视野和时间精力，本书在文本倾向性分析的研究上侧重于语言学方面的讨论，在技术水平和能力上相对薄弱；偏向于整体上的把握，在局部和个别问题上的深入挖掘有所欠缺；目前的处理效果仍不理想，尤其是句子倾向性分析的准确率还不高。以上种种，使我们深刻地认识到本书在这方面的诸多不足和缺陷，进而领悟到探索真理之路永无穷尽的道理。正是因为我们所“解决”的问题仅仅是一定程度上的，所以必须继续完善和不断提高，期盼能至少达到一个我们所认为的良好程度。在句子倾向性分析的问题上，要继续深入地挖掘汉语在主观性表达上的特点，不断改进情感词典和修正规则，在适当的时候融入统计的方法；在篇章倾向性分析方面，要积极探索其他种种可能的技术手段，也要展开对评论文以外的篇章类型的研究工作。

（3）进一步研究语言文字舆情监测的基本方法。回头来看，本书在对语言文字舆情监测基本方法的探讨上仍是初步的，其中对许多复杂的问题做了简化，定性的指标看起来很“美好”，但定量的方法似乎不那么严谨。因而下一步工作中还要加强基本方法的研究，真正从应用目标的立足点出发去思考和解决问题，更加周全地、谨慎地规划出各个模块的方法，以更加严格的态度验证方法的科学性和有效性。

（4）继续改进面向倾向性分析的汉语主观性表达描述体系。汉语主观性表达描述体系是本书对汉语文本倾向性分析的一个贡献，它从语言的主观性理论出发，基于汉语的客观事实，力图为不同层级、不同颗粒度和不同应用目的的倾向性分析提供统一的主观性表达描写框架。这一工作就目前而言仍显得比较粗糙，许多方面还停留在阐述而非论证的层次上，尤其是形式维度和模式维度的论证显得不够丰满，这方面的工作仍待加强，整个体系也有待改进。

总而言之，后续研究之路还很漫长，追求真理的脚步不敢停歇。

参考文献

［1］ Agrawal, A. & An, A. Kea. Sentiment Analysis of Phrases Within Short Texts［A］. Proceedings of the 8th International Workshop on Semantic Evaluation (SemEval 2014). Dublin, 2014: 380-384.

［2］ Appel, O., Chiclana, F., et al. A Hybrid Approach to the Sentiment Analysis Problem at the Sentence Level［J］. Knowledge-Based Systems. 2016, 108: 110-124.

［3］ Arulmurugan, R., Sabarmathi, K. R., et al. Classification of Sentence Level Sentiment Analysis Using Cloud Machine Learning Techniques［J］. Cluster Computing. 2017, 20 (1): 1-11.

［4］ Aue, Anthony & Michael Gamon. Customizing Sentiment Classifiers to New Domains: A Case Study［A］. Proceedings of the International Conference on Recent Advances in Natural Language Processing. Borovets, Bulgaria. 2005: 207-218.

［5］ Benveniste, E. De la subjectivite dans le language［J］. Journal de Psychologie, 1959, (51): 257-265.

［6］ Benveniste, E. Problems in General Linguistics［M］. University of Miami Press, 1971.

［7］ Blitzer, J., Dredze, M. &Pereira, F. Biographies, Bollywood, Boomboxes and Blenders: Domain Adaptation for Sentiment Classification

[A] . Proceedings of ACL 2007 [C] . 2007: 440-447.

[8] Bradley, M. M. & Lang, P. J. Affective Norms for English Words (ANEW): Stimuli, Instruction Manual and Affective Ratings [R] . Florida, USA: University of Florida, 1999.

[9] Che, W. , Li, Z. , Li, Y. , et al. Multilingual Dependency-based Syntactic and Semantic Parsing [A] . Proceedings of CoNLL 2009 [C] . 2009: 49-54.

[10] Danes, F. On Linguistic Analysis of Text Structure [J] . Folia Linguistics VI, 1970, (1): 72-78.

[11] Dave, K. , Lawrence, S. &Pennock, D. Mining the peanut gallery: Opinion extraction and semantic classification of product reviews [A] . Proceedings of the 22nd Internation World Wide Web Conference. Budapest, Hungary. 2003: 519-528.

[12] Dijk, T. A. van. Macrostructures: An Interdisciplinary Study of Global Structures in Disclosure, Interaction, and Cognition [M] . Hillsdale: Lawrence Erlbaum, 1980.

[] Du, W. & Tan, S. Optimizing Modularity to Identify Semantic Orientation of Chinese Words [J] . Expert Systems with Applications, 2010, 37 (7): 5094-5100.

[13] Esuli, A. &Sebastiani F. SentiWordNet: A Publicly Available Lexical Resource for Opinion Mining [A] . Proceedings of the Fifth International Conference on Language Resources and Evaluation (LREC 2006) . Genoa, Italy. 2006: 417-422.

[14] Finnegan, E. Subjectivity and subjectification [A] . Subjectivity and Subjectification [C] . Cambridge: Cambridge University Press, 1995: 1-24.

[15] Fries, P. H. On the Status of Theme in English: Arguments from Discourse [J] . Forum Linguisticum VI, 1981, (1): 1-38.

[16] Hatzivassiloglou, V. & McKeow, K. R. Predicting the Semantic

Orientation of Adjectives [A] . Proceedings of the 35th Annual Meeting of the Association for Computational Linguistics. Madrid, Spain. 1997: 174-181.

[17] Hiroya, T. , Takashi, I. & Manabu O. Extracting Semantic Orientations of Words Using Spin Model [A] . Proceedings of the 43rd Annual Meeting of the ACL. Ann Arbor. 2005: 133-140.

[18] Hu, M. & Liu, B. Mining and Sununarizing Customer Reviews [A]. Proeeedings of the10th ACM SIGKDD [C] . 2004: 168-177.

[19] Jurgovsky, J. , & Granitzer, M. Comparing Recursive Autoencoder and Convolutional Network for Phrase-Level Sentiment Polarity Classification [C] . In Biemann et al. (Eds.), NLDB 2015, LNCS 9103, 2015: 160 - 166.

[20] Kamps, J. Improving Retrieval Effectiveness by Reranking Documents Based on Controlled Vocabulary [A] . ECIR 2004. LNCS [C] . Heidelberg: Springer, 2004: 283-295.

[21] Kamps, J. Visualizing WordNet Structure [A] . Proceedings of the First Global WordNet Conference. India. 2002: 182-186.

[22] Kennedy, A. & Inkpen, D. Sentiment Classification of Movie and Product Reviews Using Contextual Valence Shifters [J] . Computational Intelligence, 2006, 22 (2): 110-125.

[23] Kim, S. & Hovy, E. Determining the Sentiment of Opinions [A] . Proceedings of the COLING Conference 2004. Geneva. 2004: 1367-1373.

[24] Ku, L. , Wu T. , Lee L. Y. & Chen, H. Construction of an Evaluation Corpus for Opinion Extraction [C] . Proceedings of NTCIR-5 Workshop Meeting, Tokyo, Japan, 2005.

[25] Leech, G. Corpus Annotation Schemes [J], Literary and Linguistic Computing, 1993, 8 (4): 275-81.

[26] Li, F. &Zong, C. Multi-domain Sentiment Classification [A]. Proceedings of ACL 2008 [C] . 2008: 257-260.

[27] Li, J. & Sun, M. Experiment Study on SentimentClassification of Chinese

Review Using Machine Learning Technique [A] . Proceedings of 2007 IEEE International Conference on Natureal Language Proceedings and Knowledge Engineering [C] . 2007: 393-400.

[28] Li, S., Zong, C. &Wang, X. Sentiment Classification through Combining Classifiers with Multiple Feature set [A] . Proceedings of 2007 IEEE International Conference on Natureal Language Proceedings and Knowledge Engineering [C] . 2007: 135-140.

[29] Lim, S. & Hovy, E. Determining the Sentiment of Opinions [A]. Proceedings of COLING Conference (2004) . Geneva. 2004: 1-4.

[30] Liu, B. Sentiment Analysis and Opinion Mining [M]. Morgan & Claypool Publishers. Williston: 2012.

[31] Liu, J., Yao, J. & Wu, G. Sentiment Classification Using Information Extraction Technique [A]. Proceedings of the International Symposium on Intelligent Data Analysis [C]. 2005: 216-227.

[32] Lyons, J. Deixis and Subjectivity: Loguor, ergo sum? [A]. Speech, Place, and Action: Studies in Deixis and Related Topics [C]. New York: John Wiley, 1982: 101-124.

[33] Lyons, J. Linguistic Semantics: An Introduction [M]. Cambridge: Cambridge University Press, 1995.

[34] Marcu, D. From Discourse Structures to Text Summaries [A]. The Proceedings of the ACL ' 97/EACL ' 97 Workshop on Intelligent Scalable Text Summarization [C]. 1997: 82-88.

[35] Martin, J. R. &White, P. R. R. The Language of Evaluation: Appraisal in English [M]. New York: Palgrave Macmillan, 2005.

[36] Martin, J. R. Beyond Exchange: APPRAISAL Systems in English [C]. Evaluation in Text, Hunston, S. & Thompson, G. (eds), Oxford: Oxford University Press, 2000: 142-175.

[37] McDonald, R., Hannan, K., Neylon, T., et al. Structured Models for

Fine-to-Coarse Sentiment Analysis [A]. Proceedings of ACL [C]. 2007: 432-439.

[38] Mosier, C. I. A Psychomeric Study of Meaning [J]. Journal of Social Psychology, 1941, (13): 123-140.

[39] Nasukawa, T. & Yi, J. Sentiment Analysis: Capturing Favorability Using Natural Language Processing [A]. Proceedings of the 2nd international Conference on Knowledge Capture (K-CAP ' 03) [C]. Sanibel Island, USA, 2003: 70-77.

[40] Osgood, C. E. & Martin, R. M. From Yang and Yin to and Or but. [J]. Language, 1973, (49): 380-412.

[41] Osgood, C. E., Suci, G. J. & Tannenbaum, P. H. The Measurement of Meaning [M]. Urbana: University of Illinois Press, 1957.

[42] Pang, B. & Lee, L. Opinion Mining and Sentiment Analysis [M]. Now Publishers Inc. Hanover: 2008.

[43] Pang, B. & Lee, L. Seeing Stars: Exploiting Class Relationships for Sentiment Categorization with Respect to Rating Scales [A]. Proceedings of ACL 2005. Ann Arbor, MI, USA. 2005: 115-124.

[44] Pang, B., Lee, L. & Vaithyanathan, S. Thumbs up? Sentiment Classification using Machine Learning Techniques [A]. Proceedings of EMNLP-02, The Conference on Empirical Methods in Natural Language Processing [C]. 2002: 79-86.

[45] Picard, R. W. Affective Computing [M]. Cambridge: MIT Press, 1997.

[46] Polanyi, L. A Note on the Relationship of Discourse Structure to Information Structure [A]. Information Structure, Discourse Structure and Discourse Semantics Workshop Proceedings [C]. 2001: 11-14.

[47] Read, J., Hope, D. & Carroll, J. Annotating Expressions of Appraisal in English [A]. Proceedings of Linguistic Annotation Workshop, ACL

2007. Prague, Czech. 2007: 93-100.

[48] Read, J., Hope, D., and Carroll, J. Annotating expressions of appraisal in English [C]. Proceedings of Linguistic Annotation Workshop, ACL 2007, Prague, Czech, 2007: 93-100.

[49] Riloff, E. & Wiebe, J. Learning Extraction Patterns for Subjective Expressions [A]. Proceedings of EMNLP [C]. 2003: 105-112.

[50] Sista, S. P. &Srinivasan, S. H. Polarized Lexieon for Review classifieation [A]. Proceedings of ICAI-04, The International Conference on Artificial Intelligence. Las Vegas, USA. 2004: 867-872.

[51] Stoyanov, V., Cardie, C. Topic Identification for Fine-grained Opinion Analysis [A]. Proceedings of the 22th International Conference on Computational Linguistics (COLING-08) [C]. 2008: 817-824.

[52] Stubbs, M. Text and Corpus Analysis [M]. Oxford: Blackwell Publishers, 1996.

[53] Taboada, M. & Grieve, J. Analyzing Appraisal Automatically [C]. Proceedings of American Association for Artificial Intelligence Spring Symposium on Exploring Attitude and Affect in Text, Stanford, USA, 2004: 158-161.

[54] Taboada, M., Anthony C. & Voll K. Methods for Creating Semantic Orientation Dictionaries [A]. Proceedings of 5th International Conference on Language Resources and Evaluation (LREC). Genoa, Italy. 2006: 427-432.

[55] Tan, L., Na, J., Theng, Y. & Chang, K. Phrase-Level Sentiment Polarity Classification Using Rule-Based Typed Dependencies and Additional Complex Phrases Consideration [J]. Journal of Computer Science and Technology. 2012, 27 (3): 650-666.

[56] Tang, D., Qin, B., et al. A Joint Segmentation and Classification Frameworkfor Sentence Level Sentiment Classification [J]. IEEE/ACM Transactions on Audio, Speech, and Language Processing. 2015, 23 (11): 1750-1761.

[57] Trilla, A., & Alias, F. Sentence-based Sentiment Analysis for

Expressive Text-to-Speech [J]. IEEE Transactions on Audio, Speech, and Language Processing, 2013, 21 (2): 223-233.

[58] TSou, B., et al. Polarity Classification of Celebrity Coverage in the Chinese Press [A]. Proceeding of the 2005 International Conference on Intelligence Analysis [C]. 2005: 137-142.

[59] Turney, P. D. Thumbs Up or Thumbs Down? Semantic Orientation Applied to Unsupervised Classification of Reviews [A]. Proceedings of the 40th Annual Meeting of the Association for Computational Linguistics USA. 2002: 417-424.

[60] Ure, J. N. Lexical Density and Register Differentiation [A]. Applications of Linguistics [C]. London: Cambridge University Press, 1971: 443-452.

[61] Wang, C., Lu, J. &Zhang, G. A Semantic Classification Approach for Online Product Reviews [A]. Proceedings of the 2005 IEEE/WIC/ACM International Conference on Web Intelligence [C]. 2005: 276- 279.

[62] Wiebe, J. &Riloff, E. Creating Subjective and Objective Sentence Classifiers from Unannotated Text [A]. Proceedings of CICLING [C]. 2005: 486-497.

[63] Wiebe, J., Rebecca, F. B., Bell, M. &Martin, M. Learning Subjective Language [J]. Computational Linguistics, 2004, 30 (3): 277-308.

[64] Wiebe, J., Wilson, T. & Cardie, C. Annotating Expressions of Opinions and Emotions in Language [J]. Language Resources and Evaluation, 2005, 39 (2-3): 165-210.

[65] Wierzbicka, A. The Semantics of Grammar Studies in Language Companion Series 18 [M]. Amsterdam: John Benjamins Publishing Company, 1988.

[66] Wilson, T., Wiebe, J. & Hoffman, P. Recognizing Contextual Polarity: An Exploration of Features for Phrase-Level Sentiment Analysis [J].

Computational Linguistics. 2009，35（3）：399－433.

[67] Wilson，T.，Wiebe，J. & Hoffman，P. Recognizing contextual polarity in phrase-level sentiment analysis [A]. Proceedings of HLT/EMNLP－05，2005，7（5）：347－354.

[68] Wilson，T.，Wiebe，J. & Hwa，R. Just How Mad Are You? Finding Strong and Weak Opinion Clauses [A]. Proceedings of the 19th national conference on Artifical intelligence（AAAI 2004）. San Jose，CA，USA. 2004：761－769.

[69] Yang，H.，et al. Modeling the Global Acoustic Correlates of Expressivity for Chinese Text-to-Speech Synthesis [A]. IEEE/ACL 2006 Workshop on Spoken Language Technology. Aruba. 2006：10－13.

[70] Yang，H.，Meng，H.，Wu，Z. &Cai，L. Modeling the Global Acoustic Correlates of Expressivity for Chinese Text-to-Speech Synthesis [A]. IEEE/ACL 2006 Workshop on Spoken Language Technology [C]. 2006：10－13.

[71] Ye，Q.，Shi，W. & Li，Y. Sentiment Classification for Reviews：Comparison between SVM and Semantic Approaches [A]. Proceedings of the 4th International Conference on Machine and Cybernetics [C]. 2005：2341－2346.

[72] Yessenalina A.，Yue Y. & Cardie C. Multi-level Structured Models for Document-level Sentiment Classification [A]. Proceedings of EMNLP 2010 [C]. 2010：1046－1056.

[73] Yi，J.，Nasukawa，T.，Bunescu，R. &Niblack，W. Sentiment Analyzer：Extracting Sentiments about a Given Topic using Natural Language Processing Techniques [A]. Proceedings of the 3rd IEEE International Conference on Data Mining（ICDM－2003）[C]. 2003：427－434.

[74] Yu，H. & Hatzivassiloglou，V. Towards Answering Opinion Questions：Separating Facts from Opinions and Identifying the Polarity of Opinion Sentences [A]. Proceedings of the 8th Conference on Empirical Methods in Natural Language Processing. Sapporo，Japan. 2003：129－136.

[75] Zhao，Y. Qin，B. & Liu，T. Integrating Intra-and Inter-document

Evidences for Improving Sentence Sentiment Classification [J]. Acta Automatica Sinica, 2010, 36 (10): 1417-1425.

[76] Zhao, Y., Qin, B., et al. Appraisal Expression Recognition with Syntactic Path for Sentence Sentiment Classification [J]. International Journal of Computer Processing of Languages. 2011, 23 (1): 21-37.

[77] 阿不都萨拉木·达吾提，于斯音·于苏普，艾斯卡尔·艾木都拉．类别区分词与情感词典相结合的维吾尔文句子情感分类 [J]．清华大学学报（自然科学版），2017，57 (2)：197-201.

[78] 陈建美，林鸿飞，杨志豪．基于语法的情感词汇自动获取 [J]．智能系统学报，2009，4 (2)：100-106.

[79] 崔晓玲．基于汉语网络新闻评论的情感语料库标注研究 [J]．北京邮电大学学报（社会科学版），2013，15 (6)：21-29.

[80] 党蕾，张蕾．一种基于知网的中文句子情感倾向判别方法 [J]．计算机应用研究，2010，27 (4)：1370-1372.

[81] 邓川林．“总”和“老”的主观性研究 [J]．汉语学习，2010，(2)：66-70.

[82] 董绍克，阎俊杰，刘中富，孙永选，张树铮等．汉语知识词典 [M]．北京：警官教育出版社，1996.

[83] 董秀芳．主观性表达在汉语中的凸显性及其表现特征 [J]．语言科学，2016，15 (6)：561-570.

[84] 董原．新编公共关系学 [M]．兰州：兰州大学出版社，2006.

[85] 杜阿宁．互联网舆情信息挖掘方法研究 [D]．哈尔滨工业大学博士学位论文，2007.

[86] 杜伟夫，谭松波，云晓春，程学旗．一种新的情感词汇语义倾向计算方法 [J]．计算机研究与发展，2009，46 (10)：1713-1720.

[87] 冯光武．语言的主观性及其相关研究 [J]．山东外语教学，2006，114 (5)：26-33.

[88] 冯志伟．从属关系语法的某些形式特性 [A]．1998 年中文信息国

际会议论文集［C］. 1998：不详 .

［89］傅间莲，陈群秀 . 基于连续段落相似度的主题划分算法［J］. 计算机应用，2005a，25（9）：2022-2024.

［90］傅间莲，陈群秀 . 自动文摘系统中的主题划分问题研究［J］. 中文信息学报，2005b，19（6）：28-35.

［91］龚才春 . 短文本语言计算的关键技术研究［D］. 中国科学院研究生院博士学位论文，2008.

［92］国家语言资源监测与研究中心 . 中国语言生活状况报告（2009）［R］. 北京：商务印书馆，2010.

［93］韩运荣，喻国明 . 舆论学：原理、方法与应用［M］. 北京：中国传媒大学出版社，2005.

［94］何小静 . 从“主观性”看对外汉语中几组近义词的辨析［D］. 苏州大学硕士学位论文，2009.

［95］胡壮麟 . 语篇的衔接与连贯［M］. 上海：上海外语教育出版社，1994.

［96］黄伯荣，廖序东 . 现代汉语（增订六版）［M］. 北京：高等教育出版社，2017.

［97］黄昌宁，苑春法，潘诗梅 . 语料库、知识获取和句法分析［J］. 中文信息学报，1992，6（3）：1-6.

［98］黄国文 . 语篇分析概要［M］. 长沙：湖南教育出版社，1988.

［99］黄国营，石毓智 . 汉语形容词的有标记和无标记现象［J］. 中国语文，1993（6）：401-409.

［100］黄硕，周延泉 . 基于知网和同义词词林的词汇语义倾向计算［J］. 软件，2013，34（2）：73-74+94.

［101］纪玉华，吴建平 . 语义韵研究：对象、方法及应用［J］. 厦门大学学报（哲学社会科学版），2000，143（3）：63-68.

［102］教育部语言文字应用研究所语言舆情研究中心 . 语言文字舆情与动态（第 1 期）［J］. 内部资料，2009（1）.

［103］教育部语言文字应用研究所语言舆情研究中心．语言文字舆情与动态（第2期）［J］．内部资料，2009（2）．

［104］教育部语言文字应用研究所语言舆情研究中心．语言文字舆情与动态（第5期）［J］．内部资料，2009（5）．

［105］乐耀．汉语中表达建议的主观性标记词“最好”［J］．语言科学，2010，9（2）：143-153.

［106］李钝，曹付元，曹元大，万月亮．基于短语模式的文本情感分类研究［J］．计算机科学，2008，35（4）：132-134.

［107］李善熙．汉语“主观量”的表达研究［D］．中国社会科学院研究生院博士学位论文，2003.

［108］李小凤．从词汇密度看电视语体的阶列［J］．现代传播，2010，173（12）：164-165.

［109］李艺红，蒋秀凤．中文句子倾向性分析［J］．福州大学学报（自然科学版），2010，38（4）：504-507.

［110］李宇明．汉语量范畴研究［M］．武汉：华中师范大学出版社，2000.

［111］李宇明．主观量的成因［J］．汉语学习，1997，101（5）：3-7.

［112］李正华，车万翔，刘挺．基于XML的语言技术平台［A］．第五届全国青年计算语言学研讨会（YWCL 2010）论文集［C］．2010：501-507.

［113］林崇德，杨治良，黄希庭．心理学大辞典［K］．上海：上海教育出版社，2003.

［114］刘春光．现代汉语“也X”结构的表达功用及其主观性［J］．汉语学报，2012，61（1）：23-28+95.

［115］刘海涛．汉语句法网络的复杂性研究［J］．复杂系统与复杂性科学，2007，4（4）：38-44.

［116］刘海涛．依存语法和机器翻译［J］．语言文字应用，1997，23（3）：89-93.

［117］刘建明．舆论传播［M］．北京：清华大学出版社，2001.

[118] 刘洁修. 汉语成语源流大辞典 [M]. 北京：开明出版社，2009.

[119] 刘瑾. 汉语主观视角的表达研究 [D]. 首都师范大学博士学位论文，2009.

[120] 刘瑾. 语言主观性的哲学考察 [J]. 外语学刊，2009，148 (3)：9-12.

[121] 刘瑾. 语言主观性概念探析 [J]. 西安外国语大学学报，2009，17 (3)：39-42.

[122] 刘康，赵军. 基于层叠 CRFs 模型的句子褒贬度分析研究 [J]. 中文信息学报，2008，22 (1)：123-128.

[123] 刘亮. 现代汉语推测范畴及其表达手段研究 [D]. 中国传媒大学硕士学位论文，2009.

[124] 刘全超，黄河燕，王亚珅，冯冲. 最长评价短语及其情感评价搭配抽取方法 [J]. 数据采集与处理，2016，31 (2)：296-306.

[125] 刘全升，姚天昉，黄高辉，刘军，宋鸿彦. 汉语意见型主观性文本类型体系的研究 [J]. 中文信息学报，2008，22 (6)：63-68.

[126] 刘群，李素建. 基于《知网》的词汇语义相似度计算 [J]. Computational Linguistics and Chinese Language Processing，2002，7 (2)：59-76.

[127] 刘延东. 携手促进孔子学院可持续发展——在第五届孔子学院大会上的主旨演讲 [R]. 2010 年 12 月 10 日.

[128] 刘毅. 网络舆情信息理论体系的构建研究 [D]. 天津外国语学院硕士学位论文，2007.

[129] 刘毅. 网络舆情研究概论 [M]. 天津：天津人民出版社，2007.

[130] 罗耀华，刘云. 揣测类语气副词主观性与主观化 [J]. 语言研究，2008，28 (3)：44-49.

[131] 马金山. 基于统计方法的汉语依存句法分析研究 [D]. 哈尔滨工业大学博士学位论文，2007.

[132] 马月珠，王枞. 基于短语模式的评论性文章情感分类研究 [A].

第七届中文信息处理国际会议论文集［C］，武汉，2007：476-480.

［133］蒙新泛，王厚峰．主客观识别中的上下文因素的研究［A］．中国计算机语言学研究前沿进展（2007-2009）［C］．2009：594-599.

［134］潘文国．汉英语对比纲要［M］．北京：北京语言大学出版社，2004.

［135］潘文国．语言对比的哲学基础——语言世界观问题的重新思考［J］．华东师范大学学报（哲学社会科学版），1995，（5）：81-88.

［136］庞继贤，陈明瑶．电视访谈中介入标记语的人际功能［J］．浙江大学学报（人文社会科学版），2006，36（6）：168-176.

［137］彭宣维，杨晓军，何中清．汉英对应评价意义语料库［J］．外语电化教学，2012，247（9）：3-10.

［138］彭宣维．语篇主题链系统［J］．外语研究，2005，92（4）：6-13.

［139］彭宣维．语篇主题模式述评［J］．外语与外语教学，2003，168（3）：7-11.

［140］钱爱兵．基于主题的网络舆情分析模型及其实现［J］．情报分析与研究，2008，163（4）：49-55.

［141］秦兵，刘挺，李生．多文档自动文摘综述［J］．中文信息学报，2005，19（6）：13-20.

［142］邵敬敏．现代汉语通论［M］．上海：上海教育出版社，2001.

［143］沈家煊．汉语的主观性和汉语语法教学［J］．汉语学习，2009，（4）：3-12.

［144］沈家煊．语言的“主观性”和“主观化”［J］．外语教学与研究，2001，33（4）：268-275.

［145］沈家煊．语言的“主观性”和“主观化”［J］．外语教学与研究，2001，33（4）：268-275.

［146］石毓智．现代汉语的肯定性形容词［J］．中国语文，1991，（3）：167-174.

［147］石志伟，刘涛，吴功宜．一种快速高效的文本分类方法［J］．计

算机工程与应用，2005，(29)：180-183.

[148] 宋鸿彦，刘军，姚天昉，刘全升，黄高辉．汉语意见型主观性文本标注语料库的构建 [J]. 中文信息学报，2009，23（2）：123-128.

[149] 宋鸿彦，刘军，姚天昉等．汉语意见型主观性文本标注语料库的构建 [J]. 中文信息处理 2009，23（2）：123-128.

[150] 孙慧．基于组块分析的中文短语情感倾向研究 [D]. 哈尔滨工业大学硕士学位论文，2010.

[151] 谈国新，方一．突发公共事件网络舆情监测指标体系研究 [J]. 华中师范大学学报（人文社会科学版），2010，49（3）：66-70.

[152] 谭松波．中文情感挖掘语料 [DB/OL].（2010-06-29）[2013-07-20]. http://www. searchforum. org. cn/tansongbo/corpus-senti. htm

[153] 谭永祥．汉语修辞美学 [M]. 北京：北京语言学院出版社，1992.

[154] 唐青叶．语篇模式类型与语篇分析 [J]. 山东外语教学，2002，89（4）：16-19.

[155] 唐喜亮，杨军．2006 年舆情研究综述 [J]. 四川教育学院学报，2007，23（9）：38-40.

[156] 完权．汉语（交互）主观性表达的句法位置 [J]. 汉语学习，2017，66（3）：3-12.

[157] 王聪．从主观化角度看汉语“人家”的表达？——主观性程度的考察和断想 [J]. 东方语言学，2013，13（1）：104-114.

[158] 王根，赵军．基于多重冗余标记 CRFs 的句子情感分析研究 [J]. 中文信息学报，2007，21（5）：51-55.

[159] 王根，赵军．中文褒贬义词语倾向性的分析 [A]. 第三届学生计算语言学研讨会（SWCL ’06）论文集 [C]. 沈阳，2006：81-85.

[160] 王继成，武港山，周源远．一种篇章结构指导的中文 Web 文档自动摘要方法 [J]. 计算机研究与发展，2003，40（3）：389-405.

[161] 王来华．舆情研究概论：理论、方法和现实热点 [M]. 天津：天

津社会科学院出版社，2003.

［162］王力．中国现代语法［M］．北京：商务印书馆，1985.

［163］王素格，李德玉，魏英杰，宋晓雷．基于同义词的词汇情感倾向判别方法［J］．中文信息学报，2009，23（5）：68-74.

［164］王素格，杨安娜，李德玉．基于汉语情感词表的句子情感倾向分类研究［J］．计算机工程与应用，2009，45（24）：153-155.

［165］王振华．评价系统及其运作——系统功能语言学的新发展［J］．外国语，2001，136（6）：13-20.

［166］威廉·冯·洪堡特著，姚小平译．论人类语言结构的差异及其对人类精神发展的影响［M］．北京：商务印书馆，1999.

［167］卫乃兴．语义韵研究的一般方法［J］．外语教学与研究，2002，34（4）：300-307.

［168］乌达巴拉，汪增福．基于半监督的短语情感倾向性分析方法［J］．模式识别与人工智能，2016，29（4）：289-297.

［169］乌达巴拉，汪增福．一种扩展式 CRFs 的短语情感倾向性分析方法研究［J］．中文信息学报，2015，29（1）：155-162.

［170］吴岩，李秀冲，王开铸．文章意义段划分的数学模型［J］．哈尔滨工业大学学报，1998，30（6）：101-104.

［171］吴应天．文章结构学［M］．北京：中国人民大学出版社，1989.

［172］谢海光，陈中润．互联网内容及舆情深度分析模式［J］．中国青年政治学院学报，2006，（3）：95-100.

［173］谢晓明，王宇波．“很不”和“不很”对形容词的量性规约［J］．湘潭大学学报（哲学社会科学版），2006，30（5）：130-134.

［174］徐琳宏，林鸿飞，潘宇等．情感词汇本体的构造［J］．情报学报，2008，27（2）：180-185.

［175］徐琳宏，林鸿飞，赵晶．情感语料库的构建和分析［J］．中文信息学报，2008，22（1）：116-122.

［176］许小颖，陶建华．汉语情感系统中情感划分的研究［A］．第一届

中国情感计算及智能交互学术会议论文集［C］. 2003：199-205.

［178］闫晓东，黄涛．基于情感词典的藏语文本句子情感分类［J］. 中文信息学报，2018，32（2）：75-80.

［179］杨江，侯敏，王宁．基于浅层篇章结构的评论文倾向性分析．中文信息学报，2011，25（2）：83-88.

［180］杨江，侯敏．基于规则的汉语句子语义倾向计算［J］. 当代语言学，2013，15（4）：406-417.

［181］杨江，侯敏．论语言文字舆情信息的汇集．现代语文，2010，(21)：13-16.

［182］杨江，李薇，彭石玉．汉语语义倾向语料库的建设．中文信息学报，2014，28（5）：16-24.

［183］杨江，赵晗冰．语言文字舆情论略．语文学刊，2012，(1)：3-7.

［184］杨频，李涛，赵奎．一种网络舆情的定量分析方法［J］. 计算机应用研究，2009，26（3）：1066-1078.

［185］杨万兵．现代汉语语气副词的主观性和主观化研究［D］. 北京师范大学博士学位论文，2005.

［186］姚天昉，程希文，徐飞玉等．文本意见挖掘综述［J］. 中文信息学报，2008，22（3）：71-80.

［187］姚天昉，娄德成．汉语语句主题语义倾向分析方法的研究［J］. 中文信息学报，2007，21（5）：73-79.

［188］姚天昉，彭思崴．汉语主客观文本分类方法的研究［A］. 第三届全国信息检索与内容安全学术会议论文集［C］. 2007：1-7.

［189］叶蜚声，徐通锵，王洪君，李娟．语言学纲要（修订版）［M］. 北京：北京大学出版社，2010.

［190］应英，周锋，周昌乐．汉语情感意义的机器标注初探［J］. 中文信息学报，2002，16（2）：27-33.

［191］曾立英．“我看”与“你看”的主观化［J］. 汉语学习，2005，(2)：15-22.

［192］张宝胜．副词“还”的主观性［J］．语言科学，2003，2（5）：71-76.

［193］张克生．国家决策：机制与舆情［M］．天津：天津社会科学院出版社，2003.

［194］张挺，魏晖．2010语言文字舆情“给力之年”［N］．中国社会科学报，2011-02-01（8）．

［195］张谊生．现代汉语副词研究［M］．上海：学林出版社，2000.

［196］张迎辉，林学誾．情感可以计算——情感计算综述［J］．计算机科学，2008，35（5）：5-8.

［197］赵询思．汉语语言情感表达手段与对外汉语教学［D］．广西大学硕士学位论文，2008.

［198］赵妍妍，秦兵，车万翔，刘挺．基于句法路径的情感评价单元识别［J］．软件学报，2010，21（8）：1834-1848.

［199］赵妍妍，秦兵，刘挺．文本情感分析［J］．软件学报，2010，21（8）：1834-1848.

［200］郑贵友．汉语篇章语言学［M］．北京：外文出版社，2002.

［201］郑娟曼，张先亮．“责怪”式话语标记“你看你”［J］．世界汉语教学，2009，23（2）：202-209.

［202］中共中央宣传部舆情信息局．舆情信息工作概论［M］．北京：学习出版社，2006.

［203］中共中央宣传部舆情信息局．舆情信息汇集分析机制研究［M］．北京：学习出版社，2006.

［204］中国社会科学院语言研究所词典编辑室．现代汉语词典（第5版）［M］．北京：商务印书馆，2005.

［205］中国语言生活状况报告课题组．中国语言生活状况报告（2008）［R］．北京：商务印书馆，2009.

［206］周杰，林琛，李弼程．面向网络评论的观点主题识别研究［J］．情报学报，2009，29（6）：858-863.

[207] 周立柱等．情感分析研究综述 [J]. 计算机应用，2008，28 (11)：2725-2728.

[208] 朱德熙．现代汉语形容词研究 [J]. 语言研究，1965，(1)：9-16.

[209] 朱荷香，曲维光，卢俊之，李素建，邵艳秋．面向自动文摘的文本结构划分 [J]. 南京大学学报（自然科学），2008，44 (2)：204-211.

[210] 朱嫣岚，闵锦，周雅倩，黄萱菁，吴立德．基于 HowNet 的词汇语义倾向计算 [J]. 中文信息学报，2006，20 (1)：14-20.

[211] 宗成庆．统计自然语言处理 [M]. 北京：清华大学出版社，2008.

[212] 邹农俭．社会研究方法通用教程 [M]. 北京：中国审计出版社、中国社会出版社，2002.

附　录

附录 1　2008—2011 年语言文字舆情事件一览表

1. 2008 年 12 月以前发生的语言文字舆情事件

（1）“保卫方言”问题

（2）“保卫汉语”问题

（3）“汉语热”现象

（4）《现代汉语常用词表》事件

（5）171 条汉语新词语事件

（6）福娃改名事件

（7）汉字拼音化问题

（8）恢复繁体字事件

（9）少数民族地区双语教学问题

（10）台湾恢复采用汉语拼音事件

（11）台湾推动繁体字列入世界文化遗产事件

（12）网络火星文现象

（13）赵 C 人名事件

（14）中文菜单英译事件

2. 2009 年发生的语言文字舆情事件

（15）《规范汉字表》和新生儿取名用字事件

（16）《通用规范汉字表》征求意见和44个汉字调整写法事件

（17）2008年度流行语

（18）2008年度新词语

（19）高考生古文字写作文事件

（20）广州新电视塔征名事件

（21）汉语是低级语言辩论

（22）汉字简繁之争事件

（23）两岸合编《中华大辞典》事件

（24）识正书简事件

（25）网络词语进入《新英汉词典》事件

（26）央视台标规范事件

3. 2010年发生的语言文字舆情事件

（27）16个汉字歧视女性事件

（28）2009年度流行语

（29）2009年度新词语

（30）二代身份证语病事件

（31）高中语文教材“去鲁迅化”事件

（32）广州“撑粤语”事件

（33）汉字书写危机问题

（34）牛津英语词典收录汉语流行语事件

（35）屏蔽网络不良用语事件

（36）人名汉语拼音拼写规则事件

（37）上海四所高校自主招生考试不考语文事件

（38）深圳擅自命名建筑者罚万元事件

（39）网络词语“给力”流行

（40）西安国际化大都市规划要求半数市民说900句英语

（41）小学语文教材造假事件

（42）新闻出版总署（现为“新闻出版广电总局”）规范出版物文字

事件

（43）央视屏蔽外语缩略词事件

4. 2011 年一季度发生的语言文字舆情事件

（44）2010 年度流行语

（45）2010 年度新词语

（46）方言节目监管事件

（47）中小学删改《三字经》事件

附录 2　部分语言文字舆情信息源

1. 政府机构类

http://www.moe.edu.cn/edoas/website18/siju_yuxin.jsp *教育部语信司*

http://www.moe.edu.cn/edoas/website18/siju_yuyong.jsp *教育部语用司*

http://www.edu.cn/ *中国教育网*

http://www.china-language.gov.cn/ *中国语言文字网*

http://www.beijing-language.gov.cn/ *北京市语言文字网*

http://www.tjyywz.com/ *天津语言文字网*

http://www.shyywz.com/jsp/index/index.jsp *上海语言文字网*

http://yywz.edugd.cn/index.do *广东省语言文字网*

http://www.sxyywz.cn/ *山西省语言文字网*

http://www.xzzyw.cn/ *西藏藏语言文字网*

http://www.xjyw.gov.cn/ *新疆语言文字网*

2. 门户网站类

http://news.sohu.com/ *搜狐新闻*

http://news.163.com/ *网易新闻*

http://news.sina.com.cn/ *新浪新闻*

http://news.qq.com/ *腾讯新闻*

http://news.ifeng.com/ *凤凰资讯*

http://news.tom.com/ *TOM 新闻

http://www.voc.com.cn/ *华声在线*

3. 论坛类

http://bbs1.people.com.cn/ *人民网强国论坛*

http://forum.home.news.cn/ *新华网发展论坛*

http://www.china.com.cn/bbs/ *中国网和平论坛*

http://www.tianya.cn/ *天涯社区*

http://tieba.baidu.com/ *百度贴吧*

http://www.cat898.com/ *凯迪网络*

http://www.pkucn.com/ *北大中文论坛*

http://www.xici.net/ *西祠胡同*

http://www.china-language.gov.cn/webbbs/list.asp?boardid=2 *中国语言文字网论坛*

http://www.lilacbbs.com/ *紫丁香社区*

http://bbs.sina.com.cn/ *新浪社区*

http://club.sohu.com/ *搜狐社区*

http://bbs.163.com/ *网易论坛*

http://bbs.qq.com/ *腾讯论坛*

4. 博客类

http://blog.sina.com.cn/ *新浪博客*

http://blog.hexun.com/ *和讯博客*

http://blog.sohu.com/ *搜狐博客*

http://www.bokee.com/ *博客网*

http://blog.163.com/ *网易博客*

http://blog.ifeng.com/ *凤凰博客*

http://www.blogchina.com/ *博客中国*

http://blog.china.com/ *中华网中国*

http://blog.tianya.cn/ *天涯博客*

5. 网络媒体

http://www. xinhuanet. com/ *新华网*

http://www. china. com. cn/ *中国网*

http://www. chinanews. com. cn/ *中国新闻网*

http://news. people. com. cn/GB/index. html *人民网*

http://news. cctv. com/ *央视网*

http://news. eastday. com/ *东方网*

http://gb. cri. cn/news/ *国际在线*

http://news. rednet. cn/ *红网*

http://news. qianlong. com/ *千龙网*

http://www. ycwb. com. cn/ *金羊网*

http://news. 21cn. com/ *21CN 新闻*

http://news. stnn. cc/ *星岛环球网*

http://www. sznews. com/ *深圳新闻网*

http://www. qingdaonews. com/ *青岛新闻网*

http://www. nen. com. cn/ *东北新闻网*

http://www. newssc. org/ *四川新闻网*

http://gb. chinareviewnews. com/ *中国评论新闻网*

http://www. gxnews. com. cn/ *广西新闻网*

http://www. dahe. cn/xwzx/ *大河网*

http://news. cnwest. com/ *西部网*

http://news. baidu. com/*百度新闻*

http://www. youth. cn/ *中国青年网-中国青年报*

http://www. gmw. cn/ *光明网-光明日报*

http://www. ynet. com/ *北青网-北京青年报*

http://xinmin. cn/ *新民网-新民晚报*

http://wenhui. news365. com. cn/ *文汇报*

http://www. thebeijingnews. com/ *新京报*

http://www.nanfangdaily.com.cn/ *南方都市报*

http://www.qsjournal.com.cn/ *求是*

http://newepaper.bjd.com.cn/ *北京日报*

http://epaper.tianjindaily.com.cn/ *天津日报*

http://hbrb.hebnews.cn/ *河北日报*

http://szb.northnews.cn/ *内蒙古日报*

http://gzdaily.dayoo.com/ *广州日报*

http://epaper.chinatibetnews.com/ *西藏日报*

http://epaper.lnd.com.cn/ *辽宁日报*

http://jlrbszb.chinajilin.com.cn/ *吉林日报*

http://zjdaily.zjol.com.cn/ *浙江日报*

http://fjrb.fjnet.cn/ *福建日报*

6. 其他

http://www.yywzw.com/ *语言文字网*

http://www.eol.cn/ *中国教育在线*

http://edu.cnr.cn/ *中国广播网教育频道*

http://www.hanban.edu.cn/ *国家汉办*

http://www.coolwei.net/yuqing/ *政府决策与舆情网*

http://zcxx.people.com.cn/index.aspx *人民网舆情信息*

http://yq.people.com.cn/ *人民网舆情频道*

http://www.gov.cn/ *中国政府网*

附录3 汉语语义倾向标注语料库标记集和示例

1. 主要词类标记

标记代码	标记说明	帮助记忆的诠释
a	形容词	取英语 adjective 的第 1 个字母
b	区别词	取汉字“别”的声母
c	连词	取英语 conjunction 的第 1 个字母
d	副词	取英语 adverb 的第 2 个字母
e	叹词	取英语叹词 exclamation 的第 1 个字母
f	方位词	取汉字“方”的声母
i	成语	取英语 idiom 的第 1 个字母
j	简称缩略	取汉字“简”的声母
l	习用语	取汉字“临”的声母
m	数词	取英语 numeral 的第 3 个字母
n	名词	取英语 noun 的第 1 个字母
o	拟声词	取英语拟声词 onomatopoeia 的第 1 个字母
p	介词	取英语介词 prepositional 的第 1 个字母
q	量词	取英语 quantity 的第 1 个字母
r	代词	取英语代词 pronoun 的第 2 个字母
s	处所词	取英语 space 的第 1 个字母
t	时间词	取英语 time 的第 1 个字母
u	助词	取英语助词 auxiliary 的第 2 个字母
v	动词	取英语 verb 的第 1 个字母
w	标点符号	
y	语气词	取汉字“语”的声母
y	语气词	取汉字“语”的声母
z	状态词	取汉字“状”的声母的前一个字母

2. 标注语料示例

文件名：骄傲的孔雀-未知 . xml

```
<? xml version="1.0" encoding="gbk" ? >
```

```
<text senti="ne" obj="孔雀" >
<head>
<title cont="骄傲/a  的/u  孔雀/n  " />
<time cont="" />
<author cont="未知" />
<sour cont="" />
<addr cont="" />
<info cont="小学语文课本" />
</head>
<body>
<para id="0" senti="ne" obj="孔雀" >
<sent id="0" neg="" fig="yes" que="" senti="ne" topic="0" cont="孔雀很美丽,可是很骄傲,只要看到谁长得漂亮,他就抖动羽毛,展开尾巴,炫耀自己的美丽。">
<word id="0" cont="孔雀" pos="n" />
<word id="1" cont="很" pos="d" attr="mopo" />
<word id="2" cont="美丽" pos="a" senti="po" sub="" obj="0" modi="1" clue="" />
<word id="3" cont="," pos="w" />
<word id="4" cont="可是" pos="c" attr="clue" />
<word id="5" cont="很" pos="d" attr="mopo" />
<word id="6" cont="骄傲" pos="a" senti="ne" sub="" obj="0" modi="5" clue="4" />
<word id="7" cont="," pos="w" />
<word id="8" cont="只要" pos="c" attr="clue" />
<word id="9" cont="看到" pos="v" />
<word id="10" cont="谁" pos="r" />
<word id="11" cont="长" pos="v" />
```

<word id="12" cont="得" pos="u" />

<word id="13" cont="漂亮" pos="a" senti="po" sub="0" obj="10" modi="" clue="8" />

<word id="14" cont="," pos="w" />

<word id="15" cont="他" pos="r" />

<word id="16" cont="就" pos="d" />

<word id="17" cont="抖动" pos="v" />

<word id="18" cont="羽毛" pos="n" />

<word id="19" cont="," pos="w" />

<word id="20" cont="展开" pos="v" />

<word id="21" cont="尾巴" pos="n" />

<word id="22" cont="," pos="w" />

<word id="23" cont="炫耀" pos="v" senti="ne" sub="0" obj="24-26" modi="" clue="" />

<word id="24" cont="自己" pos="r" />

<word id="25" cont="的" pos="u" />

<word id="26" cont="美丽" pos="n" senti="po" sub="0" obj="24" modi="" clue="" />

<word id="27" cont="。" pos="w" />

</sent>

</para>

<para id="1" senti="ne" obj="孔雀" >

<sent id="0" neg="" que="" fig="yes" senti="ne" topic="4" cont="有一天,孔雀昂着头,挺着胸脯,拖着美丽的长尾巴,沿着湖边散步。">

<word id="0" cont="有" pos="v" />

<word id="1" cont="一" pos="m" />

<word id="2" cont="天" pos="q" />

<word id="3" cont="," pos="w" />

<word id="4" cont="孔雀" pos="n" />

<word id="5" cont="昂" pos="v" />

<word id="6" cont="着" pos="u" />

<word id="7" cont="头" pos="n" span="5-7" senti="ne" sub="" obj="4" modi="" clue=""/>

<word id="8" cont="," pos="w" />

<word id="9" cont="挺" pos="v" />

<word id="10" cont="着" pos="u" />

<word id="11" cont="胸脯" pos="n" span="9-11" senti="ne" sub="" obj="4" modi="" clue=""/>

<word id="12" cont="," pos="w" />

<word id="13" cont="拖" pos="v" />

<word id="14" cont="着" pos="u" />

<word id="15" cont="美丽" pos="a" senti="po" sub="4" obj="17-18" modi="" clue="" />

<word id="16" cont="的" pos="u" />

<word id="17" cont="长" pos="a" />

<word id="18" cont="尾巴" pos="n" />

<word id="19" cont="," pos="w" />

<word id="20" cont="沿着" pos="p" />

<word id="21" cont="湖边" pos="s" />

<word id="22" cont="散步" pos="v" />

<word id="23" cont="。" pos="w" />

</sent>

<sent id="1" neg="" que="" fig="yes" senti="ne" topic="10" cont="树上的花喜鹊很有礼貌地向他点头问好,他理也不理。">

<word id="0" cont="树" pos="n" />

<word id="1" cont="上" pos="f" />

```
<word id="2" cont="的" pos="u" />
<word id="3" cont="花" pos="b" />
<word id="4" cont="喜鹊" pos="n" />
<word id="5" cont="很" pos="d" attr="mopo" />
<word id="6" cont="有" pos="v" />
<word id="7" cont="礼貌" pos="n" span="6-7" senti="po" sub="" obj="3-4" modi="5" clue="" />
<word id="8" cont="地" pos="u" />
<word id="9" cont="向" pos="p" />
<word id="10" cont="他" pos="r" />
<word id="11" cont="点头" pos="v" />
<word id="12" cont="问好" pos="v" span="11-12" senti="po" sub="3-4" obj="10" modi="" clue=""/>
<word id="13" cont="," pos="w" />
<word id="14" cont="他" pos="r" />
<word id="15" cont="理" pos="v" />
<word id="16" cont="也" pos="d" />
<word id="17" cont="不理" pos="v" span="15-17" senti="ne" sub="14" obj="3-4" modi="5" clue=""/>
<word id="18" cont="。" pos="w" />
</sent>
</para>
<para id="2" senti="ne" obj="孔雀" >
<sent id="0" neg="" que="" fig="yes" senti="ne" topic="2" cont="忽然,孔雀发现湖里有一只鸟,跟他一模一样,十分漂亮。">
<word id="0" cont="忽然" pos="d" />
<word id="1" cont="," pos="w" />
<word id="2" cont="孔雀" pos="n" />
```

<word id="3" cont="发现" pos="v" />
<word id="4" cont="湖" pos="n" />
<word id="5" cont="里" pos="f" />
<word id="6" cont="有" pos="v" />
<word id="7" cont="一" pos="m" />
<word id="8" cont="只" pos="q" />
<word id="9" cont="鸟" pos="n" />
<word id="10" cont="," pos="w" />
<word id="11" cont="跟" pos="p" />
<word id="12" cont="他" pos="r" />
<word id="13" cont="一模一样" pos="ia" />
<word id="14" cont="," pos="w" />
<word id="15" cont="十分" pos="d" attr="mopo" />
<word id="16" cont="漂亮" pos="a" senti="po" sub="2" obj="4-9" modi="15" clue="" />
<word id="17" cont="。" pos="w" />
</sent>
<sent id="1" neg="" que="" fig="yes" senti="ne" topic="0" cont="他立刻停住脚步,展开尾巴,那美丽的尾巴抖动着,像一把五彩洒金的大扇子。">
<word id="0" cont="他" pos="r" />
<word id="1" cont="立刻" pos="d" />
<word id="2" cont="停" pos="v" />
<word id="3" cont="住" pos="v" />
<word id="4" cont="脚步" pos="n" />
<word id="5" cont="," pos="w" />
<word id="6" cont="展开" pos="v" />
<word id="7" cont="尾巴" pos="n" />
<word id="8" cont="," pos="w" />

<word id="9" cont="那" pos="r" />

<word id="10" cont="美丽" pos="a" senti="po" sub="" obj="12" modi="" clue="" />

<word id="11" cont="的" pos="u" />

<word id="12" cont="尾巴" pos="n" />

<word id="13" cont="抖动" pos="v" />

<word id="14" cont="着" pos="u" />

<word id="15" cont="," pos="w" />

<word id="16" cont="像" pos="p" />

<word id="17" cont="一" pos="m" />

<word id="18" cont="把" pos="q" />

<word id="19" cont="五彩洒金" pos="b" senti="po" sub="" obj="21-22" modi="" clue="" />

<word id="20" cont="的" pos="u" />

<word id="21" cont="大" pos="a" />

<word id="22" cont="扇子" pos="n" />

<word id="23" cont="。" pos="w" />

</sent>

<sent id="2" neg="" que="" fig="yes" senti="zl" topic="7" cont="谁知湖里的那只鸟也停住脚步,展开尾巴,那美丽的尾巴也抖动着,像一把五彩洒金的大扇子。">

<word id="0" cont="谁" pos="r" />

<word id="1" cont="知" pos="v" />

<word id="2" cont="湖" pos="n" />

<word id="3" cont="里" pos="f" />

<word id="4" cont="的" pos="u" />

<word id="5" cont="那" pos="r" />

<word id="6" cont="只" pos="q" />

<word id="7" cont="鸟" pos="n" />

<word id="8" cont="也" pos="d" />

<word id="9" cont="停" pos="v" />

<word id="10" cont="住" pos="v" />

<word id="11" cont="脚步" pos="n" />

<word id="12" cont="，" pos="w" />

<word id="13" cont="展开" pos="v" />

<word id="14" cont="尾巴" pos="n" />

<word id="15" cont="，" pos="w" />

<word id="16" cont="那" pos="r" />

<word id="17" cont="美丽" pos="a" senti="po" sub="" obj="18" modi="" clue="" />

<word id="18" cont="的" pos="u" />

<word id="19" cont="尾巴" pos="n" />

<word id="20" cont="也" pos="d" />

<word id="21" cont="抖动" pos="v" />

<word id="22" cont="着" pos="u" />

<word id="23" cont="，" pos="w" />

<word id="24" cont="像" pos="v" />

<word id="25" cont="一" pos="m" />

<word id="26" cont="把" pos="q" />

<word id="27" cont="五彩洒金" pos="b" senti="po" sub="" obj="28-29" modi="" clue="" />

<word id="28" cont="的" pos="u" />

<word id="29" cont="大" pos="a" />

<word id="30" cont="扇子" pos="n" />

<word id="31" cont="。" pos="w" />

</sent>

</para>

<para id="3" senti="ne" obj="孔雀" >

<sent id="0" neg="" que="" fig="yes" senti="" topic="" cont="骄傲的孔雀有点生气了,他睁大了圆圆的眼睛,抖了抖头上的羽毛。">

<word id="0" cont="骄傲" pos="a" senti="ne" sub="" obj="2" modi="" clue="" />

<word id="1" cont="的" pos="u" />

<word id="2" cont="孔雀" pos="n" />

<word id="3" cont="有点" pos="d" attr="mone" />

<word id="4" cont="生气" pos="v" senti="ne" sub="2" obj="2" modi="3" clue=""/>

<word id="5" cont="了" pos="y" />

<word id="6" cont="," pos="w" />

<word id="7" cont="他" pos="r" />

<word id="8" cont="睁" pos="v" />

<word id="9" cont="大" pos="a" />

<word id="10" cont="了" pos="u" />

<word id="11" cont="圆圆" pos="a" />

<word id="12" cont="的" pos="u" />

<word id="13" cont="眼睛" pos="n" />

<word id="14" cont="," pos="w" />

<word id="15" cont="抖" pos="v" />

<word id="16" cont="了" pos="u" />

<word id="17" cont="抖" pos="v" />

<word id="18" cont="头" pos="n" />

<word id="19" cont="上" pos="f" />

<word id="20" cont="的" pos="u" />

<word id="21" cont="羽毛" pos="n" />

<word id="22" cont="。" pos="w" />

</sent>

<sent id="1" neg="" que="" fig="yes" senti="" topic="" cont="湖里的那只鸟也睁大了圆圆的眼睛,抖了抖头上的羽毛。">

<word id="0" cont="湖" pos="n" />

<word id="1" cont="里" pos="f" />

<word id="2" cont="的" pos="u" />

<word id="3" cont="那" pos="r" />

<word id="4" cont="只" pos="q" />

<word id="5" cont="鸟" pos="n" />

<word id="6" cont="也" pos="d" />

<word id="7" cont="睁" pos="v" />

<word id="8" cont="大" pos="a" />

<word id="9" cont="了" pos="u" />

<word id="10" cont="圆圆" pos="a" />

<word id="11" cont="的" pos="u" />

<word id="12" cont="眼睛" pos="n" />

<word id="13" cont="," pos="w" />

<word id="14" cont="抖" pos="v" />

<word id="15" cont="了" pos="u" />

<word id="16" cont="抖" pos="v" />

<word id="17" cont="头" pos="n" />

<word id="18" cont="上" pos="f" />

<word id="19" cont="的" pos="u" />

<word id="20" cont="羽毛" pos="n" />

<word id="21" cont="。" pos="w" />

</sent>

<sent id="2" neg="" que="" fig="yes" senti="ne" topic="2" cont="骄

傲的孔雀可真生气了,他昂着头,挺着胸脯,向前迈了一大步,没想到一下子跌进湖里去了。">

<word id="0" cont="骄傲" pos="a" senti="ne" sub="" obj="2" modi="" clue="" />

<word id="1" cont="的" pos="u" />

<word id="2" cont="孔雀" pos="n" />

<word id="3" cont="可" pos="d" />

<word id="4" cont="真" pos="d" />

<word id="5" cont="生气" pos="v" span="6-7" senti="ne" sub="2" obj="2" modi="4" clue=""/>

<word id="6" cont="了" pos="y" />

<word id="7" cont="," pos="w" />

<word id="8" cont="他" pos="r" />

<word id="9" cont="昂" pos="v" />

<word id="10" cont="着" pos="u" />

<word id="11" cont="头" pos="n" span="9-11" senti="ne" sub="" obj="8" modi="" clue=""/>

<word id="12" cont="," pos="w" />

<word id="13" cont="挺" pos="v" />

<word id="14" cont="着" pos="u" />

<word id="15" cont="胸脯" pos="n" span="13-15" senti="ne" sub="" obj="4" modi="" clue=""/>

<word id="16" cont="," pos="w" />

<word id="17" cont="向前" pos="f" />

<word id="18" cont="迈" pos="v" />

<word id="19" cont="了" pos="u" />

<word id="20" cont="一" pos="m" />

<word id="21" cont="大步" pos="n" />

```
<word id="22" cont="," pos="w" />
<word id="23" cont="没" pos="d" attr="mone" />
<word id="24" cont="想到" pos="v" />
<word id="25" cont="一下子" pos="d" />
<word id="26" cont="跌" pos="v" senti="ne" sub="" obj="8" modi="" clue=""/>
<word id="27" cont="进" pos="v" />
<word id="28" cont="湖" pos="n" />
<word id="29" cont="里" pos="f" />
<word id="30" cont="去" pos="v" />
<word id="31" cont="了" pos="y" />
<word id="32" cont="。" pos="w" />
</sent>
</para>
<para id="4" senti="ne" obj="孔雀" >
<sent id="0" neg="" que="" fig="yes" senti="ne" topic="0" cont="孔雀不会游泳,他在湖里挣扎了半天,好不容易抓住了一个树根,爬上岸来,他回头朝湖里看看,这回可高兴了,湖里的那只鸟,浑身湿淋淋的,还在发抖呢!">
<word id="0" cont="孔雀" pos="n" />
<word id="1" cont="不" pos="d" attr="mone" />
<word id="2" cont="会" pos="v" />
<word id="3" cont="游泳" pos="v" />
<word id="4" cont="," pos="w" />
<word id="5" cont="他" pos="r" />
<word id="6" cont="在" pos="p" />
<word id="7" cont="湖" pos="n" />
<word id="8" cont="里" pos="f" />
<word id="9" cont="挣扎" pos="v" senti="ne" sub="" obj="5" modi
```

="" clue=""/>
<word id="10" cont="了" pos="u" />
<word id="11" cont="半" pos="m" />
<word id="12" cont="天" pos="q" />
<word id="13" cont="," pos="w" />
<word id="14" cont="好不容易" pos="ld" senti="ne" sub="" obj="15" modi="" clue="" />
<word id="15" cont="抓住" pos="v" />
<word id="16" cont="了" pos="u" />
<word id="17" cont="一" pos="m" />
<word id="18" cont="个" pos="q" />
<word id="19" cont="树根" pos="n" />
<word id="20" cont="," pos="w" />
<word id="21" cont="爬" pos="v" />
<word id="22" cont="上" pos="v" />
<word id="23" cont="岸" pos="n" />
<word id="24" cont="来" pos="v" />
<word id="25" cont="," pos="w" />
<word id="26" cont="他" pos="r" />
<word id="27" cont="回头" pos="v" />
<word id="28" cont="朝" pos="p" />
<word id="29" cont="湖" pos="n" />
<word id="30" cont="里" pos="f" />
<word id="31" cont="看看" pos="v" />
<word id="32" cont="," pos="w" />
<word id="33" cont="这" pos="r" />
<word id="34" cont="回" pos="q" />
<word id="35" cont="可" pos="d" />

<word id="36" cont="高兴" pos="a" senti="po" sub="26" obj="26" modi="35" clue="" />

<word id="37" cont="了" pos="y" />

<word id="38" cont="," pos="w" />

<word id="39" cont="湖" pos="n" />

<word id="40" cont="里" pos="f" />

<word id="41" cont="的" pos="u" />

<word id="42" cont="那" pos="r" />

<word id="43" cont="只" pos="q" />

<word id="44" cont="鸟" pos="n" />

<word id="45" cont="," pos="w" />

<word id="46" cont="浑身" pos="n" />

<word id="47" cont="湿淋淋" pos="z" senti="ne" sub="" obj="39-44" modi="" clue=""/>

<word id="48" cont="的" pos="u" />

<word id="49" cont="," pos="w" />

<word id="50" cont="还" pos="d" />

<word id="51" cont="在" pos="d" />

<word id="52" cont="发抖" pos="v" senti="ne" sub="" obj="39-44" modi="" clue=""/>

<word id="53" cont="呢" pos="y" />

<word id="54" cont="!" pos="w" />

</sent>

</para>

<para id="5" senti="ne" obj="孔雀" >

<sent id="0" neg="" que="" fig="yes" senti="po" topic="3-4" cont="树上的花喜鹊格格地笑起来。">

<word id="0" cont="树" pos="n" />

<word id="1" cont="上" pos="f" />

<word id="2" cont="的" pos="u" />

<word id="3" cont="花" pos="b" />

<word id="4" cont="喜鹊" pos="n" />

<word id="5" cont="格格地" pos="d" />

<word id="6" cont="笑" pos="v" senti="po" sub="3-4" obj="" modi="" clue=""/>

<word id="7" cont="起来" pos="v" />

<word id="8" cont="。" pos="w" />

</sent>

<sent id="1" neg="" que="" fig="yes" senti="ne" topic="0" cont="孔雀看了花喜鹊一眼,不高兴地说:“丑喜鹊,你笑什么?”">

<word id="0" cont="孔雀" pos="n" />

<word id="1" cont="看" pos="v" />

<word id="2" cont="了" pos="u" />

<word id="3" cont="花" pos="b" />

<word id="4" cont="喜鹊" pos="n" />

<word id="5" cont="一" pos="m" />

<word id="6" cont="眼" pos="q" />

<word id="7" cont="," pos="w" />

<word id="8" cont="不" pos="d" attr="mone" />

<word id="9" cont="高兴" pos="a" senti="po" sub="0" obj="11" modi="8" clue="" />

<word id="10" cont="地" pos="u" />

<word id="11" cont="说" pos="v" />

<word id="12" cont=":" pos="w" />

<word id="13" cont="“" pos="w" />

<word id="14" cont="丑" pos="a" senti="ne" sub="0" obj="15" modi

="" clue="" />

<word id="15" cont="喜鹊" pos="n" />

<word id="16" cont="," pos="w" />

<word id="17" cont="你" pos="r" />

<word id="18" cont="笑" pos="v" senti="ne" sub="17" obj="0" modi ="" clue=""/>

<word id="19" cont="什么" pos="r" />

<word id="20" cont="?" pos="w" />

<word id="21" cont="”" pos="w" />

</sent>

<sent id="2" neg="" que="" fig="yes" senti="ne" topic="10" cont="花喜鹊拍拍翅膀,说:“骄傲的孔雀,湖里的那只鸟就是你自己的影子啊!">

<word id="0" cont="花" pos="b" />

<word id="1" cont="喜鹊" pos="n" />

<word id="2" cont="拍拍" pos="vv" />

<word id="3" cont="翅膀" pos="n" />

<word id="4" cont="," pos="w" />

<word id="5" cont="说" pos="v" />

<word id="6" cont=":" pos="w" />

<word id="7" cont="“" pos="w" />

<word id="8" cont="骄傲" pos="a" senti="ne" sub="0-1" obj="10" modi="" clue="" />

<word id="9" cont="的" pos="u" />

<word id="10" cont="孔雀" pos="n" />

<word id="11" cont="," pos="w" />

<word id="12" cont="湖" pos="n" />

<word id="13" cont="里" pos="f" />

<word id="14" cont="的" pos="u" />

```
<word id="15" cont="那" pos="r" />
<word id="16" cont="只" pos="q" />
<word id="17" cont="鸟" pos="n" />
<word id="18" cont="就" pos="d" />
<word id="19" cont="是" pos="v" />
<word id="20" cont="你" pos="r" />
<word id="21" cont="自己" pos="r" />
<word id="22" cont="的" pos="u" />
<word id="23" cont="影子" pos="n" />
<word id="24" cont="啊" pos="y" />
<word id="25" cont="!" pos="w" />
</sent>
<sent id="3" neg="" que="" fig="yes" senti="ne" topic="0" cont="你骄傲的连自己也看不起了。">
<word id="0" cont="你" pos="r" />
<word id="1" cont="骄傲" pos="a" senti="ne" sub="" obj="0" modi="" clue="" />
<word id="2" cont="的" pos="u" />
<word id="3" cont="连" pos="p" />
<word id="4" cont="自己" pos="r" />
<word id="5" cont="也" pos="d" />
<word id="6" cont="看不起" pos="v" senti="ne" sub="0" obj="4" modi="" clue="3"/>
<word id="7" cont="了" pos="y" />
<word id="8" cont="。" pos="w" />
</sent>
</para>
</body>
</text>
```

附录 4　情感词典及附加词典示例

1.《汉语基本情感词典 V1.5 版》示例

编号	词语条目	词语类别	正面倾向程度值	负面倾向程度值	是否歧义词
1	哀艳	a	0.5	0	
2	挨边	a	0.25	0	
3	皑皑	a	0.375	0	
4	矮墩墩	a	0.25	0.5	
5	蔼蔼	a	0.5	0.125	
6	蔼然	a	0.625	0	
7	蔼然可亲		0.75	0	
8	蔼如		0.625	0	
9	爱	n	0.625	0	
10	爱不忍释		0.75	0	
11	爱不释手		0.75	0	
12	爱宠		0.5	0	
13	爱打趣		0.25	0	
14	爱戴	v	0.75	0	
15	爱抚	v	0.625	0	
17784	卸磨杀驴		0	0.75	
17787	懈弛		0	0.375	
17789	懈劲		0	0.375	
17790	心不甘情不愿		0	0.5	
17791	心不在焉		0	0.5	
17792	心粗		0	0.25	
17793	心胆俱裂		0	0.75	
17794	心地不好		0	0.375	
17795	心地狭窄		0	0.5	
17796	心毒		0	0.75	
17798	心烦意乱		0	0.5	

续表

编号	词语条目	词语类别	正面倾向程度值	负面倾向程度值	是否歧义词
17800	心甘情愿		0. 375	0. 5	T
17801	心高气傲		0	0. 5	
17803	心狠手辣		0	1	
17804	心狠		0	0. 75	

2.《汉语情感附加修饰词典 V1. 5 版》示例

编号	词语条目	词语类别	修饰正面倾向程度加强值	修饰负面倾向程度加强值
1	一般	a	−0. 3	0
2	万分	d	0. 8	0
3	不大		−0. 6	0
4	不太		−0. 6	0
5	不很		−0. 2	0
6	不得了		0. 6	0
7	不成		0. 4	0
8	不甚		−0. 8	0
9	不胜	d	0. 7	0
10	不行	a	0. 4	0
11	了不得	a	0. 6	0
12	些微	d	−0. 9	0
13	何其	d	0. 6	0
14	何等	d	0. 6	0
15	倍加	d	0. 25	0
16	几乎	d	−0. 1	0
17	分外	d	0. 2	0
18	加倍	d	0. 25	0
19	十分	d	0. 8	0
20	备加	d	0. 25	0
21	多么	d	0. 2	0
22	多少	d	−0. 8	0

续表

编号	词语条目	词语类别	修饰正面倾向程度加强值	修饰负面倾向程度加强值
23	够	d	0.2	0
24	够呛		0.6	0
25	大	d	0.2	0
26	大为	d	0.6	0
27	大大	d	0.6	0
28	太	d	0.7	0
29	奇	d	0.8	0
30	好	d	0.4	0

3.《汉语情感附加提示词典 V1.5 版》示例

编号	词语条目	词语类别	提示类别	配对词语	提示关系
20	相信	v	1		
21	坚信	v	1		
22	主张	v	1		
23	提出	v	1		
24	提议	v	1		
25	建议	v	1		
26	指出	v	1		
27	看看	v	1		
28	抱定	v	1		
29	你说你		1		
30	你看你		1		
31	听听		1		
32	瞧瞧		1		
33	看看		1		
34	说说		1		
35	我说		1		
36	并	c	2		并列
37	并且	c	2		并列

续表

编号	词语条目	词语类别	提示类别	配对词语	提示关系
38	不单	c	2	还；而且；反而	递进
39	不但	c	2	还；而且；反而	递进
40	不独	c	2	还；而且；反而	递进
41	不光	c	2	还；而且；反而	递进
42	不过	c	2		转折
43	不仅	c	2	还；而且	递进
44	此外	c	2		并列
45	从而	c	2		顺承
46	但	c	2		转折
47	但是	c	2		转折
48	而	c	2		转折
49	而且	c	2		递进

4.《汉语情感附加消歧词典 V0.5 版》示例

编号	词语条目	词语类别	正面语义倾向共现词	负面语义倾向共现词	默认语义倾向
1	安于	v	清贫，寂寞，普通，乐于，清苦	现状，不思进取，畏首畏尾，克服，破除，贪图享乐，固步自封，无所作为	2
2	岸然	a	神态，温柔，善良，文质彬彬，礼貌	表面，口蜜腹剑，冷若冰霜，沾沾自喜，伪善，假惺惺，伪君子	2
3	按兵不动	i		继续，仍然，为何，低迷，导致，追悔莫及	1
4	暗示	v	象征，积极，自我，心理，减轻，巧妙，心态，乐观，精神，写实主义，鼓励，启示	性，挑逗，公然，要求，违规，红包，明示，禁止，信号，指定，打招呼，授意，模仿	2

续表

编号	词语条目	词语类别	正面语义倾向共现词	负面语义倾向共现词	默认语义倾向
5	昂贵	a	稀缺，成本，技术，设备，汗血马，身价，名贵，价值，首席，资源，稀少，文化遗产，航材	很，代价，奢侈品，负担，复杂，医药费用，学费，不仅，相当，包装，华而不实，难以承受	2
6	跋涉	v	搀扶，夜以继日，顽强，活力，完善，探索	艰难，羊肠小路，艰辛，泥泞，艰苦，折磨	1
7	霸气	a	沉稳，勇气，强者，舍我弃谁，老将，毅力，韧劲，缺少，强盛，豪气	暴躁，注意，不讲理，颐指气使，匪气，痞气，盛气凌人，张扬	1
8	百感交集	i	心潮澎湃，回首沧桑，振作，心潮涌动，魂牵梦绕	光彩不再	1
9	摆脱	v	使，羁绊，困境，绝境，侵略，阴霾，逐步，贫困，依赖，早日，尽快，刚刚，从此，永远，出来，恢复，实现，加快，勠力同心，彻底，长期以来	才，侥幸，难以，完全，无法，没有，尚未，仍然，为了，方法论，辩证唯物主义，历史唯物主义	1
10	拜托	v	心愿，照料，为了，唯一，高科技，夫妻，诚心诚意，祝福，照看，照顾	伪证，假协议，皮包公司，纠正，哀求，作揖，拱手，特意	1
11	保守	a	秘密，法律，法规，数字，估计，估算，据，显得，一些，应当，疗法，治疗	趋向，顽固，迷信，反动，封闭，不思进取，陈旧，文化，极端，势力，进步，狭隘，传统，思想，观念，太，意味着，过于	2
12	暴风骤雨	i	诞生，势如	充满，重创，危机	2

续表

编号	词语条目	词语类别	正面语义倾向共现词	负面语义倾向共现词	默认语义倾向
13	爆发	v	掌声，欢呼声，潜力，力量，惊叹，动力	战争，危机，冲突，示威游行，骚乱，恶战，事件，问题，事变，叛乱，局势	2
14	悲壮	a	豪迈，伟大，历史，故事，雄浑，气氛，战斗，慷慨，人生，激昂，挽歌，英勇，决心，基调，情绪，历程，激愤，不屈	凄楚，惨烈，苍凉，哀乐声	2
15	逼退	a	苦难，离愁，困顿，萧条，海盗	出局，底线	1
16	庇护	v	祝福，母亲，关爱	势力，偏袒	1
17	避开	a	风险，纷扰，交锋，危险，误区，隐患，高峰期	目光，话题	1
18	变化多端	i	战术，关系，结构	恶意，攻击，局势，灾害	1
19	辩驳	a	激烈，不容，无可，真理，证明	争执，侮辱，暴行，开脱	1
20	辩解	n		虚假，百般，荒唐，极力，企图，掩护	1
21	标榜	v		虚伪，价值准则，客观公正，误导，歪曲，孤傲，能耐，自我，刻意，极力，着意，鼓吹	1
22	表功	a	颂德	讨好，声张，邀赏	2
23	搏斗	a	民警，顽强，艰难，殊死，惊心动魄，艰苦，浴血，勇猛	街头	1

续表

编号	词语条目	词语类别	正面语义倾向共现词	负面语义倾向共现词	默认语义倾向
24	捕捉	v	信息，状态，敏锐，理念，瞬间，机遇，局势变化，喜怒哀乐，心态，时代精神，变化，细节，历史精华，人性光芒，发展契机，挖掘，趋势，特征，哲理，商机，灵感，民声	缺点，漏洞	1
25	不甘心	v	屈辱生活，失去希望，放弃，屈服，失败，离去	分裂势力，叛乱	1
26	不惧	i	威胁，临危，独立，挫折，压力，生死，对手，遇挫，挑战，辛苦，困难，牺牲，权威		1
27	不可逆转	v	趋势，走向，决心，姿态，严肃，形势，变化，历史，大势，进程，命运，格局	后果，破坏，伤害，大势	2
28	不可思议	n	人生，历程，逆转，约束，激励，事实，奇迹，无与伦比，成就，梦想，作用	失误，行为，言行，举动	1
29	不可逾越	v	纪律，阶段，差异，道德底线，鸿沟	障碍，界线，坎，分歧，差距	1
30	不料	a		质疑，发病，爆炸，误解，婉拒	2